공 포 와
광기에
관 한
사 전

공포와 광기에 관한 사전

케이트 서머스케일 지음
김민수 옮김

99가지 강박으로 보는 인간 내면의 풍경

한겨레출판

차 례

서문 007   덧붙이는 말 015

1부   **나는 살아 있는 것들이 무서워**

개공포증 020 | 거미공포증 025 | 고양이공포증 032 | 곤충공포증 038 | 동
물공포증 042 | 말/발굽동물공포증 044 | 뱀공포증 049 | 양서류공포증 053
| 조류공포증 055 | 진드기공포증 057 | 쥐공포증 059

2부   **아름답고 역겨운 몸**

구토공포증 064 | 냄새공포증 069 | 노화공포증 070 | 소구망상 072 | 손
발톱뜯기강박증 073 | 임신공포증 075 | 치과공포증 077 | 피부뜯기강박증
079 | 혈액-주사-상처공포증 081

3부   **물건에 대한 이유 모를 공포**

단추공포증 086 | 달걀공포증 089 | 물공포증 091 | 숲공포증 092 | 인형공
포증 094 | 철도공포증 099 | 팝콘공포증 101 | 풍선공포증 102

4부   **너무 멀지도 가깝지도 않은, 타인**

고독공포증 106 | 공중화장실공포증 107 | 광장공포증 108 | 동성애공포증
115 | 발표공포증 118 | 비웃음공포증 121 | 사회공포증 123 | 외국인혐오증
126 | 자기우월광 128 | 적면공포증 129 | 전화공포증 134 | 휴대전화부재공
포증 136

5부   **불안과 갈망을 일으키는 감촉**

깃털공포증 142 | 동물털공포증 143 | 모발광 147 | 목욕공포증 149 | 발모벽

151 | 불결공포증 154 | 솜공포증 161 | 수염혐오증 163 | 접촉강박증 164 | 접촉공포증 165 | 환공포증 167

6부   시대의 징후, 집단 유행

광대공포증 172 | 귀신망상 177 | 무도광 181 | 부자망상 184 | 비틀스광 185 | 서적수집광 189 | 웃음광 195 | 저장강박증 198 | 카약공포증 207 | 튤립광 210

7부   멈출 수 없는 강박적 광기

결정장애 214 | 계산강박증 216 | 과대망상 219 | 구매강박증 221 | 도벽 223 | 명칭강박증 228 | 방랑벽 229 | 방화광 233 | 살인편집광 238 | 색정광 240 | 선물강박증 244 | 여자색정증 245 | 우울광 250 | 음주광 251 | 외침강박증 253 | 편집광 255 | 필기강박증 257 | 허언증 260

8부   참을 수 없는 두려움

고소공포증 268 | 공수병 272 | 긴단어공포증 275 | 두려움결핍증 276 | 모든 것에 대한 공포증 277 | 비행공포증 278 | 사(4)공포증 282 | 생매장공포증 284 | 소리공포증 287 | 수면공포증 289 | 십삼(13)공포증 289 | 어둠공포증 291 | 일공포증 296 | 질식공포증 297 | 천둥공포증 300 | 침묵공포증 304 | 폐소공포증 306 | 해양공포증 311 | 해조류공포증 313 | 회문공포증 316

참고문헌 319   감사의 글 353

서문

우리는 누구나 두려움과 열망에 사로잡힌다. 그리고 때로는 그토록 두려워하고 열망하는 대상에 집착한다. 미국 건국의 아버지 벤저민 러시Benjamin Rush는 1786년 이러한 집착에 이름을 붙여주는 열풍을 불러일으켰다. 그때까지만 해도 '공포증phobia'(공황과 공포를 관장하는 그리스 신화의 신 포보스phobos의 이름에서 유래)은 육체의 병과 관련된 각종 증상을, '광기mania'는 사회적 풍조를 설명할 때만 쓰던 단어였다. 러시는 두 단어 모두 심리적 현상으로 새롭게 정의했다. "나는 상상 속에 존재하는 악마에 대한 두려움 혹은 실제로 존재하는 악마에 대한 과도한 두려움을 공포증이라고 정의한다." 러시는 먼지, 유령, 의사, 쥐에 대한 공포 등 모두 18가지 공포증과, '도박광', '군사광', '자유광' 등 26가지의 새로운 광기를 열거했다. 러시는 가볍고 익살맞은 말투로 공포증과 광기를 설명했다. 예를 들어 '집공포증home phobia'은 "퇴근 후에 선술집으로 발걸음이 향할 수밖에 없는 괴로운 신사들"이라고 정의했다. 하지만 다음 세기의 정신과 의사들은 공포증과 광기를 좀더 복합적으로 이해했다. 그들은 공포증과 광기에서 인류 진화의 역사와 개인의 역사가 남긴 섬뜩한 흔적을 봤다. 즉 깊이 감추어진 동물적 본능과 우리가 억눌렀던 욕망의 징후를 공포증과 광기에서 본 것이다.

19세기 전반부에 새로운 광기가 잇달아 등장해 러시의 목록에 추가되더니, 19세기가 끝날 무렵에는 공포증과 광기가 봇물 터지듯 쏟아져 나왔다. 공포증으로는 공공장소, 좁은 공간, 얼굴 빨개짐, 생매장에 대한 비이성적인 공포(광장공포증, 폐소공포증, 적면赤面공포증, 생매장공포증) 등이 새로 등장했고, 광기에는 춤, 방랑, 계산, 머리카락 뽑기에 대한 강박(무도광, 방랑벽, 계산강박증, 발모벽) 등이 새로 추가됐다. 끝이 아니다. 지금도 우리는 휴대전화부재공포증(휴대전화가 없을 때 느끼는 두려움), 솜공포증(솜에 대한 두려움), 광대공포증(광대에 대한 두려움), 환공포증(무리를 이루고 있는 여러 개의 구멍을 볼 때 느끼는 두려움) 같은 새로운 불안들을 계속해서 발견하고 있다. 공포증 중에는 두 개 이상의 이름으로 불리는 것들이 많다. 예를 들어 이 책에서는 하늘을 나는 것에 대한 두려움을 공중공포증aerophobia이라고 소개하지만, 때로는 비행기공포증aviophobia이나 비행공포증pteromerhanophobia으로 불리기도 하고, 더 직설적으로 날기공포증flying phobia으로 불릴 때도 있다.

모든 공포증과 광기는 문화의 창작물이다. 각각의 공포증과 광기가 확인—혹은 창조—된 순간은 우리가 우리 자신을 바라보는 방식에 변화가 생겼음을 의미했다. 이 책에서 소개하는 공포증과 광기 중 몇 가지는 정신의학적 진단과는 눈곱만큼도 관계가 없다. 그것들은 편견을 드러내거나(동성애공포증, 외국인혐오증) 일시적인 유행을 조롱하거나(비틀스광, 튤립광), 혹은 그냥 한번 웃자고(앞에서부터 읽으나 뒤에서부터 읽으나 똑같이 읽히는 단어에 대해 느끼는 두려움인 회문공포증, 히포포토몬스테로세스퀴페디오포비아hippopotomonstrosesquipediophobia 같은 긴 단어에 대한 두려움을 가리키는 긴단어공포증) 만들어진 것들이다. 그러나 이 책에 수록된 대다수 공포증과 광기는 실재하는 질환이며, 때때로 고통을 동반한다. 공포증과 광기는 우리 내면의 풍경을 드러낸다. 우리를 움찔 뒤로 물러서게 만드는 것, 혹은 열광하게 만드는 것, 그리고 우리 머릿속에서 몰아낼 수 없는 것들을 드러낸다. 공포증과 광기를 한곳에 모아놓으면 우리 시대의 가장 흔한 불안장애들을 한눈에 볼 수 있다.

"공포증은 불안의 특수한 사례를 보여준다. 공포증은 그 특수성 안에서 느끼고 파악할 수 있다. 따라서 대응 방법이나 해결책도 그 특수성 안에서 찾을 수 있다." 인문학자 데이비드 트로터David Trotter의 말이다. 마찬가지로 광기 안에도 수많은 두려움과 열망이 압축될 수 있다. 개인적 강박은 정신이 온전한 사람의 광기다. 어쩌면 두려움과 열망을 구체적으로 드러내는 이 광기 덕분에 우리가 온전한 정신을 유지하며 살아가는 것인지도 모른다. 이 광기를 제외한 것은 무엇이든 전부 말이 된다고 여기며 계속 전진하는 것인지도 모른다.

○ ○ ○

미국정신의학협회American Psychiatric Association의《정신질환 진단 및 통계 편람The Diagnostic and Statistical Manual of Mental Disorders》

⟨DSM⟩ 제5판에 따르면 공포증 진단을 받으려면 두려움이 도가 지나쳐야 하고 상식을 벗어나야 하며 6개월 이상 지속되어야 한다. 그리고 두려워하는 상황이나 대상을 회피하느라 정상적인 생활에 지장이 있을 정도가 되어야 한다. 《정신질환 진단 및 통계 편람》 제5판은 사회적 상황에 대한 극도의 두려움을 일컫는 사회적 공포증과 공포의 대상이 확실한 구체적 공포증을 구분해서 다룬다. 구체적 공포증은 다섯 가지 유형으로 분류된다. 동물에 대한 공포, 자연환경에 대한 공포(예를 들면 고소공포증 혹은 물공포증), 혈액과 주사와 상처에 대한 공포, 상황에 대한 공포(밀폐된 공간에 갇혔을 때와 같은), 그리고 구토나 질식이나 소음 같은 것에 대한 극단적인 공포.

이처럼 공포의 대상이 구체적인 공포증은 다른 불안장애보다 치료 효과를 더 빨리 볼 수 있다. 하지만 대다수는 병원을 찾기보다 자기가 두려워하는 대상을 최대한 회피하는 쪽을 택한다. 조사에 따르면 공포증이 있는 사람 8명 중 1명만 의학적 도움을 청한다. 이 때문에 발병률 파악이 어렵다. 2018년 영국 정신의학 전문지 《랜싯 정신의학The Lancet Psychiatry》에 25건의 표본조사 결과를 종합한 보고서가 실렸다. 1984년부터 2014년 사이에 실시한 이 조사에 따르면, 우리 중 7.2퍼센트가 생애의 어느 시점에 구체적 공포증을 경험할 수 있다. 2017년 세계보건기구가(WHO) 22개 나라의 자료를 이용해 실시한 조사에서도 비슷한 결과가 나왔다. 이러한 조사를 통해 새롭게 밝혀진 사실은, 성인보다 아이들에게서 구체적 공포증이 훨씬 더 흔하게 나타나고, 공포증이 있는 성인의 수는 아이들의 절반 정도이며, 공포증을 겪는 여성의 수는 남성의 두 배라는 점이었다. 구체적 공포증을 경험하는 여성이 평균 10명 중 1명이라면, 남성은 20명 중 1명이다. 국가 차원의 조사에 따르면 미국인의 7퍼센트 이상, 영국인의 12퍼센트가 사회적 공포증을 겪고 있다.

이 수치들은 일상생활을 방해받을 정도의 공포 장애를 겪는 사람들에 해당한다. 공포 장애까지는 아니지만 가벼운 혐오감이나 공포심을 갖고 사는 사람은 이보다 훨씬 더 많다. 우리는 그런 것도 공포증이라고 부를 때가 있다. 예를 들면 발표를 하거나 치과에 가는 것을 질색하는 사람들이 있다. 천둥소리나 거미를 극도로 무서워하는 사람들도 있다. 미국에서 논리적으로 이해할 수 없는 두려움을 겪고 있는 사람은 전 국민의 70퍼센트가 넘는다. 이 책을 쓰기 위해 자료조사를 시작했을 때만 해도 나는 내가 남다른 공포증이 있는 사람이라고 생각하지 않았다. 10대 시절 부끄러우면 얼굴이 발갛게 달아오르는 게 두려웠고, 하늘을 나는 것은 지금도 여전히 불안하지만, 그 두 가지를 제외하면 별다른 문제가 없는 사람이라고 자부했다. 하지만 책을 마무리할 때쯤엔 내가 거의 모든 공포증에 해당하는 사람임을 인정했다. 어떤 두려움은 상상하는 순간 바로 느껴진다.

공포증의 원인에 관해서는 의견이 분분하다. 특정 물건, 단어, 숫자에 대한 공포는 오랜 미신의 잔재로 보이기도 한다. 1914년 미국의 심리학자 그랜빌 스탠리 홀Granville Stanley Hall은 공포증을 132가지로 분류하고, 일부 아이들은 무서운 일을 겪고 난 뒤 강박적 두려움을 갖게 됐다고 주장했다. 홀은 충격이 "공포증의 비옥한 원천"이라고 썼다. 1909년 지크문트 프로이트Sigmund Freud는 공포증 증상을 분석한 두 건의 유명한 연구에서 억압된 두려움이 외부의 물체로 대체된 것이 공포증이라고 주장했다. 억압된 두려움과 외부의 물체는 둘 다 불안과 그것에 대한 방어의 표현이라고 프로이트는 설명했다. "내면의 위험으로부터 달아나기는 힘들지만, 외부의 위험으로부터는 달아날 수 있기에 자신을 구할 수 있다."

진화심리학자들은 많은 공포증이 적응의 소산이라고 주장한다. 높은 곳 혹은 뱀에 대한 공포가 우리 뇌에 박혀 있는 이유는 높은 곳에서 떨어지거나 뱀에 물리지 않도록 자신을 보호하기 위해서라는 것이다. 마찬가지로 쥐나 민달팽이를 혐오하는 이유는 질병으로부터 우리를 보호하기 위해서다. 이러한 유형의 공포증은 우리가 물려받은 진화의 유산 가운데 일부일 수 있다. 달리 말하면 외부의 위협으로부터 우리를 보호하기 위해 '생물학적으로 준비된' 두려움이다. 공포 반응은 본능적인 반사 작용처럼 보인다. 위협적인 물체나 상황을 감지하는 순간 우리의 원초적 뇌는 화학물질을 방출해 우리가 싸우거나 달아나는 걸 돕고, 곧이어 신체적 반응—오한, 뒷걸음질, 발열, 구역질—이 우리를 장악하는 게 아닌가 싶다.

남성보다 여성에게 공포증이 훨씬 더 많은 이유를 진화가 설명해줄지도 모르겠다. 특히 많은 여성이 임신이 가능한 기간에 공포증을 겪는다. 이는 그들 자신뿐만 아니라 태아도 보호하기 위해 평소보다 경계를 강화하기 때문이다. 하지만 사회 환경도 무시할 수 없는 요소다. 사회는 여성에게 더 적대적—여성이 두려움을 느낄 만한 이유가 남성보다 더 많다—이고, 여성이 느끼는 두려움을 비이성적이라고 묵살하는 경우도 남성보다 더 자주 일어난다. 이런 이유로 여성의 공포증이 더 흔해 보이는 것일 수 있다. 공포증에 대한 진화론적 관점은 먼저 있었던 사건을 근거로 삼는 사후 추론에 기초한다. 따라서 진화적 관점이 모든 공포증에 해당하는 것은 아니며, 어떤 사람에겐 있는 공포증이 다른 사람에겐 없는 이유를 설명하기에도 불충분하다. 1919년 미국의 행동 심리학자 제임스 브로더스 왓슨James Broadus Watson과 로절리 레이너Rosalie Rayner는 조건화conditioning를 통해 공포증 유발이 가능함을 보여주는 실험을 고안했다. 1960년대 앨버트 밴듀라Albert Bandura는 다른 누군가—이를테면 부모—의 불안감과 비이성적인 공포심에 직접 노출되면 공포증도 학습이 된다는 사실을 증명했다. 가족은 유전자뿐 아니라 선례를 통해서도 공포심을 물려준다. 설령 우리한테 특정 대상을 불안해하는 성향이 있더라도 그 성향이 촉발되려면 경험이나 교육이 필요하다.

특정 대상을 피하려고 하는 강박이 공포증이라면, 광기는 무언가를 하고 싶어 하는 강박이다. 19세기 초 프랑스의 위대한 정신의학자 장에티엔 에스퀴롤Jean-Étienne Esquirol은 편집광monomania이라는 개념, 즉 특정한 광기라는 개념을 만들었다. 20세기로 들어설 무렵 프랑스의 정신병리학자 피에르 자네Pierre Janet는 자신이 치료한 남녀 편집광 증상자들에 관해 애정과 세심함이 담긴 사례 연구서를 작성했다. 이 책에 등장하는 광기는 대부분 머리카락 뽑기나 물건 모아두기처럼 특정 물체, 행위, 생각에 집중하는 강박적 행동들이다. 얼마나 많은 사람에게 이런 광기가 있는지 가늠하기란 어렵다. 한 가지 이유는 현대 의학이 많은 광기를 중독이나 강박장애, 신체에 집중된 반복 행동장애나 경계선 성격장애로 분류하기 때문이다. 공포증과 마찬가지로 광기도 때로는 뇌의 화학적 불균형에서, 때로는 다루기 어렵거나 금지된 감정에서 원인을 찾는다. 광기는 흔히 일상적인 갈망을 과장한다. 웃고, 소리 지르고, 물건을 사고, 물건을 훔치고, 거짓말하고, 불을 지르고, 섹스하고, 약에 취하고, 딱지를 긁고, 고통에 굴복하고, 사랑받고 싶은 갈망을 부풀린다.

이 책에서는 개인적인 광기뿐 아니라 집단 광기도 소개한다. 사람들이 모여 함께 춤추고 낄낄거리며 웃고 공포에 떨고 괴성을 지르는 집단 광기의 사례를 몇 가지 소개한다. 예를 들어 1860년대에 귀신망상이 알프스산맥의 소도시 모흐진느를 덮쳤고, 1960년대 탄자니아의 호숫가에서는 사람들 사이에 걷잡을 수 없는 웃음병이 퍼졌다. 집단으로 벌인 이러한 소동은 의식하지 못했던 감정들이 한꺼번에 분출되는 폭동처럼 보일 수 있지만, 이성적인 것이란 무엇인지 곱씹을 기회를 주기도 한다. 특정 행동을 광기나 공포증으로 결정할 때 우리는 정신의 경계선뿐 아니라 문화적 경계선까지 긋게 되며, 이 경계선은 어떤 신념이 우리 사회를 떠받치고 있는지 보여준다. 시간이 지나가면 이 경계선들은 변한다. 전쟁이나 전 세계적 유행병 같은 집단 위기가 닥치면 순식간에 새로운 경계선이 생기기도 한다.

공포증과 광기는 어떤 물건이나 행위에 설명하기 힘든 의미를 부여함으로써 우리를 지배하고 탈바꿈시킬 힘을 부여하는 마법의 주문 같다. 공포증과 광기는 우리를 짓누를 수도 있지만, 우리를 둘러싼 세상에 마법을 걸어서 동화처럼 무섭고 생생한 세상으로 바꿔놓기도 한다. 마법이란 게 늘 그렇듯이 공포증과 광기가 물리적인 영향력을 행사해서 드러내 보이는 것은 우리가 몰랐던 우리 자신의 이상함이다.

덧붙이는 말

공포증과 강박증에 **진화를 위한 목적**이 있다는 주장은 이 책 곳곳에서 등장한다. 피를 보기만 해도 기절하는 혈액-주사-상처공포증, 우리가 가진 모든 공포 중 가장 흔하고 광범위하게 퍼져 있는 거미공포증은 여전히 수수께끼다. 이 둘보다 자기방어적 목적이 더 확실해 보이는 것은 높은 곳에 대한 공포(고소공포증)이다. 물(물공포증, 공수병, 해양공포증), 천둥(천둥공포증), 좁은 공간(폐소공포증), 숲(숲공포증), 열린 공간(광장공포증), 어둠(어둠공포증)에 대한 두려움도 자기방어를 위한 것으로 보인다. 아마도 혐오감과 관련된 공포증, 이를테면 수염혐오증, 불결공포증, 곤충공포증, 환공포증의 배경에도 피해를 최소화하기 위해 우리 자신을 보호하려는 욕구가 숨어 있을 것이다. 자신을 보호하려는 욕구는 머리카락 뽑기, 손톱 물어뜯기, 피부 뜯기, 물건 모으기 같은 강박적 행동으로 이어지기도 한다. 심지어 치과 의사와 얼굴 빨개짐에 대한 두려움도 그 기원을 인류의 초기 역사까지 거슬러 올라갈 수 있다. 진화심리학자들은 그 무엇도 두려워하지 않는 비정상적인 공포 결여가 우리에게 치명적일 수 있음을 상기시킨다.

뱀에 대한 두려움이 인류의 불안감과 언어, 상상력을 가능케 했다는 주장이 나오는 이유다.

새로운 과학기술에 대한 불안은 비행공포증, 철도공포증, 전화공포증을 낳았다.

음식과 **음료**에 대한 혐오는 달걀공포증과 팝콘공포증으로 나타날 수 있다. 구토공포증이나 질식공포증이 있는 사람들은 먹고 마시는 행위를 일절 거부하기도 한다. 술을 마시고 싶은 참을 수 없는 욕구를 예전에는 음주광이라고 불렀다.

고립이나 유기에 대한 두려움은 폐소공포증, 수면공포증(잠드는 것에 대한 두려움), 우울광(강박적 슬픔), 고독공포증(혼자 있는 것에 대한 두려움), 휴대전화부재공포증(휴대전화가 없을 때 느끼는 두려움), 어둠공포증, 침묵공포증(침묵에 대한 두려움), 생매장공포증이 있다.

재미 삼아 이름을 붙인 공포증과 강박증도 있다. 실제적인 질환을 묘사한다기보다 풍자나 말장난에 가까운 것들이다. 앞에서부터 읽으나 뒤에서부터 읽으나 똑같은 단어에 대한 두려움을 뜻하는 회문공포증을 비롯해, 과도하게 베푸는 아량을 가리키는 선물강박증, 긴 단어에 대한 두려움을 일컫는 긴단어공포증이 있다.

공포증과 강박증을 위한 가장 일반적인 치료는 **인지행동치료** cognitive and behavioural therapy(CBT)다. 이러한 치료가 언급되는 항목은 고소공포증, 고양이공포증, 거미공포증, 비행공포증, 양서류공포증, 혈액-주사-상처공포증, 천둥공포증, 개공포증, 발표공포증, 도벽, 불결공포증, 어둠공포증, 손발톱뜯기강박증, 인형공포증, 소리공포증, 질식공포증이 있다. 공포증을 유도하기 위한 행동치료는 깃털공포증 항목에서 언급된다.

숫자에 대한 강박은 계산강박증, 십삼공포증(숫자 13에 대한 두려움), 사공포증(숫자 4에 대한 두려움)이 있다.

단어에 대한 강박은 명칭강박증(한 단어에 대한 집착), 긴단어공포증, 회문공포증, 서적수집광, 필기강박증이 있다.

공포증과 강박증에 대한 **정신분석적 견해**는 광장공포증, 거미공포증, 계산강박증, 폐소공포증, 깃털공포증, 적면공포증, 해조류공포증, 말/발굽동물공포증, 도벽, 쥐공포증, 불결공포증, 허언증, 어둠공포증, 구매강박증, 조류공포증, 인형공포증, 방화광, 철도공포증, 외국인혐오증 항목에서 등장한다.

소리에 관한 두려움에는 천둥공포증, 풍선공포증, 전화공포증, 소리공포증이 있고, 반대의 경우는 침묵공포증이 있다.

망상에 가까운 공포증과 강박증으로는 진드기공포증(작은 곤충이 들끓고 있다는 착각), 귀신망상, 자기우월광(자신에 대한 집착), 색정광

(자신이 욕망의 대상이라는 잘못된 믿음), 공수병(물소리를 듣거나 물을 보거나 만지는 것에 대한 두려움), 과대망상(사실이 아닌 거창한 망상), 소구망상(신체의 일부가 아주 작다는 믿음), 불결공포증이 있다. 모든 것에 대한 공포증은 세상 모든 것에 대한 두려움이다.

1부

나는

살아 있는 것들이

무서워

개공포증 CYNOPHOBIA

특정 공포증을 치료하려는 미국인 중에서 3분의 1 이상이 고양이 (고양이공포증)나 개(개공포증cynophobia. 개를 뜻하는 그리스어 kyon에 서 유래)를 무서워한다. 전 세계적으로 사람 아홉 명당 한 마리 이상 의 개를 기르고 있는 현실을 생각하면 개공포증은 정상적인 생활에 심각한 위협이 될 수 있다.

개공포증은 주로 아이들에게서 나타난다. 개에 쫓기거나 물릴 가 능성이 어른들보다 크기 때문이다. 1975년 개공포증이 있는 11세 소 년과 그 부모가 일리노이대학교 상담센터의 임상심리학자 메리언 맥 도널드Marian L. MacDonald를 찾아왔다. 소년이 다니는 학교의 교사들 은 아이가 너무 내성적이라고 했다. 아이는 야외에서 하는 운동에 일 절 참여하지 않았는데, 혹시라도 개를 만날까 봐 무서워서였다. 개와 마주치지 않기 위해 아이는 엄마의 차를 타고 등교했고, 오후에는 다 시 엄마 차를 타고 귀가했다. 아이가 따라나서지 않자 아빠는 아들과 운동하는 걸 포기했다. 아이는 방에서 만화책을 보거나 슈퍼히어로들을 그리면서 대부분 혼자 시간을 보냈다.

아이 부모는 아이가 개 때문에 놀란 적이 세 번 있으며, 그때 이후로 개공포증이 생겼다고 했다. 첫 번째는 3세 때였다. 길 잃은 개 한 마리가 달려와 마당을 가로지르는 바람에 아이가 깜짝 놀라는 일이 있었다. 그로부터 1년이 채 안 지났을 때 아이와 아버지가 뒷문 현관에 앉아 있는데 개 한 마리가 주위를 서성거렸다. 아버지는 가까이 오라고 손짓해서 녀석을 쓰다듬어주곤 아들에게도 만져보라고 용기를 북돋아 주었다. 그런데 아이가 손을 뻗는 순간 확 고개를 돌린 개가 아이의 팔을 물었다. 이 일로 인해 개에 대한 아이의 공포는 두 배로 커졌고, 다른 생물들(고양이, 개구리, 메뚜기, 벌)과 개를 연상시키는 소리(짖는 소리, 목줄에 달린 방울 소리)까지 무서워하게 됐다.

그로부터 또 1년 후, 덤불에서 느닷없이 튀어나온 개 한 마리가 마당에서 공놀이를 하던 아이를 덮쳐 바닥에 넘어뜨렸다. 그 이후 아이는 개라면 얼굴이 하얗게 질렸다.

이 아이는 공포 조건화를 위해서 두 가지 요인이 필요하다는 오벌 호바트 모러Orval Hobart Mowrer의 가설에 딱 들어맞는 사례로 보였다. 공포증은 고전적인 조건화와 회피 행동의 결합으로 만들어진다는 게 1947년에 모러가 세운 가설이었다. 모러의 설명에 따르면 공포증이 있는 사람은 혐오감을 불러일으키는 일을 먼저 경험하고, 이 경험을 통해 고통과 같은 '조건화되지 않은 자극'과 개와 같은 '조건화된 자극'을 연관짓게 된다. 그 후 공포의 대상을 회피하면 이 연관관계가 강화된다. 회피 행동은 단기적으로는 불안감을 줄여줄 수 있지만, 공포의 대상과 그 대상이 불러일으키는 공포의 단계적 분리를 차단한다. 본능적인 자극과 조건화된 자극이 연결된 경험을 몇 차례 겪고 나서 시작된 공포증은 훨씬 더 극복하기 힘들다고 모러는 지적했다. 개와 관련해서 세 번의 무서운 일을 겪은 일리노이의 그 소년이 바로 그런 경우였다. 또 모러는 고양이와 개구리까지 두려움의 대상이 되어버린 이 아이의 경우처럼 '2차 조건화'를 통해 어떻게 공포증이 다른 대상으로 일반화될 수 있는지도 설명했다.

맥도널드는 일리노이 상담센터에서 소년을 위해 탈감각치료 desensitisation therapy 과정을 준비했다. 그녀는 아이에게 개와 관련된 사건들을 상상해보라고 했다. 처음엔 덜 무서운 시나리오로 시작해서 개와 직접 접촉하는 시나리오로 발전시켜보라고 했다. 이런 식이었다. "좋아. 머릿속으로 상상해보는 거야. 넌 혼자 뒷마당에서 지아이 조 피규어를 갖고 놀고 있어. 그런데 처음 보는 콜리 종 개 한 마리가 집 앞 진입로로 달려오고 있는 거야. 개는 차고를 지나서 너한테 달려오고 있어." 그 후 몇 주간 맥도널드는 아이에게 이완 기법을 가르쳤고, 개 사진을 몇 장 주면서 자기 전에 침대에서 보라고 했다. 개 짖는 소리를 녹음한 테이프를 주면서 들어보라고 권했고, 개를 소재로 행복한 이야기를 써보라는 숙제도 냈다. 두 사람은 개의 몸짓 언어에 대해 이야기를 나눴다. 목털이 곤두서는 건 무슨 뜻일까? 꼬리를 흔드는 건 무슨 뜻일까? 그녀는 아이에게 개 훈련 설명서를 읽어보길 권했고, 동물 인형을 쓰다듬고 간지럽히는 연습을 시켰다. 그런 다음 실생활에서 해야 할 과제를 냈다. 혼자 걸어서 등교하기, 자전거 배우기, 공원에 가서 야구 시합 구경하기.

맥도널드는 부모와도 마주 앉았다. 그녀는 아이를 밀착 감시하면서 미리부터 불안해하는 부모의 태도가 아이의 공포증을 자극하거나 강화할 수 있다고 정중하게 지적했다. 아이가 개 주변에서 머뭇거리거나 불안한 모습을 보여도 못 본 척하고, 개를 향해 긍정적인 반응을 보일 때는 칭찬해주라고 조언했다. 전반적으로 아이에게 더 많은 책임과 자율을 주라는 것이 조언의 골자였다. 그녀는 이렇게 썼다. "코 풀기나 자기 방 창문 닫기 같은 기본적인 일은 아이가 도움을 받지 않고 혼자 하게 내버려두라고 강력히 권했다." 가족은 개공포증 때문에 아이가 누군가의 도움 없이 혼자서는 아무것도 못 한다고 생각하는 듯했다. 맥도널드는 아이 부모와 몇 차례 상담하고 나서 이렇게 썼다. "그들은 혼자서 충분히 할 수 있는 아이처럼 대해야 한다는 내 조언을 더 긍정적으로 받아들였다."

치료는 성공적이었다. 2년 후 아이를 다시 만난 뒤 맥도널드는 이렇게 썼다. "아이는 혼자서 혹은 친구들과 함께 자주 밖에 나가 놀았고 개랑 마주쳐도 피하지 않았다. 이제는 아이가 외톨이고 너무 내성적이라고 지적하는 교사는 한 명도 없었다." 이 사례에서 아이의 개공포증은 아이 자신은 물론이고 부모 인생의 모든 측면으로 흘러 들어갔다. 이 사례는 우리에게 한 가지 공포증이 얼마나 복잡하게 발전할 수 있는지, 사람을 얼마나 무능하게 만들 수 있는지 잘 보여준다. 이 가족에게 개공포증은 불안감의 원인에 그치지 않고 불안감 그 자체까지 공유하게 만든 매개체였다.

공포 반응은 개인적으로 연상되는 것뿐만 아니라 문화적으로 연상되는 것들에 의해서도 나타날 수 있다. 수니파와 시아파 이슬람교도들은 개를 더러운 동물로 여긴다. 그래서 개의 입이나 코와 접촉하면 반드시 몸을 깨끗이 씻는 의식을 치러야 한다고 배운다. 1960년대 중국의 마오쩌둥毛澤東은 개를 소유한 사람을 부르주아 아니면 타락한 사람으로 낙인찍고 시민들이 개를 반려동물로 기르는 것을 금지했다. 2020년이 되어서야 중국 농업부는 개를 '가축'이 아니라 '특별한 반려동물'로 공식적으로 분류했다.

2008년 미국 루이빌대학교의 한 연구에 따르면 흑인들에게 개공포증이 나타나는 빈도가 비히스패닉계 백인들보다 높게 나타났다. 연구진은 이런 차이의 원인으로 흑인과 개들 간의 역사를 지목했다. 19세기 미국 남부의 일부 농장주는 흑인에 대한 증오를 자기들이 기르던 개에게 주입했다. 개를 묶어놓고는 노예들에게 마구 때리라고 시킨 뒤 개들을 풀어 자기를 때린 노예들에게 달려들게 하는 식이었다. 농장주들은 탈출한 노예들을 추적할 때 이 개들을 앞세웠다. 솔로몬 노섭Solomon Northup은 회고록《노예 12년Twelve Years a Slave》에서 이렇게 묘사했다. "개들이 점점 가까워지고 있었다. 놈들이 짖는 소리도 점점 더 가까워졌다. 놈들이 당장이라도 내 등 뒤를 덮쳐 긴 이빨을 내 살에 박아넣을 것만 같았다. 한두 마리가 아니다. 나는 알고 있었다. 놈들이 나를 갈기갈기 찢어놓으리란 걸. 한꺼번에 달려들어 나를 물고는 숨이 끊어질 때까지 놓아주지 않으리란 걸."

미국의 인종 폭동 현장에서 개들은 꾸준히 무기로 사용되었다. 1960년대 시민평등권을 요구하며 벌어진 행진에서 경찰은 흑인 시위대를 향해 개들을 풀어 놓았다. 2015년 한 연구에 따르면 경찰이 흑인들을 향해 '개의 가죽끈'을 풀어놓을 가능성이 백인들을 향해 풀어놓을 가능성보다 여전히 두 배 정도 높은 것으로 나타났다.

⟮참고⟯ 동물털공포증, 광견병, 동물공포증

거미공포증 ARACHNOPHOBIA

1863년 영국의 교구 주임 목사이자 박물학자인 존 조지 우드John George Wood는 "유독 여성들이 거미공포증에 시달리는 것 같다"고 말했다. 거미가 종종걸음으로 거실을 가로지르면 집 안의 여자들은 "비명을 지르며 의자 위로 뛰어 올라가서는 하인을 불러 그 가여운 것을 밟아버리라고 시킨다. 그러면 하녀는 쓰레받기와 빗자루를 들고 하인의 뒤를 졸졸 따라간다"는 것이다. 우드 목사 본인은 거미류 arachnids(어원은 거미를 뜻하는 그리스어 arachnēs)를 좋아했다. 그는 땅거미가 질 무렵 자신이 먹이로 준 각다귀들을 먹고 살이 통통하게 오른 마당의 거미들을 흐뭇한 눈길로 바라봤다. 거미들이 거미줄에서 쏜살같이 내려와 가느다란 막대기 같은 각다귀를 그의 손가락에서 낚아채 간다고 목사는 말했다.

거미를 무서워하는 사람은 전체 인구의 무려 4퍼센트에 이른다. 대다수 조사에서 공포증의 대상 1등은 뱀이고 2등은 거미다. 작가 제니 디스키Jenny Diski에게 매년 가을은 "불안과 공포로 얼룩진 연례 축제"였다. 거미들이 둥지를 틀러 실내로 들어오는 계절이었기 때문이다. 집 안에서 거미가 눈에 띄면 그녀는 용접용 토치램프를 움켜쥐고 "이판사판"의 심정으로 그 생명체를 향해 화염을 내뿜곤 했다. 까딱

하면 집을 홀라당 태워 먹을 수 있다는 것을 알면서도 "거미랑 같은 공간에 있으니 차라리 죽는 게 낫다. 작가의 과장법처럼 들릴 수 있지만 내 심정을 이보다 더 정확하게 묘사할 수는 없다"고 그녀는 썼다.

상당수의 거미공포증 증상자가 자신의 두려움은 타고난 것이라고 확신한다. 작가이자 제작자인 찰리 브루커Charlie Brooker는 이들 "움직이는 악몽 부대"에 대한 자신의 두려움이 반사 행동이라고 주장한다. 브루커는 이 두려움이 "어떤 사람들은 혀를 접을 수 있지만 어떤 사람들은 접을 수 없듯이 어떤 사람들한텐 남아 있고 어떤 사람들한테는 남아 있지 않은 진화의 특성"이라고 말한다. 거미가 눈에 띄면 "나는 무슨 일이 벌어졌는지 미처 알기도 전에 방을 가로지른다. 마치 폭발 현장에서 달아나는 한 마리 동물처럼." 신경학 연구에 따르면 거미에 대한 공포 반응은 실제로 의식적 사고를 건너뛴다. 원시적이고 감정적인 우리 뇌는 거미의 이미지를 눈 깜짝할 사이에 처리한다. 1000분의 1초도 안 되는 시간에 편도체amygdala는 시상thalamus의 유도에 따라 에피네프린(아드레날린)과 인슐린, 코티솔을 분비한다. 맥박과 호흡은 빨라지고 혈압이 올라가면서 달아나거나 맞서 싸울 준비를 한다. 반면 전전두피질prefrontal cortex은 위험을 더 천천히 평가한 뒤 편도체가 준비한 것을 취소할지 실행에 옮길지 결정한다.

하지만 반사 반응은 학습을 통해서도 익힐 수 있다. 게다가 거미에 반응하는 진화적 목적도 분명치 않다. 전 세계 5만여 종의 거미 가운데 위험한 거미는 기껏해야 0.1퍼센트에 불과하다. 훨씬 더 치명적인 생물들도 거미보다 공포감을 덜 불러일으킨다. 심지어 거미는 거미줄로 집게벌레나 파리 같은 해충을 잡아 인간을 보호한다는 주장에도 설득력이 충분하다. 생물학자 팀 플래너리Tim Flannery는 거미 공포증의 진화적 목적을 찾아보기로 했다. 그는 호모 사피엔스Homo sapiens가 하나의 종으로 처음 등장한 아프리카 일부 지역에 대단히 위험한 거미가 존재했다는 가설을 세우고, 그 가설에 부합하는 거미를 찾아다녔다. 하나 찾긴 찾았다. 눈이 여섯 개인 모래거미Sicarius hahnii는 게처럼 생긴 딱딱하고 질긴 생물로 아프리카 남부 사막의 지표면 바로 밑에 숨어 있다가 먹이가 나타나면 달려든다. 모래거미는 독을 품고 있다. 모래거미에 물린 아이는 사망에 이를 수도 있다. 거미공포증은 인간의 진화 과정에서 거미가 치명적 위협으로 다가왔던 순간이 있었음을 알려주는 흔적일 수 있다고 플래너리는 말한다.

거미에 대한 우리의 반감에 이상한 점은 또 있다. 거미공포증이 있는 사람의 뇌를 정밀 촬영하면 거미를 마주쳤을 때 편도체뿐만 아니라 섬엽insula도 활성화된다는 사실을 알 수 있다. 섬엽은 뇌에서 혐오 반응을 일으키는 부위다. 거미를 봤을 때 우리 얼굴에 나타나는 반응이 이를 증명한다. 거미공포증 증상자들은 혐오감을 느낄 때 종종 윗입술을 팽팽하게 만들어 위로 들어올리고, 두려움을 느낄 때 눈썹을 치켜올린다. 연구진은 이 같은 연구 결과에 놀랐다. 일반적으로 혐오 반응은 우리를 더럽히거나 감염시킬 수 있는 생물 또는 물질을 봤을 때 일어나는데, 거미는 우리를 더럽히거나 감염시키지 않기 때문이다.

이러한 혐오 반응—생물학적이면서 문화적인—은 거미가 질병을 옮긴다는 중세 시대의 막연한 의심을 우리가 받아들인다는 뜻이기도 하다. 심리학자 그레이엄 데이비Graham Davey에 따르면 수백 년 동안 사람들은 유럽에 막대한 피해를 입힌 흑사병이 거미 때문에 창궐했다고 생각했다. 쥐를 통해 퍼지는 벼룩이 흑사병을 일으킨 진짜 병원균이라는 사실은 19세기에 와서야 밝혀졌다. 1994년 데이비는 질병의 매개체라는 근거 없는 믿음 때문에 거미가 혐오의 대상이 되었을 수 있다고 주장했다. 혐오 반응은 타고나는 것이지만, 문화를 통해서도 얼마든지 습득할 수 있기 때문이다. 실제로 유럽인과 그 후손이 사는 나라에서는 거미공포증이 흔하지만, 아프리카 일부와 카리브해 지역의 거미들은 불결하다고 매도당하기는커녕 별미 대접을 받는다.

1863년 우드 목사가 자기 집 정원에서 애정이 듬뿍 담긴 눈길로 거미들을 관찰하고 있을 당시 거미에 대한 이미지는 문화적 변신을 겪고 있었다. 18세기만 해도 사람들은 거미의 근면함과 기술, 창의성을 극찬했다. 거미줄은 자연계의 경이로움으로 묘사되었다. 하지만 클레어 샬럿 매케크니Claire Charlotte McKechnie가 《빅토리아시대 문화저널Journal of Victorian Culture》에서 썼듯이 19세기 말의 고딕소설에서 거미는 불길한 존재로 묘사되며, 때로는 인종차별을 연상케 하는 비유로 쓰였다. 버트럼 밋퍼드Bertram Mitford의 《거미의 조짐The Sign of the Spider》(1896)에서 남자 주인공은 아프리카의 거대한 육식성 거미와 싸우며 이렇게 묘사했다. "머리가 사람 머리만 하고 검은색이고 털이 많으며, 얼굴은 희한하게도 악마의 이미지가 드러나는 그야말로 가장 무시무시하고 잔인한 사람의 얼굴을 닮았다. 자신을 발견하고 놀라 자빠지는 사람들을 뚫어져라 처다보는 놈의 음울한 퉁

방울눈은 진짜로 악마가 노려보듯 시뻘겋게 불타오르는 것 같았다." 1897년 박물학자 그랜트 앨런Grant Allen은 허무맹랑한 주장을 폈다. "완벽한 흉포함과 피에 대한 욕정으로 치자면 마당에서 흔히 볼 수 있는 섬뜩한 짐승, 즉 거미에 필적할 생물은 이 세상에 없을 것이다. 거미는 작지만 야만적이다." 매케크니는 거미가 "침략에 대한 공포, 식민주의의 도덕성에 대한 걱정, 제국의 변방에서 살아가는 낯선 이방인들에 대한 의심"을 상징하게 되었다고 말한다. 거미공포증은 외국인혐오증 혹은 제국주의의 영향에 대한 불안감과 크게 다르지 않아 보였다.

거미가 지닌 상징적 의미는 계속 바뀌었다. 1922년 프로이트 추종자 카를 아브라함Karl Abraham은 거미는 먹이를 함정에 빠뜨려서 거세하는 탐욕스러운 어머니, 즉 "여성의 생식기에 박힌 음경"을 상징한다고 말했다. 2012년 환경철학자 믹 스미스Mick Smith는 인간이 거미를 무정부 상태의 자연계에서 파견한 사절로 여기기 때문에 두려움을 느끼는 것이라고 주장했다. 즉 "자연에서 독립하고 문화를 통해 자연을 지배할 수 있는 능력으로" 다른 문화권을 월등히 앞지른 서구 문화에서, 거미는 끈질기게 황무지를 상기시킨다는 것이다. 스미스에 따르면, 이 조용한 생물은 보이지 않는 실을 타고 문명화된 우리 집 안으로 슬그머니 들어와 벽에서 길게 갈라진 틈을 찾아 끈적끈적한 거미줄을 치고 곤충의 사체로 장식한다. 그는 폴 셰퍼드Paul Shepard를 인용한다. 생태학자이자 철학자인 셰퍼드는 거미들이 "자기들도 모르는 사이에 또 다른 무언가를 위한 대리인" 역할을 맡게 됐다고 말했다. "마치 우리가 잊고 싶어 하는, 그러나 애초에 기억에도 없는 뭔가를 상기시키려고 거미가 창조됐기라도 한 것처럼 말이다." 거미가 우리를 불안하게 만드는 이유는 "갈라진 틈처럼 분리되는 구역 혹은 사물 아래쪽 두 지점 사이의 표면에서" 발견되기 때문이다. 요컨대 거미는 중간에 끼어 있는 것의 창조물이기 때문에 우리에게 불쾌감을 불러일으킨다.

2006년 제니 디스키는 거미공포증을 극복하기 위해 런던동물원의 '프렌들리 스파이더 프로그램Friendly Spider Programme'에 등록했다. 우선 디스키를 포함해 거미공포증이 있는 18명의 참가자는 각자 거미에 대한 느낌을 이야기했다. 이후 그들은 강연을 듣고, 20분 동안 이완과 최면치료를 받았다(최면술사가 "거미는 안전합니다"라고 사람들을 안심시켰다). 마지막 단계로 동물원의 무척추동물관을 방문했다. 놀랍게도 디스키는 거미 한 마리가 그녀의 손바닥을 쪼르르 가로지르는 데도 가만히 있었다. 그녀는 부드럽고 털이 많은 또 다른 거미의 다리를 쓰다듬기까지 했다. 거미공포증은 치료됐지만, 그녀는 이렇게 말했다. "나는 생전 느껴보지 못했던 묘한 상실감을 느낀다. 거미를 무서워하지 않는 사람이라니, 이건 내가 아닌 다른 누군가를 정의하는 말처럼 느껴진다. … 내가 알던 나는 사라지고 없다." 그녀는 만약 모든 불안감이 사라지고 초조해하는 습관마저 없어진다면 예전 자기 모습 중에서 무엇이 남게 될지 궁금하다고 했다.

거미공포증을 위해 개발된 치료법은 상당히 많다. 디스키가 최면과 교육, 노출치료를 통해 거미공포증을 치료한 바로 그해, 44세의 어느 영국인 사업가는 브라이튼의 한 병원에서 간질 발작을 멈추기 위해 편도체 제거 수술을 받았다. 거미공포증이 있던 이 사업가는 편도체 제거 수술을 받고 일주일이 지나자 더 이상 거미가 두렵지 않다는 사실을 알게 됐다. 편도체를 절제하자 거미공포증까지 사라진 것이다. 그는 거미에 대한 두려움 외에 다른 부분에서는 달라진 게 없다고 했다. 수술 전과 마찬가지로 뱀을 봐도 당황하지 않았고, 사람들 앞에서 발표를 할 때도 예전처럼 안절부절못했다.

2017년 미국에서 폴 시겔Paul Siegel과 조엘 와인버거Joel Weinberger는 거미공포증 치료를 위한 '아주 짧은 노출' 실험을 실시했다. 거미공포증 증상자들에게 여러 장의 타란툴라 거미 사진을 그야말로 휙(0.033초 동안) 보여주고 나서 곧바로 여러 장의 꽃 사진을 보여주었다. 꽃 사진은 '차폐 효과(하나의 자극이 다른 자극에 의해 억제되는 효과를 가리키는 심리학 용어—옮긴이)를 내는' 중립적 사진이었다. 피실험자들은 거미를 봤다는 사실을 알아채지 못했다. 하지만 나중에 그들은 거미에 대한 두려움이 줄었으며 수족관의 살아 있는 타란툴라에 전보다 더 가까이 다가갈 수 있게 되었다. 실험 효과는 1년이 지난 후에도 유지됐다. 미처 의식할 새도 없이 거미 사진이 눈앞에서 휙 지나갔지만, 그 찰나의 순간에 뇌의 공포 회로는 둔감해졌다. 거미 사진을 의식한 상태에서 같은 실험을 진행했을 때 피실험자들은 실험 내내 힘들어했으며, 거미에 대한 공포심도 전혀 줄지 않았다.

2015년 암스테르담대학교의 연구원 두 명도 짧은 시간에 할 수 있는 거미공포증 치료를 실험했다. 마리에케 소터Marieke Soeter와 메럴 킨트Merel Kindt는 거미공포증이 있는 사람 45명에게 타란툴라 한 마리를 2분 동안 보여주고 나서 그중 절반의 사람들에게 기억상실증 유발에 쓰이기도 하는 베타 차단제 프로프라놀롤 40밀리그램을 투여했다. 그들은 거미에 대한 피실험자들의 기억을 활성화했다가 삭제함으로써 거미에 대한 두려움을 제거하려고 했다. 소터와 킨트의 실험은 신경학자 조지프 르두Joseph LeDoux의 기억재통합 이론theory of memory reconsolidation에 기초한 것이었다. 편도체를 거쳐 되찾은 기억은 일시적으로 변할 수 있다는 르두의 이론대로라면 기억은 촉발된 직후 몇 시간 동안 바뀌거나 없어질 수 있었다.

실험은 효과가 있었다. 기억상실 약을 투여받은 그룹은 그렇지 않은 대조군보다 눈에 띄게 공포증이 호전됐다. 1년 후에도 효과는 유지됐다. 소터와 킨트는 단 한 번의 짧은 개입이 "갑작스럽고 상당하며 지속적인 두려움의 상실"로 이어졌다고 발표했다. 그들은 자신들의 혁명적이고 새로운 실험이 "치료보다는 수술에 더 가깝다"고 설명했다. 그들은 거미공포증을 완화한 게 아니라 뇌에서 아예 제거해버린 것이다.

참고　곤충공포증, 뱀공포증, 동물공포증

고양이공포증 AILUROPHOBIA

미국의 의사 벤저민 러시가 발견한 여러 가지 공포증 가운데 하나가 고양이에 대한 두려움이다. 러시는 이렇게 썼다. "내가 아는 이 신사들은 누가 뭐래도 배짱이 두둑한 사람들이다. 이런 사람들이 고양이만 보면 뒷걸음질 친다. 심지어 눈앞에 없는데도 고양이와 한 공간에 갇히면 무서워하는 기색이 역력하다."

 1905년 미국인 실러스 웨어 미첼Silas Weir Mitchell은 고양이공포증을 연구하면서 고양이를 뜻하는 그리스어 ailouros를 가져와 고양이공포증ailurophobia이라는 용어를 만들었다. 미첼의 가장 큰 관심사는 일부 고양이공포증 증상자들이 가지고 있는 놀라운 지각력이었다. 그가 보낸 설문지는 "당신은 고양이를 싫어합니까?"라는 질문으로 시작됐다. 이어서 "눈에 띄지 않거나 근처에 있다는 걸 모를 때에도" 고양이의 존재를 감지할 수 있는지 물었다.

몸이 반응한다는 응답이 가장 많았다. 프랜시스 웨이크필드 Frances A. Wakefield라는 사람은 "나 혼자 있는 방으로 고양이가 들어오면 누가 내 몸에 찬물을 확 끼얹는 기분이 들어서 나도 모르게 이를 악문다. 소리를 지를 수조차 없다. 거짓말이 아니라, 쓰러지지 않고 잠시도 멀쩡히 서 있기가 힘들다"고 썼고, 버지니아에 사는 변호사 R. H. 우드Wood는 이 "교활하고 소리 없이 움직이는" 영물이 몸에 닿으면 전기충격을 받는 기분이라고 답했다.

응답자 159명 중 31명은 눈에 보이지 않아도 고양이의 존재를 감지할 수 있다고 주장했다. 필라델피아에 사는 메리는 사촌과 식사를 하기 위해 몬트리올의 한 호텔을 찾았다. 고양이를 감지하는 능력이 있는 메리의 사촌은 웨이터의 안내로 테이블에 앉자마자 소리를 질렀다. "이 식당 안에 고양이가 있어!" 메리는 길고 어둑어둑한 그 식당에서 불빛이 환히 비춘 곳은 두 사람이 앉은 테이블뿐이었다고 했다. 웨이터는 식당에 고양이가 없으니 안심해도 된다고 말했지만, 사촌의 얼굴은 점점 창백해졌다. 그녀는 몸까지 떨기 시작했다. "있어."

사촌이 다시 말했다. "여기 고양이가 있어." 결국 식당 안을 샅샅이 뒤진 웨이터는 저 멀리 컴컴한 구석에서 고양이 한 마리를 발견했다.

1914년 미첼의 동료 그랜빌 스탠리 홀은 고양이공포증이 있는 아이들을 연구한 결과를 발표했는데, 아이들은 고양이가 "창문 밖에서 불쑥 나타날" 수 있고 "번개보다 빨라서" 싫다고 말했다. 고양이는 너무 사뿐사뿐 걸었고 너무 멀리까지 뛰어올랐다. 한 아이는 "고양이가 달려들어서 발톱으로 눈을 찌르고 잡아 뜯을 수도 있어요"라고 했다. 또 다른 아이는 "고양이 눈은 밤에 너무 반짝반짝 빛나서 눈부신 불덩어리만 보여요"라고 말했다. "고양이는 뼈를 씹을 수 있어서 내 손가락을 꽉 물고 안 놔줄" 거라는 아이도 있었고, 고양이 배 속은 "온갖 더러운 것들로 꽉 차 있다"고 생각하는 아이도 있었다. 홀은 아이들만 이런 두려움을 느끼는 게 아니라고 말했다. 독일 황제가 친척들을 만나려고 버킹엄 궁전을 방문했을 때 한 관료는 황제가 묵을 스위트룸에 고양이가 숨어 있지는 않은지 방마다 뒤지고 다녀야 했다.

홀의 주장에 따르면, 집고양이에 대한 인류의 두려움은 검치호를 두려워했던 원시시대까지 그 기원을 거슬러 올라간다. 하지만 홀의 주장처럼 설령 고양이에 대한 두려움이 "생물학적으로 준비된" 것이라 해도 문화적 요인 또한 무시할 수 없다. 기독교 문화권에서 고양이는 의심의 눈초리를 받는 동물이었다. 1484년 교황 인노켄티우스 Innocentius 8세는 고양이를 "악마가 가장 아끼는 동물이자 모든 마녀가 숭배하는 우상"이라고 표현했다. 실러스 웨어 미첼에게 눈에 보이지 않는 섬뜩한 고양이의 존재를 감지한다고 주장했던 고양이공포증 증상자들도 어쩌면 마녀와 죽은 영혼들 이야기에 영향을 받았는지 모른다.

1959년 런던 남부 교외에 위치한 왕립 베들럼 병원의 의사 휴 프리먼Hugh L. Freeman과 도널드 켄드릭Donald C. Kendrick은 남아프리카 공화국의 정신과 의사 조지프 울프Joseph Wolpe가 개발한 새로운 유형의 행동치료로 고양이공포증이 있는 37세 여성 'A 부인'을 치료했다. 그녀는 4세 때 아버지가 물을 가득 채운 양동이에 새끼 고양이를 빠트려 죽이는 광경을 목격했다. 어린 시절 집에서 기르던 고양이가 몸에 닿는 게 무서워서 식탁에 앉을 때는 두 다리를 앞으로 쭉 내밀어 뻗곤 했으며, 불안감이 더 심해진 14세 때는 부모님이—이유는 모르겠으나—고양이 털 한 가닥을 그녀의 침대 안에 집어넣었다.

A 부인의 아버지는 엄격하고 통제가 심했다. 그녀가 형편없는 성적표를 받아오면 매를 들었고, 사생활을 감시하기 위해 그녀 앞으로 온 편지는 봉투에 김을 쐬어서 열어보곤 했다. 집에서 벗어나기 위해 A 부인은 제2차 세계대전 때 해군에 입대했다(배 안에서 잠을 잘 때는 고양이를 피하려고 맨 꼭대기 침상을 골랐다). 이후 그녀는 선원과 약혼했으며, 아버지의 반대에도 아랑곳하지 않고 전쟁이 끝나자마자 결혼식을 올렸다. 1950년 그녀의 아버지는 심장마비로 숨을 거뒀다.

A 부인의 남편은 온화하고 느긋한 사람이었다. 종전 후 교사가 된 남편은 A 부인의 고양이공포증을 이해했고 두 자녀도 엄마의 증상을 염려했다. 친구 집을 방문할 때는 그녀가 들어가기 전에 온 가족이 출동해 그 집에 고양이가 있는지 방마다 확인했다.

A 부인은 최근 2~3년 사이 상태가 더 나빠졌다고 말했다. 폐가가 된 후 잡초가 무성히 자란 옆집 정원을 고양이들이 점령해버린 탓이

었다. 이제는 고양이가 달려들까 봐 빨래를 널러 나갈 때도 겁을 먹을 정도였다. 그녀의 불안감은 점점 확대됐다. 프리먼은 《영국의학저널 British Medical Journal》에 기고한 글에서 이렇게 썼다. "A 부인은 고양이 털 비슷한 것만 몸에 닿아도 견디지 못했고, 털장갑도 낄 수 없었다. 대중교통을 이용할 때 옆에 앉은 사람이 모피 코트를 입고 있으면 안절부절못했고, 책이나 텔레비전 혹은 영화에서 고양이가 나와도 마음이 불안해졌다." 그즈음 그녀는 고양이 말고 다른 것은 생각할 수가 없게 되었다. 고양이가 나오는 악몽까지 꾸었다. 딸이 갖고 노는 코알라 인형이 느닷없이 눈에 띄기만 해도 당황해서 어찌할 바를 몰랐다.

프리먼과 켄드릭은 울프의 '체계적 둔감법systematic desensitisation'으로 그녀를 치료했다. 우선 A 부인에게 고양이와 관련된 두려움을 약한 것부터 강한 것 순으로 작성하게 했다. 그런 다음 그 두려움에 하나씩 맞서게 했다. 단계적으로 두려움에 익숙해지게 해서 공포심을 서서히 줄여가는 방법이 체계적 둔감법이었다. 이를 위해서 A 부인의 조건반사를 새롭게 설정했다. 고양이의 감촉과 이미지를 떠올릴 때 위험 대신 안전함이 연상되도록 조건화했다. 맨 먼저 두 의사는 그녀에게 우단을 건넸다. 이어서 점점 더 부드러운 동물 털을 하나씩 건넨 뒤 마지막에 토끼의 털을 쥐여주었다. 두 의사는 동물 털에 익숙해진 A 부인에게 이제 고양이 장난감 쪽으로 가보라고 용기를 북돋아 주었다. 그다음엔 고양이 사진을 보여주었고, 그로부터 한 달이 채 지나지 않았을 때 살아 있는 새끼 고양이에게 다가가보라고 권했다. 그 작은 동물이 무릎에 놓이자 그녀는 소리 내어 웃는가 싶더니 이윽고 안도의 눈물을 흘렸다. 그녀는 나중에 그날이 "내 인생 최고의 날 가운데 하나"였다고 말했다. A 부인은 새끼 고양이를 집으로 데려갔다. 녀석이 점점 커가는 모습을 보면서 큰 고양이를 편안하게 느끼는 법을 배울 생각이었다.

치료를 시작한 지 10주가 지나자 A부인은 다 큰 고양이도 쓰다듬을 수 있게 되었다. 그녀는 이제 고양이가 나오는 악몽 대신 아버지가 나오는 폭력적인 꿈을 꾸기 시작했다고 두 의사에게 말했다. 한번은 꿈에 나타난 아버지를 부지깽이로 세게 후려쳤다고 했다. 그녀는 실제로 아버지가 살아 있을 때 부지깽이로 후려치고 싶었던 적이 한두 번이 아니었지만 단 한 번도 그런 감정을 드러내지 못했다고 털어놓았다. 행동치료가 그녀의 고양이공포증을 치료했을 뿐만 아니라, 공포증이 형성되던 시기에 그녀를 짓눌렀던 두려움과 분노까지 끄집어낸 것 같았다. A 부인의 치료가 성공하면서 행동주의 학자들의 주장이 사실로 입증된 것처럼 보였다. 즉 환자의 두려움이 시작된 지점으로 돌아가 근본적인 원인을 찾아내지 않아도 공포증을 뿌리 뽑을 수 있다는 희망이 생긴 것이다. 게다가 이 과정에서 오래전 수면 아래로 깊이 가라앉았던 A 부인의 숨겨진 일면까지 드러난 것 같았다.

3년 후 켄드릭은 A 부인의 고양이공포증이 재발하지 않았음을 확인했다. 고양이공포증 대신 다른 불안 증상이 생기지도 않았다. 그녀는 여전히 병원에서 가져온 새끼 고양이를 키웠고 종종 다른 고양이도 돌봐줬다. 그녀는 자신이 마치 "두 사람" 같은 기분이 든다고 켄드릭에게 말했다. "온갖 두려움에 떨던 사람과 지금 이 사람이요."

참고 동물털공포증, 동물공포증

곤충공포증 ENTOMOPHOBIA

살바도르 달리Salvador Dalí는 심각한 곤충공포증entomophobia (entoma는 그리스어로 곤충을 뜻한다) 환자였다. 오죽하면 죽는 것보다 곤충들이 눈에 띄는 게 더 무섭다고 토로했을까. 1942년에 달리는 이렇게 말했다. "만약 내가 벼랑 끝에 서 있는데 커다란 메뚜기 한 마리가 뛰어올라 내 얼굴에 찰싹 달라붙는다면, 나는 이 끔찍한 '것'을 참고 견디느니 차라리 벼랑 아래로 몸을 던져버릴 테다." 2008년 유명 영화배우 스칼릿 조핸슨Scarlett Johanssen은 어릴 때 잠에서 깬 얼굴 위로 바퀴벌레 한 마리가 지나가는 일을 겪은 뒤로 바퀴벌레만 보면 공포에 떤다고 한 기자에게 말했다. 달리도 곤충에 대한 두려움이 어린 시절에 시작됐다고 말했다. 달리는 여자 사촌이 그의 셔츠 깃 아래에 큼지막한 메뚜기 한 마리를 넣고는 눌러 으스러뜨린 일을 잊지 못했다. "이미 내장이 터져서 역겹고 끈적한 액체가 흥건히 쏟아져 나왔는데도 그것은 반쯤 부서진 채 여전히 내 셔츠와 살 사이에서 꿈틀거렸고 그 삐쭉삐쭉한 다리로 내 목을 움켜쥐었다."

영국의 의사 밀레 컬핀Millais Culpin이 보기에 곤충 혐오는 충격적인 경험을 통해 주입되는 조건화된 공포였다. 컬핀은 1922년 《랜싯》에 기고한 논문에서 참전용사의 사례를 설명했다. 공로 훈장을 받은 이 참전용사는 제1차 세계대전 때 파리와 벌에 대한 공포증이 생겼다. 컬핀은 참전용사가 찾아왔을 때 상담실에서 벌어진 상황을 묘사했다. "벌 한 마리가 길을 잃고 상담실로 날아들었을 때 나는 일부러 창문을 닫았다. 벌이 밖으로 나가려고 닫힌 창문을 계속 두

드리자 한때 공로 훈장까지 받을 만큼 용감무쌍했던 참전용사는 의자에 앉은 채 몸을 움츠리면서 식은땀을 흘렸다. 그가 너무 측은해 보여서 나는 얼른 창문을 열어 벌을 밖으로 내보내고 일부러 그랬다며 그에게 사실대로 털어놨다. 그제야 참전용사는 움츠렸던 몸을 펴면서 자신감을 되찾았다." 서부전선의 참호 위를 날아다니던 독일 비행기는 벌처럼 윙윙거리는 소리를 냈다. 컬핀이 생각하기에 이 남자가 벌을 두려워하는 이유는 그 소리에 대한 기억을 억누르고 있어서였다.

곤충공포증은 진화론의 관점에서 이해할 수도 있다. 구더기는 부패를 연상시킨다. 바퀴벌레와 진드기는 질병을 옮긴다. 민달팽이와 벌레들은 대변 같은 점액질 오물을 닮았다. 우리는 이러한 곤충들과 마주치면 오염되거나 독성이 있을까 봐, 혹은 부패한 물질에 닿을까 봐 경계하며 뒷걸음질한다. 그럴 때 우리는 보통 윗입술을 비죽 내밀고 미간을 좁히고 코를 찡그리고 혀를 내민다. 이것은 우리의 전형적인 혐오 반응이며, 우리 몸에 병원균이 들어오는 것을 막기 위한 행동을 도와주는 '행동 면역체계'라는 기능이다. 쉽게 혐오감을 느끼는 사람들은 딱정벌레나 귀뚜라미처럼 딱히 위협이 되지 않는 곤충과 맞닥뜨려도 병원균에 감염될지 모른다는 불안감을 느낀다.

헝가리의 철학자 아우렐 콜나이Aurel Kolnai는 곤충공포증의 원인 중 하나로 실존주의적 두려움을 꼽았다. 콜나이는《혐오감에 대하여 Der Ekel》(1929)에서 곤충 무리를 이렇게 묘사했다. "잠시도 가만히 있지 못하고 안달복달하고 꿈틀거리고 실룩거리는 활력"을 발산하고, "특정한 형태 없이 무분별하게 몰려들어 우글거리며" "끝도, 목적도 없이 번식한다." 우리가 곤충에게 혐오감을 느끼는 이유는 무분별한 번식력 때문이라고 콜나이는 말한다. 마치 "죽음을 임신"한 듯 곤충은 재생과 부패로 고동친다. 우리는 곤충들이 우리 몸을 침범할까 봐 걱정하지만, 그게 전부는 아니다. 우리가 곤충을 두려워하는 이유는 곤충이 우리의 상스러움과 유한성을 지속적으로 일깨우고, 자연계와 인간을 구분하는 상징적 경계까지 침해할 소지가 다분하기 때문이다. 환경학자 믹 스미스Mick Smith와 조이스 데이비슨Joyce Davidson의 생각도 콜나이의 생각과 비슷했다. 2006년 스미스와 데이비슨은 우리가 곤충에게 위협을 느끼는 이유를 이렇게 설명했다. "단지 곤충의 물리적 위험성(진화적 자연주의) 혹은 인간의 노폐물이 일으키는 오염과의 연관성(정신분석적 자연주의) 때문만은 아니다. 곤충이 암시하는 자연 그 자체가 현대 사회와 자아 정체성을 떠받치고 있는 상징적 질서의 가장 기본적인 토대를 무너뜨리기 때문이다."

스미스와 데이비슨의 주장에 담긴 의미는, 사회가 선택한 공포증의 대상은 결국 그 사회의 집단적 욕구와 악몽을 드러낸다는 것이다. 우리는 우리가 자연을 지배하고 상품화할 수 있다는 전제를 위협하는 생물에게 두려움을 느낀다고 스미스와 데이비슨은 말한다. "실제로 이러한 공포증은 현대의 문화적 논리와 자연과의 관계에 뭔가 심각한 문제가 있음을 구체적으로 보여준다. 우리가 문화적 논리로 억압하고 능가해왔다고 생각하는 바로 그 자연이 통제할 수 없는 무수한 방법으로 돌아오겠다고 위협하고 있다."

일부 비평가들이 보기에 우리는 혐오감을 느끼는 생물들에게 은근히 매력을 느낀다. 우리가 역겨운 대상에게 느끼는 혐오감은 "그 대상과 하나가 되고 싶은 욕망의 그늘" 안에 있다고 콜나이는 주장했다. 컬핀도 "두려움과 욕망, 공포증과 강박은 동전의 앞면과 뒷면 같은 관계"라고 말했다. 곤충학자 제프리 록우드Jeffrey A. Lockwood는 공포심으로 인한 생리적 효과—거친 호흡, 마구 뛰는 맥박—가 성적 흥분이 일으키는 효과와 닮았다고 지적한다. 그러면서 그는 전희 때 개미나 거미를 이용해 흥분을 느끼는 사람들을 언급한다.

혐오는 "무의식적 욕망과 웬만해선 인정하지 않으려는 매혹적 대상 혹은 엉큼한 호기심"을 드러내는 단서라고 《혐오의 해부The Anatomy of Disgust》(1997)에서 윌리엄 이언 밀러William Ian Miller는 말했다. 그는 혐오가 감각과 밀접한 관련이 있다고 지적했다. "혐오는 특정한 대상을 만지고, 보고, 맛보고, 냄새 맡고, 심지어 때로는 귀로 들을 때 드는 느낌과 관련이 있다." 바퀴벌레의 바스락거림과 쉿 하는 소리, 민달팽이가 이동하며 내는 쩍쩍 달라붙는 소리, 솜털같이 간지러운 개미 다리의 촉감, 분을 바른 것 같은 나방 날개의 감촉, 이 감각들이 혐오감을 불러일으킨다.

2002년 미국 중앙정보국Central Intelligence Agency(CIA)은 곤충공포증이 있는 사우디아라비아 태생의 팔레스타인 포로 아부 주바이다Abu Zubaydah를 심문했다. 알카에다Al-Qaeda와의 관계를 묻는 질문에 주바이다가 묵묵부답으로 일관하자 법무부는 그를 심문할 때 곤충을 사용해도 좋다고 승인했다. 심문은 태국, 폴란드, 리투아니아에 있는 비밀 시설에서 이루어졌다. CIA가 주바이다에게 사용한 '강화된 심문 기법'에는 물고문, 잠 안 재우기, 구타, 아주 큰 소음, 극한 기온이 있었고, 곤충으로 겁주기도 포함됐다. 그들은 관 모양의 비좁은 '감금함'에 주바이다를 들어가게 하고, 애벌레 한 마리를 감금함에 집어넣었다. 이어서 바퀴벌레 떼도 집어넣었다. 그들은 곤충을 발견한 주바이다가 더 이상 견디지 못하고 입을 열기를 기다렸다. 곤충을 이용한 심문이 성공했는지를 두고 관계자들의 증언은 엇갈린다. 2005년 CIA는 주바이다 심문과 관련된 비디오테이프를 몽땅 파기했다. 주바이다는 공식적으로는 어떤 혐의로도 기소되지 않았다. 2006년 그는 관타나모 수용소로 이송됐으며 16년이 지난 2022년까지도 여전히 그곳에 수감되어 있었다.

참고 광장공포증, 거미공포증, 환공포증, 동물공포증

동물공포증 ZOOPHOBIA

동물공포증zoophobia은 동물에 대한 지나친 두려움을 일컫는다. 어원은 '살아 있는 생물'을 뜻하는 그리스어 zōion이다. 여기서 동물은 특정 동물 혹은 동물 전체를 가리킨다. 놀랍게도 동물에 대한 두려움은 전 세계 어디서나 비슷하게 나타난다. 1998년 한 조사에 따르면 영국, 미국, 한국, 네덜란드, 인도 국민이 똑같은 동물에 대해 느끼는 두려움은 거의 대등한 수준이었고, 일본과 홍콩 시민들 정도만 살짝 더 높게 나타났다. 제일 두려워하는 포식 동물은 호랑이, 악어, 곰, 늑대, 상어, 사자, 뱀이었다. 이 가운데 공포증, 즉 과도하거나 비이성적인 두려움의 대상으로 흔한 동물은 뱀 하나뿐이다. 우리는 혐오감을 유발하는 동물을 비이성적으로 두려워할 가능성이 훨씬 크다. 그런 기준에서 맨 윗자리를 차지하는 일곱 가지 동물은 바퀴벌레, 거미, 벌레, 거머리, 박쥐, 도마뱀, 쥐다.

체계적 탈감각치료를 받으면 동물공포증이 있는 사람 10명 중 9명은 증상이 상당히 완화된다. 그들은 세심하게 선택된 시각 자료를 통해 두려워하는 대상을 접한다. 그런 다음 두려워하는 동물을 직접 마주한다. 하지만 대다수는 이런 치료를 기피(또는 중도 포기)한다. 그래서 2018년 일본과 홍콩, 영국의 신경과학자들이 모여 새로운 치료를 시도했다. 이른바 의식적인 마음을 우회하는 동물공포증 치료다.

연구진은 우선 기능성 자기공명영상(fMRI)의 '초정렬판독 hyperalignment decoding'이라는 새로운 기법을 이용해 공포증이 없는 사람들을 대상으로 특정 동물과 관련된 뇌의 패턴을 확인했다. 이러한 뇌의 암호들로 무장한 과학자들은 최소한 두 가지 이상의 동물에 대해 공포증이 있는 사람 17명의 뇌를 fMRI 판독 장치로 추적 관찰했다. 두 가지 동물 가운데 한 동물에 해당하는 암호 패턴과 참가자의 복측피질ventral cortex 활동이 일치할 때마다 각 참가자의 뇌 속 회색 영역은 점점 더 커졌다. 바로 그 순간 참가자들이 무슨 생각을 하고 있었든지 그 생각에 최대한 오래 집중할 수 있도록 연구진은 회색 영역의 크기가 더 큰 사람에게 더 많은 액수의 실험 참가비를 지급하겠다고 말했다.

암호가 발견될 때 참가자들은 의식적으로 그들이 두려워하는 동물을 생각하지 않고 있었다. 다섯 차례의 시도가 끝날 때까지도 그들은 어떤 동물들이 판독 장치의 표적이었는지 알아채지 못했다. 그런데도 피부 전도율 같은 신체 반응으로 측정했을 때 판독 장치의 표적이었던 동물들에 대한 그들의 공포증은 눈에 띄게 감소했다. 반면 대조 동물에 대한 두려움은 그대로였다.

"이 실험은 초정밀판독 장치를 이용했을 때 임상적 증상이 없고 자연 발생적인 특정 두려움에 대한 생리적 공포 반응을 피험자가 전혀 인지하지 못하는 사이에 무의식적으로 약화할 수 있다는 증거를 제공한다"고 연구진은 말한다. 동물공포증이 있는 피험자들은 이전에 두려워하던 동물을 보상과 연결하는 법을 배웠다. 그들은 그 동물이 머릿속에 떠올랐다는 사실조차 알아채지 못했다.

> (참고) 진드기공포증, 고양이공포증, 거미공포증, 양서류
> 공포증, 개공포증, 곤충공포증, 말/발굽동물공포증,
> 쥐공포증, 뱀공포증

말/발굽동물공포증 HIPPOPHOBIA

1909년 지크문트 프로이트는 오스트리아 빈에 사는 5세 소년 "어린 한스"를 분석한 결과를 발표했다. 이 분석은 이후 정신분석에 큰 영향을 미쳤다. 1908년 어린 한스는 말에 대한 극심한 두려움이 생겼다(말/발굽동물공포증hippophobia에서 hippo는 그리스어로 '말'을 뜻한다). 말은 빈에서 쉽게 눈에 띄는 동물이었는데, 한스는 말이 너무 무섭다며 종종 집 밖으로 나가지 않으려 했다. 프로이트는 이렇게 썼다. "한스가 말을 두려워하는 이유는 두 가지였다. 하나는 말이 넘어질지도 모른다는 두려움, 다른 하나는 말이 자기를 물지도 모른다는 두려움이었다."

한스의 아버지는 프로이트의 친구이자 신봉자였다. 그는 거리에서 짐마차를 끌다가 넘어진 육중한 말이 겁을 먹고 네 다리를 마구 버둥거리는 모습을 본 뒤로 한스에게 공포증이 생겼다고 했다. 프로이트는 넘어진 말의 위태롭고 난폭한 몸부림을 보는 순간 이미 한스가 품고 있던 성 심리에 관한 환상이 그의 머릿속에 박힌 것이라고 생각했다. 예전부터 한스는 말의 '잠지Wiwimacher'에 호기심을 보였고, 최근에는 자기 잠지를 만지작거리다가 엄마한테 혼난 적도 있었으며, 어린 여동생의 작은 '잠지' 얘기를 꺼낸 적도 있었다.

이후 4개월간 한스의 아버지는 프로이트의 감독 아래 한스의 심리를 분석했다. 그는 한스의 말과 행동을 기록해뒀다가 그 내용을 프로이트와 상의했다. 한스가 원하는 것과 그의 행동에 대해서 한스와도 얘기를 나눴다. 프로이트는 한스 사례가 자발적 유아 성욕과 오이디푸스 콤플렉스에 관한 자신의 이론을 뒷받침한다고 확신했다. 그는 한스가 또래의 다른 아이들과 마찬가지로 아버지 대신 어머니의 연인이 되고 싶은 욕망을 남몰래 품고 있으며, 이 욕망으로 인해 아버지가 다치거나(말이 쓰러지거나) 아버지가 복수할까 봐(말이 물어서 자신을 거세할까 봐) 두려워한다고 추측했다.

프로이트는 한스를 딱 두 번 만났다. 두 번째 만난 자리에서 한스는 이제 말은 덜 무서운데 말의 눈과 입 주변에 있는 검은 것들은 여전히 무섭다고 했다. 한스가 말한 검은 것들은 눈가리개와 굴레였다. 프로이트는 한스에게 말의 눈가리개와 굴레를 보면 아버지의 안경과 검은 콧수염이 떠오르는지 물었다.

프로이트는 어린 한스가 아버지를 향한 상반되는 감정을 감당하기 위해 자신의 두려움과 공격성을 말로 치환했다고 확신했다. 말 공포증은 한스의 감정을 억누르는 동시에 표출할 수 있는 타협안이었다. 한스는 거리에서 말을 피함으로써 아버지를 향한 나쁜 생각들을 끊을 수 있었다. 분석은 오래 걸리지 않았다. 어린 한스는 말 공포증을 극복한 듯 보였다. 한스의 아버지는 아들이 말 공포증 대신 음악 쪽으로 관심의 방향을 틀었다고 생각했다. 1908년 5월 프로이트는 한스 가족이 사는 빈의 아파트를 방문했다. 그의 손에는 한스에게 줄 뒤늦은 생일선물이 들려 있었다. 어린이용 흔들 목마였다.

이듬해 어린 한스의 사례가 발표되자 뜨거운 논쟁이 벌어졌다. 한스 사례는 아이의 정신분석에 관한 최초의 설명이자 프로이트의 오이디푸스 갈등 이론에 관해 그때까지 나온 것 중 가장 명백한 설명이었다. 더불어 공포증 분석의 원형을 제시했다. 프로이트는 여러 가지 공포증 혹은 '불안 히스테리증'을 "어린 시절의 전형적인 신경증"이라고 설명했다. 그러한 신경증은 아이가 자라면서 대부분 사라지지만 그 흔적은 종종 남기도 한다고 프로이트는 말했다. "한스는 지금 다른 아이들보다 유리한 위치에 있을지도 모른다. 억압된 콤플렉스의 형태를 띤 그 씨앗을 더 이상 마음에 간직하지 않기 때문이다."

1920년경 오스트리아의 음악학자 막스 그라프Max Graf의 아들인 17세의 헤르베르트 그라프Herbert Graf는 우연히 프로이트의 어린 한스 사례 연구를 읽자마자 누구 얘기인 줄 대번에 알아차렸다. 그는 최근에 이혼한 아버지를 찾아가 물었다. "이게 뭐죠? 이건 분명히 저랑 관계가 있어요!" 아버지는 그가 어린 한스라는 사실을 인정했다. "그래, 이건 네 얘기다."

1922년 헤르베르트 그라프는 프로이트의 아파트를 찾아갔다. 그라프는 당시를 이렇게 회상했다. "물론 그는 내가 누구인지 알아보지 못했다. 그래서 내가 말했다. 제가 어린 한스입니다. 뭉클한 감정이 들었다. 프로이트가 다가와 나를 껴안더니 말했다. 앉거라! 우리는 긴 대화를 나눴다. 그는 내가 지금 무얼 하는지, 앞으로 어떤 계획이 있는지 등을 물었다. 대화가 끝날 때쯤 그는 내가—적어도 그의 앞에서는—아주 정상적으로 말하고 행동하는 것을 보니 치료 효과가 있었다는 생각이 든다고 말했다."

프로이트는 논문 말미에 덧붙인 후기에서 이제 어떤 병이나 억압과도 거리가 먼 "건장한 청년"이 된 "어린 한스"의 근황을 전했다. 한스는 부모의 이혼과 재혼을 잘 극복했을 뿐만 아니라 여전히 부모님과 좋은 관계를 유지했다. 비평가들의 예상과 달리 어린 시절의 정신분석은 그에게 악영향을 미치지 않았다.

헤르베르트 그라프는 20대 초반 잘츠부르크와 취리히에서 유명한 오페라 감독이 되었고, 나중에는 뉴욕의 메트로폴리탄 오페라 감독까지 맡았다. 세상을 떠나기 1년 전인 1972년 《오페라 뉴스》와의 인터뷰에서 그라프는 자기가 어린 한스라고 밝혔다. 그는 오페라 제작 현장과 정신분석이 진화하는 현장의 막후에 있던 자신을 "투명 인간"에 빗댔다. 그가 성인이 되어 겪은 비극은 그 인터뷰 이후에 밝혀졌다. 그는 첫 번째 아내와 여동생을 자살로 잃었다.

프로이트가 어린 한스, 그리고 그의 부모와 했던 상담에서도 새로운 사실이 드러났다. 2000년이 되어서야 프로이트 기록 보관소에서 열람이 가능해진 상담 자료에 따르면, 프로이트는 논문에서 많은 사실을 은폐했다. 예를 들면 1890년대에 한스의 어머니 올가 회닉Olga Hönig을 치료한 사실, 한스의 아버지 막스 그라프에게 회닉과 결혼하라고 권유한 사실, 두 사람의 결혼생활이 몹시 불행했다는 사실을 프로이트는 1908년에 알게 됐지만, 논문에서는 전혀 언급하지 않았다. 한스 사례를 통해 어린 시절의 성욕에 관한 자신의 이론을 입증하는 데만 혈안이 되어 있던 프로이트는 괜히 이 비범한 가족의 정서 장애 그리고 자신이 그들과 관련이 있다는 사실을 밝혀 논점을 흐리기 싫었던 모양이다. 여하튼 1953년 올가 그라프는 "프로이트가 우리 가족을 파괴했다"고 말했다.

어린 한스에 대한 프로이트의 결론에 의문을 제기한 사람들은 프로이트와 막스 그라프가 한스의 머릿속에 생각을 주입하고 프로이트의 새 이론을 뒷받침하는 요소들을 인위적으로 끌어냈을 수 있다고 의심했다. 프로이트 본인도 다음과 같은 점은 인정했다. "한스 스스로 표현할 수 없는 것들이 많았다. 그런 것은 내가 알려줘야 했다." "한스가 아직 갖추지 못한 듯한 생각들은 내가 제시해줘야 했다." 1950년대 영국의 정신분석가 존 볼비John Bowlby에 따르면 어린 한스는 분리불안을 겪고 있었다. 볼비는 프로이트의 사례 연구에서 한스가 어머니에 대해 불안한 애착을 느꼈고, 어머니가 자신을 버리고 떠날까 봐 두려워했다는 증거를 발견했다. 프랑스의 비평가 줄리아 크리스테바Julia Kristeva도 프로이트가 한스 어머니의 중요성을 소극적으로 다뤘다고 생각했다. 1982년 크리스테바는 한스에게 말이란 아버지에 대한 불안감뿐만 아니라 어머니의 몸에 대한 두려움도 상징한다고 주장했다. "말 공포증은 모든 두려움을 압축한 상형문자나 다름없다"고 크리스테바는 썼다.

프로이트의 한스 분석을 계기로 공포증은 정신분석 이론의 핵심이 되었다. 프로이트에게 어린 한스의 병적인 애착은 우리가 어떻게 감정을 무의식적으로 부인하고 치환하는지, 욕망을 어떻게 상징으로 전환하는지, 이따금 두려움을 어떻게 예술로 탈바꿈시키는지 보여주는 증거였다.

(참고) 쥐공포증, 동물공포증

뱀공포증 OPHIDIOPHOBIA

뱀은 항상 경외와 공포의 대상이었다. 고대 그리스와 로마, 인도, 중국, 멕시코, 이집트의 신화에서 뱀은 신 또는 괴물로 등장한다. 기독교 성서에서 에덴동산의 뱀은 인류에게 지식과 수치심, 파멸을 가져다준다. 오늘날 인류의 절반가량은 뱀을 보면 겁을 먹고, 약 6퍼센트는 뱀에 대한 극도의 공포감에 시달린다. 1914년 그랜빌 스탠리 홀은 세계에서 가장 흔한 이 공포증에 그리스어로 뱀을 뜻하는 ophis를 붙여 뱀공포증ophidiophobia이라고 명명했다. 뱀공포증 환자는 스르르 미끄러져 가는 뱀의 움직임과 쉭쉭 대는 소리, 날름거리는 혀, 비늘로 뒤덮이고 팔다리 없는 긴 몸, 깜빡이지 않고 빤히 응시하는 눈을 두려워한다. 또한 그들은 지면을 가로질러 가다가 갑자기 방향을 휙 바꾸는 뱀의 그 날랜 움직임을 소름 끼치게 싫어한다.

지금까지 알려진 3500종 가운데 독이 있는 뱀은 600종이다. 지금도 뱀에 물려 목숨을 잃는 사람은 매년 10만 명에 이른다. 이러니 우리가 뱀을 두려워하는 것은 당연해 보인다. 찰스 다윈Charles Darwin은 뱀에 대한 반응은 본능적이며 의식적으로 통제할 수 있는 범위 밖에 있다고 생각했다. 그는 자기 생각이 맞는지 확인하기 위해 런던동물원을 찾았다. 1872년 다윈은 이렇게 기록했다. "나는 런던동물원에서 아프리카산 큰 독사 앞을 가로막은 두꺼운 유리판에 얼굴을 바싹 갖다 댔다. 그 뱀이 나한테 달려들더라도 뒤로 물러서지 않겠다고 마음을 단단히 먹었다. 하지만 일격을 당하는 순간 내 비장한 각오는 물거품이 돼버렸다. 나는 빛보다 빠르게 펄쩍 뛰어오르며 1~2미터 뒤로 물러났다. 한번도 경험해보지 못한 위험을 상상하는 순간 내 의지와 이성은 무용지물이었다."

다윈은 침팬지들도 겁을 먹고 뒤로 물러나는지 보기 위해 박제한 뱀 한 마리를 영장류 우리에 집어넣었다. "내 평생 그때처럼 흥분되고 흥미진진한 광경은 손에 꼽을 정도였다." 원숭이들은 "우리 안을 정신없이 돌아다니면서 날카로운 비명을 질러 동료들에게 위험을 알렸다." 다윈은 뱀에 이어 쥐와 거북이, 죽은 물고기를 우리 안에 집어넣었는데, 원숭이들은 별다른 반응을 보이지 않았다. 다윈은 인간과 침팬지 안에는 진화를 거치면서 특정 동물에 공포 반응을 일으키는 분류 체계가 내장되어 있다고 추측했다. 만약 다윈의 추측이 맞는다면, 독을 지닌 뱀이 서식하지 않는 지역의 영장류—예를 들면 마다가스카르의 여우원숭이—가 뱀에 두려운 반응을 보이지 않는 이유가 설명된다.

1980년대와 1990년대에 심

리학자 수전 미네카Susan Mineka는 위스콘신 영장류연구센터에서 한 가지 실험을 했다. 실험실에서 자란 어린 원숭이들에게 뱀을 영상으로 보여줬다. 원숭이들은 뱀을 두려워하는 기색이 조금도 없었다. 그러나 다른 원숭이들이 뱀 앞에서 깜짝 놀라며 달아나는 장면이 담긴 영상을 보여줬더니 실험실의 원숭이들은 그 두려움을 금세 습득했다. 이어서 다른 원숭이들이 꽃이나 토끼를 보고 불안해하는 장면을 보여줬는데, 실험실의 원숭이들은 이번에는 훨씬 느리게 불안감을 습득했다. 이 결과로 미루어볼 때 실험실의 원숭이들은 최소한 뱀에 대한 공포를 학습하고 기억하는 성향이 있는 것 같았다. 또 다른 실험에서도 원숭이들은 잔디밭에서 개구리나 꽃이나 애벌레를 찾아낼 때보다 훨씬 신속하게 뱀의 존재를 알아챘다.

1990년대 스웨덴의 한 실험실에서 아르네 외만Arne Öhman은 여러 장의 뱀 사진을 실험군에 보여주면서 0.03초 동안 그들에게 플래시를 비췄다. 그런 다음 주로 시각 자극을 전달하는 전전두피질이 뱀 이미지를 처리하기 전에 잽싸게 다른 사진들로 바꿨다. 이러한 '차폐 효과'에도 불구하고 뱀공포증이 있는 피실험자들은 그 찰나의 순간에 본 뱀 사진 때문에 손에 땀이 나는 등 육체적 반응을 보였다. 이로써 뱀공포증은 의식적 인지와 무관하다는 사실이 확인되었다. 외만은 편도체의 독립적인 생존 회로를 공포 반응의 원인으로 지목했다. 편도체는 진화적으로 전전두피질보다 앞서 형성된 뇌의 일부다. 2003년 외만과 미네카는 공동으로 저술한 논문에서 인간과 원숭이는 특정 위협을 재빨리 감지하고 위협에 반응할 준비가 되어 있음을 입증해 보였다.

동물행동학자이자 인류학자인 린 이스벨Lynne Isbell은 《열매, 나무, 뱀The Fruit, the Tree and the Serpent》(2011)에서 뱀의 위협이 인간의 뇌를 진화시켰다고 주장한다. 그녀의 설명에 따르면 아시아와 아프리카에 독이 있는 뱀이 등장하면서 우리 조상들을 위협하는 최고의 포식자로 등극했다. 당시 키가 작고 야행성이면서 두더지 같은 생명체였던 우리 조상들은 주로 냄새에 의존해 살았다. 뱀이 출현한 이후에도 살아남은 것은 시력을 더 발달시켜 낮에도 활동할 수 있으며 시각기관과 두려움을 느끼는 기관을 결합할 수 있었던 우리 조상들이었다. 그들의 뇌는 다른 생명체들의 뇌보다 피질을 훨씬 더 발달시켜 시각적·사회적 신호를 발견하고 해석하는 능력을 강화했다. 그들은 뱀을 찾아낼 뿐만 아니라 언어의 전신인 손가락 의사소통을 배워 다른 개체들에게 위험을 경고할 수도 있었다.

언어의 진화에 대한 이스벨의 가설은 논란의 여지가 많지만, 만약 그녀의 주장이 옳다면 뱀의 출현이 피질의 변화를 이끌어 단어를 사용하고 상상력을 발휘하고 곰곰이 생각할 수 있는 능력을 우리에게 준 셈이다. "우리가 기억과 생각, 목적, 감정을 시간이 지나서도 얘기할 수 있는 것은 피질 덕분"이라고 철학자 스티븐 아스마Stephen T. Asma는 말한다. "즉 우리가 사바나의 무서운 동물들을 실시간에서 분리해 동굴 벽이나 이야기를 통해 표현하거나 그 동물들에 관한 이야기를 마음대로 과장하거나 미화할 수 있는 것은 정신 공간이라는 평행세계에 기억, 생각, 감정 등을 간직할 수 있기 때문이다." 어쩌면 인간의 인지력과 상상의 세계가 확장될 수 있었던 것은 뱀 덕분인지도 모른다. 오늘날 우리는 위험을 감지하면 구체적이고 반사적인 행동 반응을 보일 뿐만 아니라 우리가 느끼는 불안감을 분석, 설명, 날조, 과장하기도 한다. 우리는 기억할 뿐만 아니라 공상도 하고, 인식할 뿐만 아니라 머리도 굴린다. 이것이 바로 우리가 온갖 공포증에 시달리는 이유다.

참고 거미공포증, 동물공포증

양서류공포증 BATRACHOPHOBIA

양서류공포증batrachophobia이 있는 사람은 개구리의 어슴푸레 빛나는 눈과 점액질 피부, 목 밑에서 부풀어 오르는 울음주머니, 마디가 많고 물갈퀴가 달린 발에 공포를 느낀다. 그들은 미동도 없이 정지해 있던 개구리가 불시에 포물선을 그리며 도약할 때 소스라치게 놀란다. 이 단어는 개구리를 뜻하는 그리스어 batrachos에서 유래했으며, 개구리와 두꺼비를 비롯해 양서류를 두려워하는 사람들이 이 공포증에 해당한다.

철학자 존 로크John Locke는 양서류공포증 극복을 위해 일종의 노출치료를 제안했다. 그의 노출치료는 지금까지도 여러 공포증에 가장 효과적인 치료법으로 꼽힌다. 《인간 오성론Essay Concerning Human Understanding》(1690)에서 로크는 이렇게 썼다. "당신의 자녀가 개구리를 보고 비명을 지르며 달아나면 다른 사람에게 개구리를 잡아달라고 부탁해서 자녀와 멀찍이 떨어진 곳에 놓아라. 처음에는 쳐다보는 것에 익숙해져야 한다. 쳐다보는 게 가능해지면, 개구리를 좀더 가까이 갖다 놓고 도약하는 모습을 무덤덤하게 보게 하라. 이 과정을 통과하면 이번에는 다른 사람이 개구리를 손에 꽉 쥐고 있을 때 살짝 만져보게 하라. 기타 등등. 이렇게 하다 보면 나비나 참새를 만지듯 아무렇지도 않게 개구리를 만질 수 있게 된다." 공포의 대상을 생각하면 부정적인 감정이 떠오르는데, 로크는 이 부정적인 감정을 하나씩 없애면 공포증을 극복할 수 있다고 믿었다.

1983년 미시간대학교의 심리학자들은 개구리 공포증이 심한 26세 여성에게 노출치료를 진행했다. 그녀에게 양서류공포증이 생긴 것은 18개월 전이었다. 그녀는 강둑 근처에서 잔디 깎는 기계로 우거진 풀을 밀고 있었다. 그때 갑자기 잔디 깎는 기계에서 피범벅이 된 개구리 떼가 뿜어져 나왔다. 살아 있는 개구리들은 잔디 기계의 날을 피해 그녀 양옆으로 폴짝폴짝 뛰어올라 달아났다. 그날 이후 그녀는 잔디를 깎을 수 없었고, 개구리가 나오는 악몽에도 시달렸다. 강가에서 들려오는 "개골개골" 소리가 무서워 귀를 틀어막았고, 개구리가 한 마리라도 집 안에 들어오면 그녀는 집 밖으로 나갔다. 그녀는 곤죽이 된 개구리를 보고 본능적으로 공포를 느꼈을 뿐만 아니라 이 생물이 복수를 해올지도 모른다는 죄책감과 두려움에도 시달리는 듯했다.

2019년 포르투갈 포르투의 가게 주인들은 집시들이 가게 안으로 들어오는 것을 막기 위해 개구리를 무서워하기로 유명한 집시들의 공포심을 이용했다. 방법은 간단했다. 개구리 모양의 초록색 도자기 제품을 가게 입구에 놓기만 하면 끝이었다. 이 방법은 차별 금지법에도 저촉되지 않았다. 가게 주인 열 명은 늙은 집시들에게 특히 잘 먹히는 방법이라고 알자지라 방송사 기자에게 털어놓았다. 하지만 그 가게 주인들 중 실명 공개를 허락한 사람은 엘레나 콘세이상 한 명뿐이었다. 그녀는 외국인을 혐오하는 행동이 부끄럽지 않은 듯 개구리 도자기를 갖다 놓은 진짜 이유를 밝혔다. "이걸 갖다 놓으면 집시들이 얼씬 못 해요. 그들은 개구리를 무서워하거든요. 주변에 집시가 얼쩡대는 걸 좋아하는 사람은 없잖아요."

참고 외국인혐오증, 동물공포증

조류공포증 ORNITHOPHOBIA

2012년 영국 팝그룹 원디렉션One Direction의 보컬 나일 호란Niall Horan은 인터뷰에서 비둘기가 무섭다고 털어놓았다. "언젠가 침실 창문으로 비둘기 한 마리가 날아 들어왔어요. 그러더니 소변을 보고 있던 저한테 다가왔어요. 그걸로 충분했어요. 비둘기들이 저를 호구로 생각하는 것 같아요." 그해 원디렉션이 미국에서 순회공연을 할 때 보안요원들은 야외무대에 있는 새들을 소탕하고 다니느라 바빴다. "나일은 비둘기를 정말 무서워합니다." 밴드 멤버 해리 스타일스Harry Styles도 고개를 끄덕였다. "우리가 나일을 지켜줘야죠."

캐나다의 시인 델 캐서롤Dell Catherall은 어린 시절에 겪은 두 가지 사건 때문에 새들이 무서워졌다고 했다. 첫 번째는 발레복을 가봉

하고 있는 그녀를 초록색 앵무새 한 마리가 공격한 사건이었다. 두 번째는 아버지와 함께 밴쿠버 인근의 하우사운드 피오르로 낚시하러 갔을 때였다. 얼떨결에 그녀의 낚싯바늘에 갈매기 한 마리가 걸렸다. 아버지가 델의 낚싯바늘에 걸린 다리를 비틀어 빼내려 하자 갈매기는 소형보트의 선미船尾에 기댄 채 괴성을 지르고 미친 듯이 허우적거리면서 날개를 퍼덕였다. 그러는 동안 성난 갈매기 떼가 보트를 향해 전속력으로 하강해서 아버지의 얼굴과 목덜미를 쪼고 할퀴기 시작했다. 어린 델은 노를 집어 들고 갈매기 떼를 향해 마구 휘둘렀다. 상처를 입은 갈매기가 날아가고 팔에서 피를 흘리는 아버지 품에 안기는 순간 새에 대한 그녀의 혐오감은 확고해졌다.

조류공포증ornithophobia(그리스어 ornis는 새를 뜻한다)을 위한 대표적인 치료법은 노출치료다. 2015년 영국에서 사흘간 진행된 노출치료에서 참가자들은 맨 먼저 공원에서 새들에게 모이를 뿌려줬다. 그다음에는 농장에서 칠면조를 잡아 무게를 쟀다. 마지막으로 매, 부엉이, 독수리 같은 맹금류를 손 위에 올려놓았다.

앨프리드 히치콕Alfred Hitchcock의 영화 〈새The Birds〉(1963)는 조류공포증을 극적으로 보여준 영화다. 소설가 대프니 듀 모리에Daphne du Maurier는 콘월에서 갈매기 떼가 한 농부를 향해 급강하해 공격하는 광경을 본 뒤 영화의 원작이 된 단편소설을 썼다. 영화에서는 떼까마귀, 갈매기, 까마귀가 캘리포니아 보데가만灣의 주민들을 공격한다. 영화의 등장인물들은 새들이 인간을 공격하는 이유를 놓고 서로 의심을 품는다. "대체 새들이 왜 이러는 거죠?" 한 주민이 최근에 보데가만에 도착한 멜라니 대니얼스에게 따진다. "사람들 말이 당신이 여기 온 다음부터 모든 일이 시작됐다고 하던데. 당신 누구야? 정체가 뭐냐고? 어디서 왔어? 이게 다 당신 때문에 일어난 일 같아. 당신 악마지? 악마 말이야!" 〈새〉는 프로이트가 말한 공포증의 심리적 기제, 즉 숨어 있던 감정이 외부의 사물에 투영되는 심리적 기제가 사실임을 증명하는 영화 같다. 공상의 세계가 현실 세계를 장악하고 공상이 현실을 쥐락펴락한다. 새들의 폭력은 금지된 것의 폭발을 상징한다.

1998년 영국의 정신분석가 애덤 필립스Adam Phillips는 공포증은 우리를 둘러싼 세계에 의미와 드라마를 부여함으로써 생명을 불어넣는다고 주장했다. 그는 공포증이 "평범한 장소와 사물에 극도의 긴장감을 부여하는 일종의 무의식적 소외 기법estrangement technique"이라고 썼다. 그는 새를 예로 들었다. "비둘기를 극도로 무서워하는 것은 비둘기를 새로운 존재로 탈바꿈시키는 방법의 하나다." 히치콕은 자신의 영화를 편집증과 불확실성, 긴장감 넘치는 소외로 가득 채워 필립스가 말한 탈바꿈 효과를 낳는다.

(참고) 달걀공포증, 깃털공포증, 동물공포증

진드기공포증 ACAROPHOBIA

아주 작은 벌레에 대한 극단적인 두려움을 진드기공포증

acarophobia(진드기를 뜻하는 그리스어 akari에서 유래)이라고 한다. 진드기공포증을 처음 확인한 사람은 1894년 프랑스의 피부과 전문의 조르주 티비에르주Georges Thibierge였다. 심할 경우 진드기공포증은 극히 작은 생물들이 인체를 침범한다는 믿음으로 발전할 수 있다. "피부 위로 개미가 기어가는 듯한" 가려운 느낌은 순전히 상상의 결과물일 수도 있지만, 대상포진이나 결핵, 매독, 피부암, 폐경, 영양실조 같은 건강 상태가 원인일 수도 있고, 살충제나 필로폰, 코카인 같은 물질에 의해 유발될 수도 있다.

가려움은 남의 영향을 받기 쉬운 느낌이다. 옆 사람이 가렵다고 하면 멀쩡하던 사람도 갑자기 가려워지는 기분이 든다. 이런 까닭에 진드기에 관한 망상은 사람에서 사람으로 전염되기도 한다. 1960년대 공중보건 담당관 윌리엄 G. 왈드론William G. Waldron은 로스앤젤레스의 몇몇 회사로부터 무는 벌레들이 있다는 보고를 받고 조사에 착수했다. 그가 방문한 항공권 예약 센터에서는 모든 여직원이 발목 바로 윗부분에서 따끔거림을 느꼈고, 나일론 스타킹이 살짝 "잡아당겨지는" 느낌도 호소했다. 하지만 왈드론은 예약 센터 안에서 벌레를 한 마리도 찾지 못했다. 대신 그는 여직원들이 앉아 있는 책상 밑으로 전화선이 노출되어 있는 것에 주목하고, 여직원들의 다리가 그 전화선에 닿아 정전기가 일어났을 가능성을 의심했다. 그뿐 아니라 왈드론이 보기에 예약 센터 직원 150명의 의욕은 극도로 저하돼 있었다. 직원들이 느끼는 따끔거리는 불쾌함이 억압적인 업무 환경 탓일 수도 있다고 그는 생각했다. 직원들은 몇 시간씩 자리를 뜨지 못한 채 전화로 복잡한 예약 업무를 처리했다. 사무실 한쪽 끝에 있는 어두운 부스 안에서는 세 명의 상관이 한시도 눈을 떼지 않고 직원들을 감시했다. 왈드론은 해당 항공사에 전화선을 피복하고 감독 부스에 불을 켜두라고 권고했다. 그 이후 여직원들의 가려움증은 사라졌다.

진드기공포증이 심한 사람은 벌레를 떼어낸다고 자기 얼굴이나 목, 팔, 두피, 겨드랑이, 사타구니의 피부를 도려내기도 한다. 1920년대 루이스 부뉴엘Luis Buñuel은 파리의 한 호텔에 머물던 살바도르 달리를 만나고 와서 이렇게 썼다. "그는 웃통을 벗고 있었는데, 등에 대문짝만 한 붕대를 감고 있었다. 듣자 하니 '벼룩'인지 뭔지 정체를 알 수 없는 벌레가 기어다니는 것 같아서 면도날로 자기 등을 마구 벤 모양이었다. 달리는 피를 철철 흘리면서 호텔 지배인한테 의사를 불러달라고 했다. 알고 봤더니 그가 '벼룩'이라고 생각했던 건 뾰루지였다." 1928년 부뉴엘이 달리와 함께 만든 영화 〈안달루시아의 개Un Chien Andalou〉는 첫 장면에서 면도날로 눈을 베자 불룩한 눈알에서 젤리 같은 물질이 터져 나온다. 잠시 후 외계 생명체와 함께 폭발한 남자의 손바닥에서는 개미 떼가 우르르 쏟아져 나온다.

(참고) 거미공포증, 피부뜯기강박증, 곤충공포증, 동물공포증

쥐공포증 MUSOPHOBIA

쥐와 생쥐를 두려워하는 쥐공포증musophobia(그리스어로 mus는 쥐를 뜻한다)은 음식을 오염시키고 병을 옮기는 생물에 대한 우리의 타고난 경계심에서 비롯됐을지도 모른다. 대개는 털로 덮인 작은 몸

이 땅을 가로지를 때 1차 충격이 오면서 쥐공포증이 고개를 들고, 문화적 사고방식에 의해 강화된다. 중세의 전설 〈하멜린의 피리 부는 사나이〉에서 쥐는 죽음의 대리인으로 등장한다. 만화에서 쥐가 등장하면 사람들은 펄쩍 뛰며 비명을 지른다. 잘 알려진 사례 중 하나로 1909년 지크문트 프로이트가 분석한 젊은 변호사는 쥐 한 마리를 남자의 엉덩이에 묶어놓고 항문까지 갉아 먹게 하는 '중국의 무시무시한 고문' 얘기를 들은 뒤부터 쥐공포증이 생겼다.

조지 오웰George Orwell은 스페인내전에 참전했을 때 쥐들 때문에 공포에 떨었다. 《카탈루냐 찬가Homage to Catalonia》(1938)에 나오듯이 1937년 오웰은 어느 헛간에서 잠이 들었는데, "더러운 짐승들이 사방에서 떼를 지어 우르르 다가왔다." 하루는 참호 안에서 등 뒤에 있는 쥐를 보고 너무 놀란 나머지 권총을 꺼내 쥐를 향해 방아쇠를 당겼다. 공화파와 국민파 양쪽 병사들은 쥐를 죽인 오웰의 총성을 상대방의 공격 개시 신호로 생각하고 곧바로 반격에 나섰다. 이어 소규모 전투가 벌어졌고 오웰이 속한 민병대의 취사장과 병사들을 전선으로 실어 나르는 버스 두 대가 파괴됐다.

오웰의 《1984》(1949)에는 중국의 쥐 고문에 맞먹는 또 다른 버전이 등장한다. 소설의 주인공 윈스턴 스미스는 두드려맞고 전기고문을 당하면서도 여자친구 줄리아를 배신하지 않는다. 하지만 교도관들은 그를 무너뜨리는 방법을 알고 있다. "쥐가 공중으로 뛰어오르는 걸 본 적 있어?" 101호실의 고문자는 쥐 두 마리가 들어 있는 새장을 흔들며 그렇게 물었다. "이놈들이 네 얼굴 위로 뛰어올라 그 얼굴에 구멍을 뚫을 거야. 눈알부터 공격할 때도 있고 뺨부터 파고 들어갈 때도 있고 걸신들린 것처럼 혓바닥부터 먹어 치울 때도 있단 말이지."
윈스턴은 "그 짐승들의 역겹고 퀴퀴한 악취"를 맡고 새장의 철망이
뺨을 스치는 순간 사랑하는 사람을 포기한다. "줄리아에게 하세요!"
그는 공포에 질려 절규한다. "줄리아를 고문하세요! 나 말고! 줄리아!
그녀에게 무슨 짓을 하든 상관없어요! 그녀의 얼굴을 뜯어내고 뼛속
까지 살을 발라내요. 나 말고! 줄리아한테! 제발!"

참고 동물털공포증, 동물공포증

2부

아름답고
역겨운
몸

구토공포증 EMETOPHOBIA

구토공포증Emetophobia은 구토에 대한 극심하고 지속적인 두려움이다(emeo는 그리스어로 구토를 뜻한다). 구토공포증이 있는 사람은 구토에 따른 통제력 상실, 본인과 타인에게 불러일으키는 혐오감을 두려워한다. 그들은 구토를 유발할 수 있는 모든 상황을 미리 방지한다. 예를 들면 어린아이들 근처에 가지 않고, 술에 취했거나 아픈 사람 옆에도 얼씬하지 않는다. 파티나 병원에도 가지 않는다. 임신도 피한다. 외국 여행도 자제한다. 술과 약물은 멀리한다. 배, 비행기, 기차, 롤러코스터를 타지 않는다.

구토공포증은 남자들보다 여자들에게 훨씬 더 흔하게―거의 5명에 1명꼴로―나타난다. 식이장애나 강박장애 혹은 전반적인 건강염려증의 하나로 여겨 구토공포증 진단을 내리지 않는 경우도 꽤 있다. 구토공포증이 있는 사람들은 구토를 걱정하다가 구역질을 하기도 한다. 그들은 토사물을 뿜어내지 않기 위해 필사적으로 버틴다. 토사물을 뿜어내면 본인 스스로 수치스럽고 역겨운 것도 역겨운 것이지만, 타인에게 그런 모습을 보이는 게 두렵기도 하기 때문이다. 구토를 심하게 할 경우 속이 뒤집히거나 텅 비는 느낌, 속이 전부 까발려지는 느낌이 들기도 한다.

구토공포증 연구는 그다지 활발하게 이루어지지 않았다. 2018년 그 얼마 되지 않는 연구를 종합해본 결과, 구토공포증 증상자 가운데 80퍼센트는 구토에 대해 불쾌한 이미지를 갖고 있었고, 그중 31퍼센트는 최초로 속엣것을 게워낸 순간을 기억하고 있었다. 그들에게 구토의 어떤 점이 두렵냐고 물었을 때 5분의 4는 구역질을 언급했고, 절반 이상은 더러움과 질병, 3분의 1은 심장마비, 공황, 질식이나 수치심이 무섭다고 했다. 토사물을 눈으로 보는 것과 웩웩거리며 토하는 소리, 토사물 냄새가 두렵다고 한 사람도 3분의 2가 넘었다. 20분의 1은 맛이 두렵다고 했다.

구토공포증이 있는 사람은 그렇지 않은 사람들보다 역겨움을 더 예민하게 느낀다. 그들은 위장의 변화에 과민한 반응을 보이고 체내의 느낌을 위험 신호로 잘못 해석하는 경향이 있다. 증상자 대다수는 거의 온종일 메스꺼움을 느낀다. 그들은 외식(특히 뷔페나 샐러드바)을 멀리하고 특정 음식(예를 들면 조개류, 달걀, 외국 요리)을 경계한다. 구토를 미연에 방지하고자 유통기한을 여러 차례 확인하고, 음식을 여러 번 세척하며 엄격한 식단을 따른다.

2013년 영국에서 구토공포증이 있는 사람들을 대상으로 조사를 실시했다. 그들에게 구토와 관련해서 어떤 기억이 있는지 묻자, 몇몇은 다른 사람들이 보인 부정적인 반응을 떠올렸다. 구토 이후 쏟아진 분노, 조롱, 혐오 같은 반응을 잊지 못했다. "아버지가 화를 내면서 소리소리 지르셨어요." "여동생이랑 애들 몇 명이 저를 놀려대며 비웃었어요." "친척의 반응이 기억납니다. 경악하던 그 모습이 잊히질 않네요." 잔뜩 겁을 먹었다는 사람들도 있었다. "구토 이후에 의식을 잃고 쓰러졌어요." "죽다 살아났던 거 같아요." 구토를 생각하면 또 다른 고통스러운 사건이 떠오른다고 답한 사람들도 있었다. "10대였던 남동생이 암이라는 얘기를 듣고 울분을 참기 힘들었어요." "할머니가 저를 데리고 아빠 일터에 갔는데, 거기 박살 난 창문이 하나 있었어요. 전날 밤 재수 없게 화염병이 날아들었대요." 다른 사람들이 구토하는 모습을 본 기억은 대부분 갖고 있었다. 구토공포증 증상자 가운데 다른 사람의 구토 장면을 본 기억을 떠올린 사람은 87퍼센트인 반면 대조군 중에서는 23퍼센트만 그런 기억을 떠올릴 수 있었다. 그러나 이러한 기억이 구토공포증의 원인인지 결과인지는 확실하지 않았다.

구토공포증은 치료가 어렵다. 두려움을 느끼는 이미지나 상황에 단계적으로 노출되는 치료를 받으면 효과를 기대할 수는 있다. 문제는 노출치료를 받으려는 사람이 극히 드물다는 것이다. 2001년 한 조사에 따르면 노출치료를 기꺼이 받겠다고 한 사람은 6퍼센트에 불과했다. 2012년 암스테르담대학교의 애드 더용Ad de Jongh은 구토공포증이 있는 데비라는 여성을 네 차례에 걸친 안구운동 둔감화 및 재처리Eye Movement Desensitisation and Reprocessing(EMDR) 요법으로 치료했다. 1987년부터 외상후스트레스 장애를 치료하는 데 쓰이기 시작한 EMDR 요법은 환자에게 고통스러운 기억을 떠올리게 하는 동시에 외부의 양측성兩側性 소리나 광경(예를 들면 치료사의 손가락이 앞

뒤로 오가는 동작)에 신경을 집중하게 하는 치료법이다. 즉 주의를 분산시키는 자극에 집중하게 하면 환자들의 인지 능력이 혹사당해서 그들이 다시 떠올린 충격적인 기억의 생생함과 감정적 힘이 약해진다. 기억이 다시 굳어질 때는 전보다 덜 생생할 테고, 심지어 기억하는 내용이 달라지기까지 한다.

데비는 네덜란드에 사는 46세의 사무직 근로자였다. 그녀는 아주 오래전부터 구토공포증을 앓아온 것 같다고 했다. 그녀는 구토가 너무 두려운 나머지 병원, 텔레비전 드라마, 여행 등 많은 것을 멀리하며 살았다. "그녀의 세상은 확 쪼그라들었다"고 더용은 썼다.

더용은 구토와 관련된 어린 시절의 기억에 대해서 데비와 이야기를 나눴다. 데비는 유치원 탁자에 먹은 것을 토한 일을 기억해냈다. 더용과 데비는 EMDR을 진행하면서 어린 시절의 그 일을 떠올려보기로 했다. 양쪽 귀에 헤드폰을 착용한 데비는 한쪽 헤드폰에서 다른 쪽 헤드폰으로 번갈아 오가는 딸깍딸깍 소리에 정신을 집중하면서 유치원 교실 탁자에서 벌어진 끔찍한 참사를 묘사했다. 더용은 이렇게 썼다. "즉각 데비의 머리에서 생각의 강렬한 흐름이 시작됐다. 어릴 때 구토에 대한 두려움 때문에 실제로 얼마나 많은 즐거움을 놓치고 살았는지 깨닫는 순간 데비는 와락 울음을 터뜨렸다."

딸깍딸깍 소리를 다시 들려줬을 때 데비는 탁자가 토사물로 흘러넘쳤던 기억이 "아주 사소하고 세부적인 것에서 더 대략적인 것으로" 바뀌고 있다고 말했다. 딸깍 소리를 연달아 몇 차례 더 듣고 난 후 그녀는 더 차분해진 표정으로 말했다. "제가 항상 마음의 눈으로 보고 있던 그림이 그냥 사라지고 있는 것 같아요." 데비는 자신을 괴롭했던 장면에서 뒤로 빠져나오며 줌아웃으로 공간 전체를 촬영하듯 유치원 교실에 있던 다른 것들을 기억해냈다. 그녀가 좋아했던, 접착제가 가득 들어 있는 병 세트와 선생님의 상냥한 미소가 기억났다. 이어서 그녀는 다른 기억을 떠올렸다. 하루는 밤에 집을 지키며 어린 남동생을 보고 있는데, 남동생이 주방에서 구토를 했다. 귀가한 아버지가 남동생의 토사물을 치웠다. 하지만 아버지는 곧 다시 외출했다. 데비는 버림받은 기분이었다. "끝내 아무도 제 두려움을 봐주지 않았어요." 그녀가 말했다. "들리지도 않고 보이지도 않는 사람. 저는 거기에 없는 사람 같았어요."

이후 세 차례 더 EMDR이 이어졌고, 데비는 구토와 관련된 기분 나쁜 추억들을 더 기억해냈다. 그 추억들이 데비에게 미치는 영향력은 EMDR에 의해 약해진 듯했다. 마지막으로 EMDR을 받던 데비는 구토공포증이 잠잠해졌다고 말했다. 그녀는 이제 남편의 헛구역질 소리를 참을 수 있었다. 최근까지 생각만 해도 무서워서 도리질 쳤던 버스 여행 계획도 세우기 시작했다. 직장에서도 자신의 권리를 위해 목소리를 내기 시작했다. 두려워하는 기억들에 초점을 맞추자 그녀에게 자신감이 생긴 것 같았다. 치료는 끝났다.

3년 후 더용은 데비에게 이메일을 보내 안부를 물었다. "누가 토하는 걸 보면 아직은 좀 불안해요." 데비는 답장에 그렇게 썼다. "하지만 심각한 공황 반응은 일어나지 않아요." 직업을 바꾼 데비는 장의사 밑에서 일한다고 썼다. 업무상 시신 씻는 일을 자주 해야 한다고 했다. "항상 깨끗한 시신만 있는 건 아니에요. 입으로 뭔가 나올 때도 종종 있고요." 그녀는 차마 자기 입으로 "토사물"이라는 말을 하지는 못했다. 하지만 무엇이 됐든 시신의 입에서 흘러나오는 내용물을 수습하고 있다는 점은 분명했다. "이런 일을 할 수 있다니, 저 자신한테 정말 놀라고 있습니다!"라고 그녀는 썼다. 왜 아니겠는가. 예전의 데비를 생각한다면 놀라지 않는 게 이상할 것이다.

참고 비행공포증, 광장공포증, 불결공포증, 냄새공포증, 질식공포증, 임신공포증

냄새공포증 OSMOPHOBIA

그리스어 osmē에서 유래한 용어 냄새공포증osmophobia은 특정 냄새에 대한 혐오감을 일컫는다. 2017년 조사에 따르면 편두통을 앓고 있는 사람들 가운데 절반 이상이 냄새공포증에 시달린다. 그들이 가장 역겹다고 꼽은 냄새는 향수(88퍼센트)였고, 담배 연기(62퍼센트)와 음식(54퍼센트)이 그 뒤를 이었다.

코로나19의 여파로 냄새공포증이 생긴 사람들도 있다. 코로나19에 감염되면 후각이 왜곡되는 후각 상실이 동반되기도 하는데, 이 경우 특정 냄새들이 역겹게 느껴진다. 2021년 코로나19로 후각 및 미각을 상실한 사람들의 페이스북 그룹의 한 여성은 "와인에서 하수구 냄새가 난다. 프로세코(이탈리아 백포도주—옮긴이)는 악취가 훨씬 더 심하다"라고 썼다. 이 그룹의 또 다른 회원은 남자 친구 옆에 갔을 때 악취가 날까 봐 불안했다. "나한테서 고약한 냄새가 나면 어쩌지? 차에 치여 죽은 동물 냄새가 나한테서 나는 걸까, 남자 친구한테서 나는 걸까?" 또 다른 회원은 좋아하기 힘든 냄새가 자기 애인한테서 난다고

확신했다. "예전에는 그의 몸에서 나는 체취를 맡고 있으면 늘 그 품에 안기고 싶었다. 지금은 그 냄새 때문에 구역질이 난다."

(참고) 구토공포증, 소리공포증

노화공포증 GERASCOPHOBIA

노화공포증gerascophobia(그리스어로 gerasko는 '늙다'를 뜻한다)은 늙는 것에 대한 두려움을 일컫는 용어지만, 성장에 대한 두려움을 의미할 때도 있다. 2014년 멕시코에서는 세 명의 심리학자가 노화공포증이 있는 14세 소년을 치료했다고 보고했다. 이 소년은 12세가 되었을 때 몸의 변화가 느껴지자 불안해졌다. 그는 변화를 막아보려고 덜 먹기 시작했고, 키를 속이려고 구부정한 자세를 취했으며, 말할 때는 고음으로 속삭이듯 말했다. 소년은 사춘기의 변화를 막을 수 있는 수술 정보를 얻기 위해 인터넷을 뒤지기도 했다.

소년의 부모는 멕시코 남쪽 몬터레이에 있는 병원으로 소년을 데려갔고, 그곳에서 심리학자들과 면담이 이루어졌다. 소년은 나이가 드는 것을 지나치게 두려워한다는 심리학자들의 지적에 동의하면서도 어른이 됐을 때 해야 하는 일들이 무섭다고 말했다. 소년은 짝을 찾고 가정을 책임지고 직장에 다녀야 한다는 사실을 직면할 자신이 없었다. 나이가 들면 질병과 죽음에 더 가까워지는 것 말고 뭐가 있냐고 소년은 말했다. 자기는 미국 것이라면 뭐든지 우러러보기 때문에 유명 할리우드 배우처럼 보이고 싶은 마음이 굴뚝같다고도 했다.

심리학자들은 소년의 엄마가 그를 어린애 취급하고(자장가를 불러주고 머리를 빗겨줬다) 아빠는 정반대로 혹독하게 대한다(구부정한 자세를 바로잡아준다며 자세 교정 벨트로 아이를 묶어놓고 두 손으로 척추를 세게 짓누르곤 했다)는 점에 주목했다. 그들은 소년에게 항우울제 복용과 매주 두세 차례의 심리치료를, 부모에게는 3개월간 가족요법 강좌 참석을 권했다.

이듬해 1년 동안 심리학자들은 성장에 대한 두려움에 관해 소년과 대화를 나눴다. 그들은 소년이 5세 때 분리불안 치료를 받았고 7세 때 학교에서 괴롭힘을 당했다는 사실을 알게 됐다. 무엇보다도 6세 때 이웃의 16세 소년에게 성적 학대를 몇 차례 당한 적이 있다는 사실을 알게 됐다. 그 경험이 소년에게 성적으로 성숙해지는 것에 대한 두려움을 심어줬을 수도 있었다. 그들은 소년에게 그 얘기를 넌지시 비췄다. 심리학자들의 도움으로 성장을 두려워하게 된 원인을 찾아가는 동안 소년은 허리를 좀더 꼿꼿이 펴기 시작했다. 말하는 것도 먹는 것도 정상으로 돌아왔다. 남자가 된다는 것에 대한 걱정도 덜 했다.

제임스 매슈 배리James Matthew Barrie의 《피터 팬 혹은 어른이 되지 않는 소년Peter Pan, or The Boy Who Wouldn't Grow Up》(1904)에는 나이를 먹는 것을 두려워하는 아이가 등장한다. 피터는 함께 네버랜드로 가자고 웬디를 구슬린다. "나랑 같이 가자. 네버랜드에서는 두 번 다시 어른스러운 것들에 대해서 걱정할 필요가 없을 거야. 절대로." 오스카 와일드Oscar Wilde의 소설 《도리언 그레이의 초상The Picture of Dorian Gray》(1891)에는 늙는 것이 두려운 어른이 등장한다. 소설에서 젊은 남자는 영원한 젊음을 누릴 수 있는 자신의 초상화를 부러워한다. "나는 점점 늙어서 소름 끼치게 무서운 모습으로 변하겠죠." 도리언은 한탄한다. "하지만 이 그림은 영원히 젊은이로 남아 있겠군요. 6월의 오늘 이날에서 더 이상 나이를 먹지 않겠군요. … 그 반대로 될 수만 있다면 얼마나 좋을까! 나는 언제까지나 젊음을 유지하고, 이 그림이 나이 들어간다면, 그럴 수만 있다면, 그럴 수만 있다면, 모든 걸 내놓을 텐데!" 도리언은 육체의 늙음뿐만 아니라 도덕적 책임도 두려워한다. 얼마간 그는 초상화와 자신의 운명을 바꾸는 데 성공한다. 비록 방탕한 생활과 범죄에서 헤어나지 못하지만, 그의 피부는 여전히 팽팽하고 입술은 부드러우며 눈빛은 초롱초롱 빛난다. 한편 축 처지고 시들어버린 유화 속 얼굴은 냉소를 머금고 있다.

(참고) 모발광

소구망상 MICROMANIA

1899년에 '소구망상micromania'(mikros는 그리스어로 '작다'를 뜻한다)은 자신에 대한 비정상적 과소평가나 병적인 자기 비하를 뜻하는 단어로 사용되고 있었다. 하지만 이 용어가 처음 만들어진 1879년에는 자기 자신 혹은 몸 가운데 일부가 작아졌다고 생각하는 병을 의미했다. 1920년 프랑스 대통령 폴 데샤넬Paul Deschanel은 문밖으로 모습을 드러내지 않으려고 했다. 그는 자기 머리가 오렌지 크기로 쪼그라들었다고 확신하고 있었다.

루이스 캐럴Lewis Carroll의 소설 《이상한 나라의 앨리스Alice in

Wonderland》에서 "나를 마셔요"라고 쓰인 병에 든 음료를 마시자 앨리스는 몸이 작아지는 것 같았다. 앨리스는 '내 몸이 망원경처럼 착착 접히고 있나 봐'라고 생각한다. 앨리스는 눈 깜짝할 새 키가 25센티미터로 줄어들었다. "나를 먹어요"라고 쓰인 딱지가 붙은 케이크를 먹기 시작하자 앨리스의 몸은 점점 거대해졌다. 하지만 파란 애벌레가 준 버섯을 한 입 베어 물자 순식간에 몸이 도로 줄어들었다. "앨리스의 턱이 갑자기 그녀의 발치까지 낮아졌다."

1952년 미국의 신경과 의사 카로 리프먼Caro Lippman은 루이스 캐럴의 편두통이 앨리스를 축소(그리고 확대)하는 묘사에 영감을 주었다고 생각했다. 리프먼의 환자 중에도 편두통으로 인한 망상 증상을 보인 환자가 몇 명 있었다. 어떤 여자 환자는 머리가 깨질 듯 심각한 두통이 시작되기 전, 그리고 두통이 진행되는 동안 자기 키가 30센티미터에 불과하다고 확신했다. 그리고 키를 원래대로 되돌리려면 거울에 비친 자기 모습을 바라보고 있어야 한다고 믿었다.

참고) 과대망상

손발톱뜯기강박증 ONYCHOTILLOMANIA

1934년 폴란드의 피부과 의사 얀 알키비츠Jan Alkiewicz는 손톱이나 발톱을 무지막지하게 뜯거나 잡아당기고, 줄로 다듬는 행위에 그리스어 onyx(손발톱)와 tillo(잡아당기다)를 붙여 손발톱뜯기강박증onychotillomania이라는 이름을 붙였다. 손발톱을 물어뜯거나 잡아당기는 습관은 흔히 볼 수 있지만, 심하게 뜯어내는 습관은 극히 보기 드문 축에 속한다. 2013년 바르샤바에서 실시한 조사에서 의대생 339명 가운데 손발톱뜯기강박증이 확인된 사례는 고작 세 명으로, 전체 학생의 1퍼센트에도 못 미쳤다. 머리카락을 뽑거나 피부를 물어뜯는 사람들과 마찬가지로 강박적으로 손발톱을 뜯는 사람도 몸의 표면을 잡아당겨 원래 있던 부분과 나중에 추가된 부분 사이의 경계를 확인한 뒤 웃자란 부분의 살을 떼어낸다.

37세의 기혼남 T는 두 아이를 둔 엔지니어였다. 그는 2014년에 손발톱뜯기강박증 때문에 위스콘신-밀워키대학교에서 치료를 받았다. T는 10세 때부터 손발톱을 뜯었다고 했다. 그의 어머니와 여동생도 똑같은 습관이 있었다. 그는 손톱과 발톱을 다 뜯었는데, 나머지 손발톱을 파낼 때 사용하기 위해서 양손 엄지손톱은 다른 손톱보다 길게 기르고 있었다. 이 엄지손톱으로 다른 손가락들의 끝부분을 공격하면 "갑옷 같은 두터운 살 사이로 틈"이 생겼다. 손가락 끝에 움푹 파이고 늘어지고 찢긴 바로 그 부분을 공략해 손발톱 조각들을 어렵사리 캐냈다.

손발톱을 뜯지 못할 때 T는 긴장했다. 손발톱을 뜯고 있어야 마음이 놓였다. 그는 하루에 8~10시간 동안 손발톱을 뜯었고, 뜯어낸 조각들은 야금야금 먹거나 가지고 놀았다. 사람들 앞에서는 버릇을 감추려고 뒷짐을 지거나 양손을 탁자 밑으로 집어넣었다. 그의 손발톱은 폭격을 맞은 듯했다. 양손 중지의 손톱 밑바닥은 75퍼센트 정도 드러나 있었고 발톱 두 개는 거짓말처럼 사라지고 없었다.

T는 자신의 병 때문에 괴로워했다. 형태를 알아보기 힘들 정도로

훼손된 손발톱이 창피했다. 강박적인 행동을 통제하지 못하는 자신에게 화가 났으며 그 습관이 삶을 방해할 때 좌절감을 느꼈다. 자라다만 발톱이 너무 부끄러워서 아이들을 수영장에 데리고 갈 수 없었고, 일터에서는 난도질당한 손가락을 보고 충격을 받을까 봐 동료들에게 손으로 물건을 건네지 않으려 했다.

T는 8개월간 밀워키대학교 심리학과에서 습관역전치료habit-reversal therapy와 그 밖의 행동치료를 받았다. 그는 심리학자들과 함께 몇 가지 해결책을 짜냈다. 엄지손톱을 짧게 깎고 매끄럽게 다듬어서 "손발톱 뜯어내는 도구를 무력화시켰다." 운전할 때 장갑 끼기, 직장에서 스트레스 해소용 작은 고무공을 꽉 쥐고 있기, 텔레비전을 볼 때 공격 목표로 정한 손발톱을 테이프로 꽁꽁 감싸기, 손발톱 덩어리와 조각 대신에 셀러리와 소고기 육포 물어뜯기를 배웠다. 심리학자들의 보고에 따르면 치료가 끝나갈 때쯤 상처로 얼룩졌던 T의 손톱 밑바닥에서 느낌이 되살아나고 있었다. 손발톱은 전보다 조금 길어졌다. 이제 T는 아이들을 데리고 동네 수영장에 갈 수 있게 되었다.

참고 피부뜯기강박증, 발모벽

임신공포증 TOKOPHOBIA

2001년 한 조사에 따르면 임신한 여성의 6퍼센트는 출산을 병적으로 두려워한다. 그리고 모든 여성의 14퍼센트가 설령 아이를 원하더라도 임신을 피하거나 미루고, 임신 중절 수술을 받을 정도로 출산을 두려워한다. 임신공포증tokophobia이라는 용어(그리스어 tokos는 탄생을 뜻한다)는 2000년 《영국정신의학저널British Journal of Psychiatry》에서 크리스티나 호프버그Kristina Hofberg가 처음 사용했다. 하지만 이미 1858년에 프랑스 정신과 의사 루이빅토르 마르세 Louis-Victor Marcé는 임신공포증 증상을 묘사한 바 있다. 그는 출산에 대한 극심한 공포에 시달리는 두 부류의 여성들을 확인했다. 임신이 처음인 여성들은 경험해보지 못한 고통을 겪게 되리라는 생각에 사로잡혀 이루 말할 수 없는 불안감에 빠져들었다. 반면 이미 어머니가 된 여성들은 출산의 기억을 떠올리며 두려워했다.

1978년 프랑스 의사 모니크 비들로브스키Monique Bydlowski와 안느 라울듀발Anne Raoul-Duval은 영향력 있는 연구 결과를 발표했다. 장시간에 걸친 고통스러운 분만을 견뎌낸 여성 열 명은 그 이후 악몽에 시달렸고, 다시 임신하게 될까 봐 두려워했다. 그들은 "특히 첫 번째 분만의 경우, 출산의 의무를 다하기 위해 그 폭력적인 순간을 견디면서 금방이라도 닥칠 듯한 외로운 죽음과 사투를 벌이다 보면, 산모는 극도의 스트레스에 빠질 수 있다"고 말했다. 출산 경험이 없는 여성이더라도, 성폭행처럼 정신적 외상을 남긴 사건과 불안감을 주는 사진 혹은 이야기 때문에 임신공포증이 생길 수 있다. 영국 배우 헬렌 미렌Helen Mirren은 수녀원 부속 학교에 다닐 때 출산에 관한 생생한 영화를 본 뒤 죽어도 아이를 갖지 않기로 마음먹었다. 2007년 그녀는 이렇게 말했다. "맹세코 그 영화는 지금까지도 내게 엄청난 충격으로 남아 있다. 나는 아이를 갖기 싫은 건 물론이고 출산과 관련된 건 아무것도 볼 수가 없다. 그건 지금도 마찬가지다. 정말이지 역겹다."

여성들이 두려워하는 것은 단지 출산 과정이나 산모와 아이가 겪을 수 있는 실제적 위험만이 아니다. 일부 여성은 자기 몸에서 무엇이 나올지 두려워하기도 한다. 로만 폴란스키Roman Polanski 감독의 영화 〈악마의 씨Rosemary's Baby〉(1968)에서 악마의 자식을 잉태했다고 믿는 젊은 여성 로즈메리는 임신 기간에 배에서 날카로운 통증을 느끼며 자기 몸 안에서 자라고 있는 존재를 무서워한다. 진통이 시작되자 로즈메리는 진정제를 맞는다. 의식을 회복한 뒤 아기의 요람 덮개를 들어올린 그녀는 자기가 낳은 생명체를 보고 경악하며 뒷걸음질한다.

(참고) 혈액-상처-주사공포증, 귀신망상, 구토공포증, 불결공포증

치과공포증 ODONTOPHOBIA

우리 중 약 15퍼센트가 치과 치료를 싫어하고 5퍼센트는 아예 치과 문턱을 넘지 않는다. 치과 치료를 받지 않으면 치아와 잇몸이 크게 상하고 때에 따라선 건강 전반에 나쁜 영향을 미친다. 1897년 그랜빌 스탠리 홀은 치아를 뜻하는 그리스어 odous를 따서 치과공포증 odontophobia이라는 이름을 붙였다.

대다수 치과공포증 환자는 치과 의자에서 겪었던 무섭고 고통스러운 일들을 기억한다. 그런 경험이 있으면 주삿바늘과 드릴 소리에 겁을 먹을 수 있다. 그들은 구역질이 나거나 질식하거나 기절할까 봐 겁을 먹기도 하고, 단지 낯선 사람이 자기 속을 헤집을 수 있도록 속

수무책으로 입을 크게 벌려줘야 한다는 사실을 두려워하기도 한다. 치과 진료를 받는 동안 우리는 말을 할 수 없으며, 하다못해 침도 삼키기 힘들다. 우리 입술과 혀는 정지해 있다. 치과 의사는 거기서, 우리가 볼 수 없는 거기서 작업한다. 날카로운 연장들로 시끄러운 소리를 내면서 치아를 갈고 파헤치고 뽑아낸다.

아이작 마크스Issac Marks와 랜돌프 네스Randolph Nesse는 이러한 불안감의 기원을 진화의 관점에서 분석한다. 치과에 대한 공포가 이처럼 오랫동안 자기방어적인 충동과 끈끈한 관계를 이어가고 있는 이유는 뭘까? 감염을 회피하는 것은 인간의 타고난 본능이기 때문에 우리는 새로운 질병에 대해서 대번에 공포증이 생길 수 있다. 이와 마찬가지로 우리는 부상을 회피하게 대비되어 있으므로 치과에 대한 두려움을 금세 습득할 수 있다고 마크스와 네스는 말한다. "새로운 위협들이 이전의 위협들과 관계가 있을 때 머리와 심장은 더 쉽게 단결한다. 머리와 심장이 더 쉽게 단결하면 새로운 위협들에 대한 두려움은 쉽게 생길 수 있다. 하지만 이러한 두려움은 흔히 조절되지 않은 방식으로 나타난다."

치과공포증 환자의 불안감을 덜어주려고 치과 의사는 이제부터 무엇을 할 것인지('말하기-보여주기-실행하기' 접근법), 어떤 느낌을 받을지('감각 정보'), 어떻게 하면 치료를 중단할 수 있는지(사전에 합의한 중지 신호를 보내기) 설명하고 보여준다. 주삿바늘이나 드릴에 대한 조건반사적 두려움을 완화하기 위해 노출치료를 권하기도 한다. 이를 통해 환자는 긴장을 풀거나 주의를 분산시키는 법을 익힐 수 있다. 노출치료 효과가 미흡하면 벤조디아제핀 같은 신경안정제나 아산화

질소 같은 마취용 가스로 환자의 불안감을 덜어주기도 한다(치과 치료에 가스를 처음으로 사용한 사람은 1844년 미국의 치과 의사 호러스 웰스 Horace Wells였다). 하지만 수년째 치과를 멀리한 사람은 받아야 할 치료가 너무 많을 수 있으며, 이는 그들의 공포증을 더 악화시킨다. 이 경우 의사는 정맥주사로 진정제를 놓거나 일반적인 마취를 통해 환자를 재워놓고 환자의 입 안에서 복잡한 치료를 진행한다.

(참고) 혈액-주사-상처공포증, 질식공포증

피부뜯기강박증 DERMATILLOMANIA

1889년 프랑스의 피부과 전문의 루이안장 브로크Louis-Anne-Jean Brocq는 강박적으로 여드름을 잡아떼는 한 사춘기 소녀의 행동을 묘사하기 위해 피부뜯기강박증dermatillomanie이라는 용어를 처음으로 사용했다. Derma는 고대 그리스어로 피부를 뜻하고 tillo는 뽑는 행위를 뜻한다. 이러한 행동은 피부벗기기장애skinpicking disorder로 불리기도 한다. 1920년에 조지 밀러 매키George Miller MacKee는 "이 습관은 제어할 수 없다. 이런 습관이 있는 사람은 상피 부스러기, 모낭 조각, 면포, 짧고 빳빳한 머리털, 여드름 상처, 패립종, 부스럼 딱지 같은 작은 섬(주위와 이질적인 세포군을 가리키는 해부학 용어—옮긴이)들을 뽑아내지 않고는 못 배긴다"라고 썼다.

피부뜯기강박증은 2013년 미국정신의학협회의 《정신질환 진단 및 통계 편람》 제5판에서 발모벽이나 손발톱뜯기강박증과 마찬가지로 정신과적 문제로 인정받았으며, 강박장애, 충동조절장애, 신체에 초점을 맞춘 반복 장애 같은 다양한 이름으로 분류된다.

강박적으로 피부를 뜯는 사람은 대부분 손톱을 연장으로 사용한다. 물론 치아나 핀셋, 핀이나 칼을 쓰기도 한다. 세계 인구의 약 3퍼센트에게 이 강박증이 있다고 하니 꽤 흔한 질환인 셈이지만, 그중 치료가 필요할 정도로 증상이 심한 사람은 20퍼센트에 불과하다. 이런 행동은 주로 10대 때 시작되며, 긁든 파내든 쥐어짜든 문지르든 결국 목적은 하나, 피부를 매끄럽게 만드는 것이다. 이들은 뾰루지, 여드름, 딱지, 상처, 벌레 물린 자국을 걱정한다. 가장 신경을 많이 쓰는 곳은 대부분 얼굴이지만, 손이 닿기만 한다면 어느 부위에서든 피부를 뜯어내는 사람들도 있다. 유일하게 손이 닿지 않는 곳은 견갑골 사이의 나비 모양 구역이다.

건선이나 옴 같은 피부 질환 때문에, 혹은 당뇨나 간질환처럼 피부에 이상한 감각을 유발하는 질병 때문에 강박적으로 피부를 뜯는 사람들도 있다. 그러나 대개는 심리적인 측면에 원인이 있으며, 약물이나 인지행동치료를 통해 고칠 수 있다. 피부뜯기강박증은 이따금 위험한 행동이 되기도 한다. 1999년 한 연구에 따르면 어떤 여성은 자기 목을 너무 강박적으로 잡아 뜯어서 경동맥이 다 드러날 정도였고, 또 다른 여성은 손을 너무 심하게 잡아 뜯어서 의사들이 그녀의 손을 절단하는 수술까지 고려했다.

자신에게 벌을 주는 의미로 집중적이고 의도적으로 피부를 뜯는 사람도 있다. 반면에 쾌감을 느끼며 넋이 나간 사람처럼 반사적으로 피부를 뜯는 사람도 있다. 그들의 손가락은 살 위에서 가려운 데를 긁고 잡아당기고 꼬집고 자극하고 달래려는 것처럼 움직인다. 이러한 움직임은 나름의 순서에 따라 반복된다. 움직임이 반복되는 동안 몸은 조바심으로 꼼지락거리면서 보풀이 일어난 자기 자신과 은밀한 대화에 돌입하고, 이성적인 정신과 더 넓은 세상은 점점 더 멀어진다.

한 여성 환자는 미국의 피부과 전문의 마이클 브로딘Michael Brodin에게 이렇게 말했다. "저기, 선생님. 아시다시피 전 피부를 뜯잖아요. 우리 엄마도 피부를 뜯었고, 저도 피부를 뜯고, 제 딸도 피부를 뜯고 있습니다." 브로딘은 2010년 《미국피부과학회저널Journal of the American Academy of Dermatology》에서 이 환자가 "똑같은 어조와 표정으로 똑같은 확신을 내비치며 마치 그들 3대가 모두 공화당원이며 그 점을 자랑스러워하는 사람처럼" 단언하더라고 전했다.

(참고) 진드기공포증, 먼지 공포증, 손발톱뜯기강박증, 발모벽

혈액-주사-상처공포증 BLOOD-INJECTION-INJURY PHOBIA

혈액, 주사, 상처에 대한 극도의 두려움(혈액공포증hemophobia, 주사공포증trypanophobia, 부상공포증traumatophobia이라고도 불린다)은 지금은 흔히 혈액-주사-상처공포증이라는 하나의 증후군으로 분류되는데, 인구의 3~4퍼센트가 이 증상을 겪고 있다. 현기증, 구역질, 심장박동수와 혈압 강하 같은 증상이 나타나며, 때로는 시야가 좁아지고 이명과 식은땀, 의식 상실도 동반된다. 증상이 심한 사람은 피검사나 수술, 백신접종을 거부하기도 하고, 최악의 경우 모든 의료 처치를

거부하기도 한다.

이 공포증이 있는 사람은 혈액, 상처, 주사에 대해서 무섭다기보다 역겹다는 표현을 더 많이 쓴다. 실제로 두려움뿐만 아니라 역겨움이 중요한 역할을 하는 공포증이라는 것이 여러 실험을 통해서도 확인됐다. 혈액이나 상처에 대한 공포증이 있는 사람에게 수술 과정을 찍은 비디오를 보여주면 미간을 찡그리고 윗입술을 위로 치켜올릴 것이다. 동시에 심박수가 급격히 빨라졌다가 뚝 떨어진다. 뚜렷하게 다른 이 두 단계는 최초의 공포 반응(편도체에 의해 촉발된 혈류의 가속)에 이어 역겨움(뇌섬엽에 의해 촉발된 혈류의 감소)이 나타나는 패턴을 보여준다. 혈압이 떨어지는 속도는 혈관미주신경vasovagal nerve의 과잉 반응을 일으키고, 이는 현기증이나 의식 상실로 이어질 수 있다. 혈압의 급작스러운 강하는 아주 드물지만 치명적 결과를 낳기도 한다. 1995년 주사공포증에 관한 논문에서 제임스 해밀턴James G. Hamilton은 주사기를 보고 난 후 혈관미주신경 쇼크로 사망한 23명의 사례를 묘사했다. 심장박동의 가속화로 나타나는 최초의 공포 반응이 사실은 곧 닥칠 혐오 반응에 대한 두려움이라고 추측하는 사람들도 있다. 이 같은 혐오 반응은 불쾌함을 동반하며, 구토감, 현기증, 실신 같은 위험한 상황으로 이어질 수도 있다.

모든 공포증 가운데 유전 가능성이 가장 큰 공포증을 꼽으라면 혈액-주사-상처공포증일 것이다. 이 증상이 있는 사람들 가운데 60퍼센트는 가까운 친척들도 똑같은 증상이 있는 것으로 추정된다. 하지만 이 공포증이 진화의 측면에서 어떤 목적이 있었는지는 분명치 않다. 다른 집단의 공격을 받을 때 피를 보면 얼어붙거나 비틀거리는 사람들, 의식을 잃는 사람들은 그들이 속한 집단에서 그다지 쓸모 있는 존재가 아니었을 것이다. 자기 자신은 물론이고 부상을 당한 전우들을 돕지도 못하고, 적에게 부상을 입힐 수도 없었을 테니까. 다만 피에 대한 두려움이나 피부를 뚫고 들어가는 물건들에 대한 두려움은 그들이 애초에 부상을 모면하는 데 도움이 됐을 수는 있다. 다쳤을 때는 어느 정도 자기방어 능력까지 제공했을 수 있다. 예컨대 혈압이 떨어지면 출혈 속도도 조금 느려지고, 기절하면 적들에게 발각되지 않을 수도 있다. 그리고 싸우거나 달아나는 대신 죽은 사람처럼 꼼짝하지 않고 있었다면 적어도 무의식중에 반사적으로 적을 공격하는 일은 일어나지 않았을 것이다.

진화적인 측면에서 한 가지 가설은, 혈액-주사-상처공포증이 구석기 시대 일부 여성들의 생존력을 강화하는 특성으로 발전했다는 것이다. 사람의 유해와 DNA 계통 연구에 기반한 이 가설에 따르면, 수천 년간 젊은 남자들은 출산이 가능한 연령대의 여자를 차지하기 위해 서로 싸웠다. 이 싸움이 벌어지는 동안 피를 보고 기절한 여자와 아이들은 죽임을 당하기보다는 포로로 끌려가는 경우가 더 많았을 수 있다. 이 가설이 맞는다면, 피를 두려워하는 반응은 남자보다는 번식 가능 연령대의 여자에게 유리하게 작용했을 것이고, 당연히 여자들 사이에 더 널리 퍼져 있었을 것이다.

2007년 스테판 브라차Stefan Bracha를 비롯한 몇몇 정신의학자들이 이 가설을 검증했다. 볼티모어에서 실시한 광범위한 역학조사 결과, 예상대로 이 공포증이 있는 출산 가능 연령대의 여성들이 남성들보다 네 배 이상 많았다. 반면 50세 이상 여성들의 경우 공포증 발생

빈도는 그들보다 나이 어린 여성들의 3분의 1로 뚝 떨어졌다. 진화적 관점의 설명을 뒷받침해주는 결과라고 할 수 있다.

어떤 사람들은 기절하지 않기 위해서 기침을 하거나 액체를 마시기도 하고, 때로는 화를 내기도 한다. 1980년대에 스웨덴의 심리학자 라르스괴란 외스트Lars-Göran Öst는 혈액-주사-상처공포증이 있는 사람 몇 명을 대상으로 팔과 몸통, 다리 근육을 동시에 10~15초 동안 팽팽하게 긴장시켜 뇌로 가는 혈류를 늘리는 훈련을 시켰다. 1991년 이 훈련의 효과를 시험해보기 위해 외스트는 혈액-주사-상처공포증이 있는 사람들을 세 그룹으로 나누고 흉부외과 수술에 관한 영상을 보여주었다. 첫 번째 그룹은 외스트가 개발한 '근육 긴장' 기법을 익혔다. 두 번째 그룹은 노출치료를 받았고, 세 번째 그룹은 두 가지 치료를 다 받았다. 그 결과 노출치료를 받은 그룹은 외스트의 근육 긴장 기법을 배운 사람들보다 두 배 더 많은 공포 증상을 보였다. 최상의 결과는 두 가지 치료를 병행한 그룹에서 나왔다.

그런데 근육 긴장 기법 그룹에서 영상을 보는 동안 그 기법을 쓰지 않았다고 밝힌 사람이 절반이나 됐다. 이유를 묻자 그럴 필요가 없었다는 답이 돌아왔다. 한 사람은 "혹시 증상이 나타나면 쓸 수 있는 효과적인 방법이 있다는 걸 알고 있었기 때문"이라고 답했다. 어쩌면 이 자신감 덕분에 혈관미주신경 효과가 일어나지 않았을 수도 있다. 믿는 구석이 생겨 불안한 마음이 사라지니까 1단계 증상인 공포 반응을 겪지 않았고, 두려움에서 역겨움으로 전환되는 시점에 나타나는 혈압 강하와 현기증 증상도 건너뛴 것으로 보인다.

(참고) 불결공포증, 치과공포증

2부

물건에 대한

이유 모를

공포

단추공포증 KOUMPOUNOPHOBIA

애플의 공동 창업자 스티브 잡스Steve Jobs가 터틀넥 스웨터를 입는 이유는 그의 단추공포증koumpounophobia(koumpouno는 현대 그리스어로 '단추'를 뜻한다) 때문으로 알려져 있었다. 디자인 엔지니어 에이브러햄 패러크Abraham Faraq에 따르면 잡스의 단추공포증은 기계에 달린 단추(버튼)로까지 확장됐다. 패러크에 따르면 1990년대 잡스는 아직 버튼을 설치하지 않은 컴퓨터 마우스 시제품 옆을 지나가다가 "기발한 발상입니다. 우리는 버튼 같은 건 원치 않아요"라고 말했다. 이 말을 듣자마자 엔지니어들은 버튼 없는 마우스 설계에 달려들었다고 한다. 또한 아이폰의 터치스크린도 버튼식 키패드를 싫어하는 잡스의 성향에 영감을 받았다는 얘기가 이따금 떠돌았다.

단추공포증이 있는 사람들은 단추를 만질 일이 생길 수 있다는 생각만으로도 몸서리를 친다. 영국 데번 출신의 미생물학자 리사 크로스Lisa Cross는 어릴 때부터 단추를 두려워했다고 《가디언Guardian》에서 말했다. 그녀가 특히 질색한 것은 미끈거리는 플라스틱 단추와 곧 떨어질 것처럼 헐거워진 단추였다. "더플코트에 달린 짤막한 막대 모양 단추는 괜찮아요." 그녀가 말했다. "청바지에 달린 금속 단추는 괜찮아요. 그 외의 단추는 전부 무서워요. 셔츠나 뭐 그런 데 달린 단추들 말이에요. 더 무서운 건 옷에 붙어 있지 않고 바닥에 있는 단추예요. 최악은 바닥에 있는 단추에 실이 한 오라기 매달려 있을 때고요."

어쩌다가 자기한테 단추공포증이 생겼는지 아는 사람들도 있다. 한 여성은 어렸을 때 재봉사인 어머니로부터 단추 근처에 오지 말라는 경고를 귀에 못이 박히게 들었다. 어린 그녀가 생각 없이 단추를 입에 넣었다가 목에 걸리기라도 할까 봐 겁이 나서였다. 어떤 남성은 어렸을 때 치과에서 아픈 치료를 받는 동안 의사의 셔츠에 달린 단추들을 쳐다보던 순간을 기억했다. 그때부터 단추는 그에게 힘줄이 다 드러나는 잇몸에 매달려 있던 치아나 의사의 금속 접시에서 치료 기구가 딸그락거리던 소리를 떠올리게 한 것 같았다. 단추와 옷의 관계는 치아와 몸의 관계와 같다. 단추는 옷에서, 치아는 몸에서 헐거워지거나 떨어져 나갈 수 있다. 달랑달랑 매달려 있거나 떨어져 나간 단추가 의미하는 건 단지 분실만이 아니다. 그것은 노출, 부주의해서 생긴 구멍을 의미하기도 한다.

마이애미에 사는 히스패닉계 9세 남자아이는 유치원에서 단추공포증이 시작됐다고 말했다. 하루는 미술 시간에 실수로 큰 접시를 건드렸는데 그 안에 가득 담겨 있던 단추가 자기를 향해 와르르 쏟아졌다는 것이다. 그때부터 아이는 유치원에 갈 때 단추가 달린 옷을 입지 않으려 했고, 단추에 손을 대야 하는 물건은 무서워하기 시작했다. 단추를 보면 그는 무시무시하게 온 사방으로 흩어지는 광경, 달리 말하면 통제 불능이 떠올랐다. 또한 단추는 구속을 상징하기도 했다. 교복 단추를 채운다는 것은 공포의 현장인 그 교실에 다시 갇히게 된다는 의미였기 때문이다. 단추공포증이 있는 사람들은 종종 단추에 독성이나 오염 성분이 있다고 생각한다. 2008년 햄프셔 출신의 22세 청년 길리언 린킨스Gillian Linkins는 런던 《메트로Metro》에 이렇게 말했다. "단추를 만지면 꼭 바퀴벌레를 만지는 기분이 듭니다. 더럽고 위험하고 만지면 안 되는 걸 만지는 느낌이에요."

심리학자들은 단추공포증과 혐오감 사이의 연관성을 조사하기 시작했다. 2020년 스탠퍼드대학교 연구진은 단추를 싫어하는 29세 아시아계 미국인 여성을 관찰했다. 그녀는 옷에 대롱대롱 매달렸거나 바닥에 굴러다니는 단추를 유독 무서워했다. 그런 경우 두려움뿐만 아니라 혐오감까지 느낀다고 그녀는 말했다. 그녀는 단추를 볼 때 '강화된 조기 주목elevated early attention' 반응을 보였다. 이 반응은 원래 바퀴벌레나 혈액처럼 '생물학적 관련이 있는' 대상을 접했을 때만 일어나는 반응이다. 스탠퍼드의 연구진은 단추공포증이 여러 개의 구멍이 모여 있는 것을 두려워하는 환공포증의 한 형태인지도 모른다고 생각했다. 하지만 그녀는 20개의 구멍이 빽빽이 들어찬 단추보다 구멍이 네 개뿐인 '일반적인' 단추에 더 불안한 반응을 보였다. 단추공포증은 구멍이 아니라 단추 자체에 대한 두려움이었다.

스탠퍼드 연구진은 이렇게 썼다. "이 연구는 위협적이지 않고 오염의 위험도 없으며 생물학적으로 준비되지 않은 대상에 대한 공포증에서도 생물학적으로 준비된 공포증에서 볼 수 있는 특징들이 나타날 수 있음을 최초로 입증했다." 단추공포증이 있는 사람들은 단추를 보면 무슨 병균을 마주치기라도 한 것처럼 뒷걸음질을 친다.

참고 **솜공포증, 질식공포증, 치과공포증, 환공포증**

달걀공포증 OVOPHOBIA

앨프리드 히치콕은 자신이 달걀공포증ovophobia에 시달린다고 주장했다(오붐ovum은 라틴어로 '달걀'을 뜻한다). "나는 달걀이 무섭습니다." 1963년 영화 〈새〉가 개봉된 직후 그는 이탈리아의 기자 오리아나 팔라치Oriana Fallaci에게 말했다. "무서운 걸 넘어서 역겹고 비위가 상해요. 구멍 하나 없는 그 하얗고 동그란 것, 그걸 깨면 그 안에 들어 있는 노란 것, 그것도 동그랗고 구멍 하나 없고 … 정말이지 소름 끼쳐요." 달걀은 전부 표면이거나 전부 내장이었다. 온전하든 깨어졌든, 껍질에 싸였든 끈적끈적 흐르든, 달걀은 속을 알 수 없고 소름 끼칠 정도로 온전하다. "노른자가 터져서 그 노란 액체가 흘러넘치는 것보다 더 역겨운 걸 본 적이 있습니까?" 히치콕이 팔라치에게 물었다. "피는 생기 넘치는 붉은색이죠. 하지만 노른자는 노랗고 역겨워요. 저는 노른자를 입에 대본 적도 없어요." 노른자에 구멍을 냈을 때 흘러넘치는 그 걸쭉하고 번들거리는 액체는 꼭 피처럼 보였다.

히치콕은 달걀 말고도 무서워하는 게 많다고 팔라치에게 털어놨다. 사실 그는 그녀가 만났던 사람 중에 자신이 "가장 소심하고 겁이 많은 남자"라고 말했다. 그는 매일 밤 "미친 작자가 내 목을 자르려고 문밖에서 기다리고 있는 것 같아서" 침실 방문을 잠그고 잔다고 했다. 경찰도 무섭고(11세 때 밤늦게 귀가한 적이 있는데, 아버지가 그를 유치장에 가둬달라고 경찰관에게 부탁했다고 했다), 군중, 강도, 다투는 사람들, 폭력, 어둠, 일요일도 무섭다고 했다(일요일이면 부모님이 저녁 6시에 자기를 재워놓고 외식을 하러 나가곤 하셨다는 것이다). 히치콕은 자기가 만든 영화도 무섭다고 했다. "저는 제가 만든 영화를 절대로 보지 않습니다. 사람들이 내 영화를 어떻게 꾹 참고 볼 수 있는지 모르겠어요."

몇몇 인터뷰에서 달걀을 너무나 싫어한다고 했지만, 히치콕이 했던 많은 말이 그렇듯이, 달걀을 싫어한다는 주장 역시 반은 사실이고 반은 도발이었다. 팔라치와의 인터뷰에서도 그는 아내 알마가 만든 수플레를 즐겨 먹는다고 했고, 그의 전기 작가 존 러셀 테일러John Russell Taylor와 대화를 나누면서 영국 공병대에 복무할 당시 수란을 얹은 토스트를 먹곤 했다고 말했다. "아하!" 테일러가 말했다. "달걀은 먹어본 적이 없다고 했잖아요." 히치콕은 시인했다. "새파랗게 젊었을 때 한두 개는 먹어봤겠죠."

다양한 두려움에 관한 히치콕의 고해성사가 끝나자 팔라치가 일침을 날렸다. "히치콕 선생님, 그 얘긴 좀 앞뒤가 맞지 않네요. 그런 점에선 선생님 영화들도 마찬가지입니다. 논리적인 관점에서 보면 선생님 영화는 전부 불합격이죠." 히치콕이 대수롭지 않다는 듯 대꾸했다. "동감이에요. 그런데 논리적이라는 게 뭔가요? 세상에 논리적인 것보다 어리석은 게 또 있을까요?"

참고 **구토공포증, 조류공포증, 팝콘공포증, 깃털공포증**

물공포증 AQUAPHOBIA

물공포증은 특히 익사에 대한 극심한 두려움을 가리키며, 증상자는 전 세계 인구의 2퍼센트가 넘는다. 물공포증 증상자는 십중팔구 물과 관련된 무서운 경험이 있다. 반면에 타고난 두려움에서 벗어나려면 수영을 배워야 한다는 교육을 받은 사람들은 물을 무서워하지 않는 것 같다. 심리학자 스탠리 래크먼Stanley J. Rachman은 《두려움과 용기Fear and Courage》(1978)에서 인간에게는 자연적으로 갖게 되는 공포증이 있다고 말하며 이렇게 썼다. "인구의 상당수가 똑같은 두려움들을 습득한다고 생각하기보다는 관점을 바꿔서 가장 흔한 두려움들을 발전시키는 성향은 타고난 것이고 누구에게나 있지만, 우리는 타고난 성향을 극복하는 법을 배우고 있다고 생각할 수도 있다." 인간은 태어날 때 물공포증이 없지만 대체로 생후 6개월이 되면 물에 대한 두려움이 생긴다. 생후 6개월은 우리가 혼자 움직이기 시작하면서 신체적 위험을 의식해야 한다는 걸 깨달아가는 시기다.

물에 대한 공포는 문화마다 뚜렷한 차이를 보인다. 2011년 《흑인연구저널Journal of Black Studies》에 실린 논문에 따르면 미국 흑인 중에서 수영에 자신 있는 사람은 3분의 1에 불과한 반면, 백인의 경우는 3분의 2가 넘었다. 논문의 저자들은 수영에 대한 인식의 차이가 이유 중 하나라고 짚었다. 수영은 많은 돈이 들고 '컨트리클럽'에서나 하는 운동이며, 흑인의 시립 수영장 이용을 금지한 20세기 초반 인종차별주의적 정책의 유산이라는 인식이 있다고 지적했다. 물공포증은 순환적 불안이며, 순환적 불안은 스스로 정당성을 부여하게 된다. 말인

즉슨 물을 피하는 사람에겐 물이 진짜로 위험하다. 2016년 미국 질병통제예방센터(CDC)의 추산에 따르면 미국에서 흑인 아동이 익사할 확률은 또래 백인 아동보다 6배에서 10배 더 높았다.

（참고）목욕공포증, 광견병, 해양공포증

숲공포증 XYLOPHOBIA

'나무'를 뜻하는 고대 그리스어 xylon에서 유래한 단어 숲공포증 xylophobia은 숲에 대한 극심한 두려움을 일컫는다. 숲공포증은《헨젤과 그레텔》이나《빨간 망토》같은 동화, 〈이블 데드The Evil Dead〉(1981)와 〈블레어 위치The Blair Witch Project〉(1999) 같은 공포 영화에 속속들이 스며들어 있다. 숲에는 멧돼지, 곰, 늑대, 마녀, 미개인이 숨어 있을 수 있다. 누군가 길을 잃고 종적을 감추면 영영 돌아오지 못할 수도 있는 곳, 숲은 그런 곳이다.

다비드 알레그레 로렌츠David Alegre Lorenz는 제2차 세계대전 때 군대에 지원해 독일군 편에서 싸웠다. 그는 에세이 〈동부 전선의 공포와 혐오Fear and Loathing on the Eastern Front〉에서 자신을 비롯해 프랑스와 벨기에의 왈롱, 스페인의 자원병들이 소련 중북부의 울창한 숲에서 느꼈던 공포를 묘사한다. 1941년 그들은 소련을 향해 진군하고 있었다. 그때 울창한 숲의 바닥이 그들의 시야에 들어왔고, 지붕 모양으로 우거진 나무가 그들의 머리 위를 뒤덮었다. 스페인 파시스트 지도자 디오니시오 리드루에호Dionisio Ridruejo는 그 숲을 이렇게 묘사했다. "물웅덩이와 진한 향기로 가득한 숲. 우람한 전나무들이 하늘을 가려서 더 어두워진 숲."

자원병들은 그 숲에 소련 게릴라들이 숨어 있다는 것을 감지했다. 벨라루스에서 한 프랑스인은 이렇게 썼다. "누군가 우리를 지켜보고 있다. 누군가 100미터 밖에서 소총을 들고 지켜보고 있는 걸 알면서 면도를 하는 기분은 유쾌하지 않다." 어떤 병사들은 숲이 가진 초자연적인 힘을 두려워했다. 한 스페인 병사는 "숲은 악마를 불러낸다"고 썼다. 또 다른 병사는 숲을 떠나는 바로 그 순간 "게릴라들의 은신처, 당신을 밀고한 그 숲을 넘어 후위 부대의 꽁무니로 돌진하는 숲의 유령"에 쫓기는 기분이 들었다고 했다.

1943년 왈롱 출신의 자원병은 "숲은 게릴라들과 함께 썩고 있다. 이 배설물, 이 비, 이 전나무들은 안개 속에서 모습을 드러내는 유령에 맞서 싸우고 있는 듯하다. … 이 숲은 러시아가 우리를 잡으려고 설치한 덫이다"라고 썼다. 그 숲은 적과 한통속으로 보였다.

로렌츠는 오래전부터 서구인의 인식에는 러시아의 숲에 대한 공포심이 박혀 있었으며, 그 공포심이 동부 전선에서의 전투를 통해 다시 고개를 들었다고 말한다. 그는 소련의 숲이 "러시아와 '미개한 동구권'이라는 신화를 구체적으로 보여주는 하나의 상징으로 다가왔다"고 썼다.

1984년 로널드 레이건Ronald Reagan은 반소련 정서를 불러일으키는 대통령 선거 구호를 만들었다. 예로부터 소련을 상징하는 우람한 곰이 어둡고 울창한 나무들을 뚫고 지나가고 있는 사진 아래 적혀 있는 한 줄은 이랬다. "숲속에는 곰이 있습니다."

(참고) 폐소공포증, 어둠공포증, 해양공포증

인형공포증 PEDIOPHOBIA

레오 랑겔Leo Rangell이 1952년에 발표한 〈인형공포증 분석The Analysis of a Doll Phobia〉은 인형공포증pediophobia(그리스어로 paidion 은 작은 아이 혹은 장난감 아이를 뜻한다) 분야를 대표하는 정신분석학적 연구다. 랑겔은 이 논문에서 필라델피아에 사는 38세의 통계학자를 소개했다. 불행한 결혼 생활을 하는 이 남자는 어릴 때부터 인형을 무서워했다. 랑겔은 이 통계학자가 "아이들이 갖고 노는 인형을 비롯해 마네킹, 전시용 인체 모형, 꼭두각시, 조각작품, 작은 조각상 형태의 다양한 예술품"을 두려워한다고 썼다. "받침대에 사람 모습이 조각된 전등이나 램프 받침대, 작은 동물 형태로 만들어진 비누까지도 전부 그에겐 위협이고 적이었다." 그를 통해 랑겔이 알게 된 사실은 특정 물건에 대한 두려움과 집착이 종이 한 장 차이에 불과하다는 점이었다. "어떤 면에서 보면 이 통계학자는 인형과 결혼한 셈이다. 그는 인형을 피하려고 눈에 불을 켜고 인형을 찾아다닌다."

랑겔의 환자는 자기磁器, 회반죽, 고령토로 만든 인형을 유독 무서워했다. 깨지면 비어 있는 속이 드러나는 물건들이다. 통계학자는 인형에 생명을 불어넣는다는 생각도 두려워했다. 랑겔은 이렇게 썼다. "그가 가장 두려워하는 순간은 인형이 '살아나는' 순간 혹은 사람의 움직임을 흉내 내는 순간이었다." 랑겔의 환자는 매끄러운 촉감이 사람의 살을 연상시킨다며 고무로 만든 인형을 불쾌해했다. 고무보다 더 불쾌한 건 셀룰로이드였다. 물에 젖었을 때 뒤틀리고 씰룩씰룩하는 움직임을 참기 힘들었다. 최악은 밀랍과 비누였다. 밀랍과 비누는 형태가 변하고 녹아서 흔적도 없이 사라질 수 있기 때문이었다.

랑겔은 3년에 걸쳐 700시간 동안의 정신분석 치료를 통해 통계학자의 꿈과 기억을 탐구했다. 그는 이 통계학자가 자위행위에 대해서 심한 죄책감과 수치심을 느낀다는 점을 알게 됐다. 인형의 움직임은 그에게 발기를 연상시켰다. 결국 통계학자는 발기라는 자극적인 일 때문에 천벌을 받을까 봐 두려워하는 것 같았다. "그가 회피하는 인형은 분리된 음경, 즉 원치 않는 거세를 연상시킨다"라고 랑겔은 썼다. 하지만 인형은 발기 외에도 그 환자의 "대변, 그의 몸 전체, 그의 어머니, 일반적인 여성, 여성의 생식기, 또 다른 남자(아버지)의 음경, 어린 소녀가 상상하는 음경"까지 여러 가지를 "차례차례 그리고 동시에" 의미하기도 했다. 한 가지 공포의 대상 안에 다양한 두려움과 집착이 뒤섞여 있었다.

정신분석이 어느 정도 진척됐을 때 통계학자는 상담실 밖으로 나가 자신을 테스트해보기로 했다. 모피 상점에서 아내가 코트를 입어보는 동안 그는 마네킹 옆에 앉아 있었다. 박물관에 갔을 때는 찰리 채플린 조각상과 악수를 했고, 장모님 집에 들렀을 때는 옷장에 보관되어 있던 재봉용 인체 모형을 쓰다듬었다. 아내는 그들의 결혼식 때 축하케이크에 꽂혀 있던 신랑 신부 모양의 작은 조각상을 따로 챙겨뒀는데, 그는 집에서 그것을 손으로 어루만졌다. 그는 인형공포증이 차츰 사라지고 있다는 것을 알고 기뻐했다.

랑겔은 논문을 마무리하면서 또 다른 인형공포증 증상자를 소개했다. 인형에 일생을 바쳐 성공을 거둔 인형 조종사였다. 이 남자는 "인형을 만들고 거기에 옷을 입히고 인형과 놀고 인형을 전시했다." 공연이 끝나면 그는 관객들을 무대 뒤로 초대했다. 관객들은 그가 창조한 인형들을 감탄의 눈길로 바라봤다. "그 순간 이 남자는 의자에 앉아 초조하게 손톱을 물어뜯고 복잡한 심정으로 생각에 잠긴다. 그는 대단한 자부심과 만족감을 느끼는 한편, 혹시라도 누가 자신의 소중한 보물에 흠집이라도 낼까 싶어 몹시 불안해한다." 인형공포증 증상자와 인형 성애자에게 인형은 "그 사람의 무의식에서 나오는 강렬한 감정과 가치의 농축물"이라고 랑겔은 썼다. "한쪽은 마음의 평정을 유지하기 위해 이 농축된 상징을 멀리하고, 다른 한쪽은 이 상징을 받아들이고 즐길 수 있다."

1996년 독일의 정신과 의사 에른스트 옌치Ernst Jentsch는 인형이 기분 나쁜 이유로 살아 있다는 착각을 불러일으킨다는 점을 꼽았다. 랑겔의 환자였던 통계학자가 그토록 질색했던 고무나 밀랍으로 만든 인형들이 특히 그랬다. 작가가 섬뜩한 문학적 효과를 불러일으키고 싶다면 "이야기 속의 특정 인물이 사람인지 기계인지 독자가 확신할 수 없도록 애매모호하게 만들면" 된다고 옌치는 말했다. 인형이 무서운 건 바로 그 애매모호함 때문이라고 그는 주장했다. 인형은 존재의 다양한 범주 사이를 맴도는 존재였다.

누군가에 의해 생명을 부여받은 인형은 다른 사람들을 쉽사리 불안에 빠뜨리기도 한다. 1920년대 런던에서 복장도착증이 있는 백만장자이자 고속 모터보트 레이서인 매리언 바버라 '조' 카스테어스 Marion Barbara 'Joe' Carstairs는 30센티미터짜리 가죽 인형을 항상 분신처럼 가지고 다녔다. 그녀는 이 가죽 인형에 토드 와들리 경이라는 이름을 붙여주었고, 새빌로Savile Row(런던의 고급 수제 양복점들이 있는 거리ー옮긴이)에서 옷도 맞춰줬으며, 코터스 은행에서 와들리 경 명의로 계좌까지 개설했다. "우리는 한 사람 같아요." 그녀는 입버릇처럼 말했다. "토드가 나고, 내가 토드죠." 1930년대에 카스테어스는 바하마제도의 한 섬을 사들였는데, 섬 주민 500명은 이 '두목'이 마치 부두교의 주물인 양 와들리 경을 옆에 태운 채 오토바이를 몰고 다니는 광경에 점점 익숙해졌다. 나이를 먹으면서 와들리 경의 가죽 얼굴은 검게 변하면서 갈라졌다. 카스테어스의 여자친구들은 갈수록 와들리 경이 무서워졌다. "진짜 사람 같다니까요." 한 친구가 말했다. "진짜 누가 죽은 것처럼요."

1970년 일본의 로봇공학자 모리 마사히로森政弘는 인형공포증에 관한 가설 하나를 수립했다. 더 진짜 같은 인형일수록 인간의 관심을 더 끌지만, 살아 있다는 의심이 들 정도로 너무 진짜 같아지면 오히려 극심한 불안감을 준다는 가설이었다. 모리는 인간과 비인간 사이의 구분이 모호해지는 순간이 언제인지, 인간과 비슷한 존재에 대한 우리의 관심이 돌연 역겨움으로 바뀌는 시점이 언제인지 그래프를 그려 보여주었다. 그 시점이 되면 그래프가 한순간 뚝 떨어졌다가 다시 올라가는데, 모리는 그래프 모양에 빗대 이 현상을 '불쾌한 골짜기Uncanny Valley'라고 불렀다. 모리가 불쾌한 골짜기 가설을 내놓았을 때는 휴머노이드 로봇이 나오기 전이었다. 따라서 그의 직관적 통찰은 인형과 의수義手에 대한 그의 반감에 근거한 것이었다. "나는 어릴 때부터 밀랍 인형을 싫어했다. 밀랍 인형을 보면 왠지 오싹한 기분이 들었다. 그 당시에 개발 중이던 전자 의수도 내겐 역시 섬뜩했다"고 모리는 말했다.

2013년 인도의 정신분석가 두 명은 12세 소녀 A의 인형공포증 치료를 위해 혐오요법을 썼다. 하지만 이런 식의 치료는 다소 걱정스럽다. 소녀의 어머니는 아이가 다른 인형은 전혀 무서워하지 않는다고 말했다. 소녀가 유일하게 무서워하는 것은 구자라트에 있는 집 유리진열장 안에 보관된 눈이 빛나는 인형이었다. 소녀는 그 인형을 볼 때마다 비명을 질렀고, 울면서 달아나곤 했다. 치료사는 혐오요법을 통한 치료를 위해 어머니에게 아이를 병원에 데려올 때 아이 모르게 그 인형도 가져다 달라고 부탁했다.

병원에서 치료사는 A 양과 면담을 한 뒤 그녀에게 눈을 감으라고 했다. 그런 다음 서랍에서 문제의 인형을 꺼내 소녀의 등에 얹어 놓았다. 소녀는 자기 어깨 위에 놓인 물건의 정체를 짐작하고 비명을 지르기 시작했다. 그는 치료가 끝날 때까지 방을 나갈 수 없다는 사실을 소녀에게 상기시켰다. 계속 비명을 지르던 A 양이 끝내 울기 시작했다. 15분쯤 지났을 때 소녀는 눈을 떠도 되냐고 물었다. "이젠 인형이 무섭지 않아요!" 소녀는 인형의 반짝거리는 두 눈을 똑바로 보면서 또박또박 말했다. "이해가 안 돼요. 이따위 인형이 왜 그렇게 무서웠는지 모르겠어요." 치료사가 던지는 인형을 웃으면서 받은 소녀는 여전히 웃는 얼굴로 치료사에게 다시 인형을 던졌다. 5분 후 소녀는 어머니 품으로 돌아갔고, 인형공포증은 치료된 것처럼 보였다.

1년 후에도 A 양은 두려움을 느끼지 못한다고 주장했다. 두 정신분석가가 공동으로 저술한 논문에서 "노출에 기반한 치료를 통해 환자들은 두려워하는 대상과 체계적으로 직면했고, 치료 효과가 탁월했다"고 적었다. 두 사람은 A 양에게 인형 대신 새로운 공포의 대상이 생기지 않았는지 물어보지 않았던 모양이다. 물어봤다면 아마 그들이 두려워졌다는 답이 돌아왔을 것이다.

(참고) 광대공포증

철도공포증 SIDERODROMOPHOBIA

1879년 독일의 의사 요하네스 리글러Johannes Rigler는 철도 노동자들이 앓고 있던 새로운 유형의 질환에 철도공포증siderodromophobia이라는 이름을 붙였다. '철도에 대한 불안'을 뜻하는 독일어 아이센바흐낭스트Eisenbahnangst를 그리스어 sideros(철), dromos(길), phobia(공포)로 옮긴 단어였다. 리글러에 따르면 기차 여행의 지독한 덜컹거림은 육체나 정신을 쇠약하게 만들 수 있다. 조지 밀러 비어드는 철도공포증이라는 단어를 영어권 독자들에게 소개할 때 이렇게 설명했다. "철도공포증은 일종의 히스테리를 동반한 극심한 척추 과민증이자 일에 대한 병적 싫증이다." 그는 철도공포증의 원인으로 "끊임없는 진동, 떨림, 소음"을 꼽았다.

철도 노동자는 물론이고 승객도 철도공포증 진단을 받았다. 이 사실로 짐작할 수 있듯이 산업화의 결과를 우려하는 목소리가 점점 커지고 있었다. 많은 사람이 기차의 속도로 인간의 몸이 이동하는 것은 위험하다고 생각했다. 맬컴 알렉산더 모리스Malcolm Alexander Morris는 《건강에 관한 책The Book of Health》(1884)에서 기차 여행을 할 때 "사람은 한동안 기차의 일부가 된다. 기차의 덜컹거림에 따라 사람도 똑같이 덜컹거리기 때문에 피부와 근육의 신경이 충격을 받는다"고 썼다. 제1차 세계대전 때의 포탄 충격이 그랬듯이 철도공포증은 신기술 때문에 생긴 병이라는 인식이 퍼졌다. 객차의 진동은 폭탄이 터질 때처럼 육체와 정신을 관통하며 그 울림을 전달하는 것처럼 보였다.

기차 여행에 대한 승객의 두려움을 묘사할 때도 리글러의 용어가 쓰였다. 지크문트 프로이트는 30대와 40대 초반 철도공포증에 시달렸다고 털어놨다. 프로이트는 1897년 친구 빌헬름 플리스Wilhelm Fliess에게 보낸 편지에서 매일 신문에 실리는 열차 사고 기사를 읽고 있으면 여행에 대한 불안감이 갈수록 커진다고 푸념을 늘어놓았다. 그는 2세 때 어머니와 함께 라이프치히에서 빈까지 1박 2일 동안 기차 여행을 했다. 그는 자신의 철도공포증이 그때 시작된 게 아닐까 의심했다. 프로이트는 이렇게 썼다. "우리는 밤새 같이 있었고, 그때 내가 어머니의 벌거벗은 몸을 볼 기회가 있었던 게 틀림없다." 오이디푸스 콤플렉스가 형성되던 초기에 어머니의 벗은 몸을 보면서 흥분한 자신에 대한 두려움—"내 리비도가 어머니를 향해 일어났다"—과 그런 욕망을 품은 대가로 아버지에게 벌을 받을 것이라는 두려움이 기차로 대체됐을 거라고 그는 추측했다.

프로이트는 《성욕에 관한 세 편의 에세이Drei Abhandlungen zur Sexualtheorie》에서 쿵쾅대면서 요동치는 기차 여행의 흔들림, 그 "기차 동체의 리드미컬한 기계적 동요"에서 남자들은 성적 자극을 받는다고 주장했다. 이러한 자극과 연관된 황홀한 상상을 억누르는 남자들은 프로이트처럼 기차 공포증이 생길 수도 있다. 그때부터 기차의 진동은 짜릿한 흥분 대신 멀미와 불안감, 두려움을 선사할 것이다.

(참고) 비행공포증, 폐소공포증, 일공포증, 소리공포증

팝콘공포증 POPCORN PHOBIA

2016년 음악가이자 게임 디자이너인 피셔 와그Fisher Wagg는 팟캐스트 '팬토포비아Pantophobia'에서 팝콘공포증이 있다고 털어놨다. 그러면서 팝콘을 보면 '괴로움과 슬픔'이 느껴진다고 덧붙였다. 언젠가 만화영화에서 구더기들이 춤을 추며 시체 안을 돌아다니는 장면을 와그는 무덤덤하게 보고 넘어갔다. 시점이 바뀌어 구더기들이 살아 있는 거대한 팝콘 조각처럼 부풀어 올라 똬리를 틀며 와그를 쳐다봤다. 그 순간 와그는 끽끽 소리를 내는 그 가벼운 간식거리가 떠올랐고, 창자를 훤히 드러낸 시신 위에서 구더기들이 춤을 추는 장면을 볼 때보다 훨씬 더 심한 공포를 느꼈다.

와그의 반응은 웃음이 나올 만큼 순서가 뒤바뀐 것처럼 보이지만, 공포증의 작동 방식에 대한 단서를 제공한다. 곡물 한 조각이 펑 소리

와 함께 터지면 쪼개진 겉껍질에서 알갱이들이 뿜어져 나와 원래 크기의 수십 배로 부풀어 오른다. 안과 밖이 뒤집히고, 내부가 외부를 에워싸고, 내장과 피부가 자리를 바꾼다. 영국의 인류학자 메리 더글러스Mary Douglas는 《순결과 위험 Purity and Danger》(1966)에서 "제자리를 벗어난 물질"은 혐오감을 유발한다고 주장했다. 우리 대다수는 인육의 바다 안에서 꾸물거리는 구더기들을 볼 때 혐오감을 느낀다. 와그에게는 펑 튀겨진 곡물 한 조각이 구더기와 비슷한 혹은 그보다 심한 일탈로 다가왔다. 팝콘은 계약을 위반했을 뿐만 아니라 스스로 경계를 전복하고 흔적을 지웠다.

와그는 팝콘공포증의 실체를 보여주기 위해 팝콘이 터지는 장면을 느린 화면으로 보면서 떠오르는 생각을 녹음했다. "저 축축한 것들이 정말 싫어." 그가 말한다. "저게 터져서 이렇게 크고 하얀 덩어리가 되다니, 꼭 귀뚜라미 등껍질 같군. … 안과 밖이 뒤집혔잖아." 그 하얀 물질이 계속 스스로 에워싸는 모습을 지켜보던 그가 침묵에 잠긴다. "응, 아니야, 저건 너무 끔찍해." 그는 조용히 읊조리더니 녹음테이프를 끈다.

(참고) 솜공포증, 곤충공포증, 단추공포증, 질식공포증

풍선공포증 GLOBOPHOBIA

풍선을 두려워하는 풍선공포증globophobia(globus는 그리스어로 '둥근 물체'를 뜻한다)은 풍선이 터질 때 나는 펑 소리에 대한 두려움이

주원인이다. 2013년 오프라 윈프리는 풍선 터지는 소리가 "총소리를 연상시킨다"고 말했다. "아마도 살면서 언젠가, 어쩌면 어린 시절에 총성과 관련된 일이 제 주변에서 일어났던 게 틀림없어요. 근처에 풍선이 있으면 정말 기겁한다니까요." 2017년 한국의 유명 배우 소지섭은 풍선만 보면 "뱃속이 펑 하고 터질 것 같은" 기분이 든다고 텔레비전 진행자에게 털어놓았다. 마치 바람 주머니인 그의 몸이 압력에 의해 팽팽하게 유지되다가 펑 하고 터질 준비를 하고 있다는 듯.

참고 천둥공포증, 소리공포증

4부

너무 멀지도
가깝지도 않은,
타인

고독공포증 MONOPHOBIA

1880년 조지 밀러 비어드George Miller Beard는 혼자 있는 것을 두려워하는 고독공포증을 특정 공포증으로 확인했다. 그 이후 1897년 그랜빌 스탠리 홀은 집에 혼자 있기를 꺼리는 한 여성에게 고독공포증 진단을 내렸다. 그녀는 모든 것이 침울하고 무섭게 느껴졌다. 농가의 적막을 깨는 소리라곤 크게 째깍거리는 시계 초침 소리뿐이었다고 그녀는 말했다. "마치 사람들이 전부 죽어버린 세상 같았어요. 저는 노래도 부르고 별 이상한 행동도 다 해보고 시계도 보고 밤이 오는 것도 봤어요. 말도 안 되는 일들이 일어날까 봐 걱정하기도 하고 헛간의 동물들에게 말을 걸어보기도 했어요. 심지어 마당의 꽃들에게도 말을 걸어봤습니다."

참고) 우울광, 어둠공포증, 침묵공포증

공중화장실공포증 PUBLIC URINATION PHOBIA

공중화장실만 가면 요도조임근이 꽉 조여서 볼일을 볼 수 없는 사람들이 있다. 공중화장실공포증은 공중배뇨공포증paruresis 혹은 수줍은방광증후군shy bladder syndrome이라고도 불리는 심인성 질환이다. 사회공포증 중에서 발표공포증 다음으로 가장 널리 퍼져 있지 않나 싶다. 공중화장실공포증 때문에 소변을 제공할 수 없어서 약물 검사를 하지 못하는 사람들도 있다. 공중화장실에서 소변을 봐야 한다는 생각에 전전긍긍하다가 결국 외출을 포기하는 사람도 한둘이 아니다. 최악의 상황은 공포증으로 인해 몸에 이상이 생기고(신장결석, 요로감염증) 도뇨관을 동원해 의학적 조치를 받아야 하는 경우다.

1954년 처음으로 실시한 공중화장실공포증에 관한 조사에서 대학생의 14퍼센트가 적어도 한 번은 이 공포증을 경험한 적이 있다고 답했다. 이후 공중화장실공포증 환자의 범위는 2.8퍼센트에서 16.4퍼센트 사이인 것으로 추정한다.

이 장애는 여자보다 남자에게 더 많다. 생리학적 차이(남자는 나이가 들수록 소변을 더 참게 되고, 여자는 실금 현상이 남자보다 더 많이 나타난다)로 인한 것일 수도 있고, 공중화장실이 제공하는 사생활 보호의 차이 때문일 수도 있다(남자 화장실엔 입식 소변기가 설치되어 있지만, 여자 화장실엔 문을 닫을 수 있는 칸막이가 설치되어 있다). 다른 사람한테 소변 누는 소리가 들리거나 모습을 보이는 부끄러운 경험을 하고 나서 공중화장실공포증이 생겼다는 사람들도 있다. 하지만 대다수는 공중화장실에서 소변을 볼 때 얼어붙는 이유를 모른다.

이 공포증을 위한 대표적인 치료법은 인지행동치료와 탈감각치
료다. 숫자를 거꾸로 세면 문제 해결에 도움이 된다는 사람들도 있다.
국제공중화장실공포증협회 웹사이트에서는 또 다른 방법을 제안한
다. 45초 동안 숨의 약 75퍼센트를 내뱉는다. 이때 필요하다면 엄지와
다른 손가락으로 콧등을 콕 집고 있어도 좋다. 이렇게 하면 골반 바닥
이 내려가서 소변 줄기가 원활해질 수 있다.

(참고) 적면공포증, 비웃음공포증, 불결공포증, 사회공포증

광장공포증 AGORAPHOBIA

광장공포증agoraphobia이라는 단어는 1871년 베를린의 정신과 의
사 카를 오토 베스트팔Carl Otto Westphal이 만들었다. 베스트팔의 환
자 중에 도시를 가로지르길 두려워하는 남자들이 있었다. 32세의 방
문 영업사원은 특정 지역을 무서워했다. 특히 인적이 끊기거나 상점
들 문이 닫혀 있는 거리를 꺼렸다. 가옥들이 폐허가 된 도시 변두리
지역에 들어서면 그의 배짱은 온데간데없이 사라졌다. 그는 붐비는
공간, 승합마차, 극장에서도 불안했고 가슴은 두근거렸다.

26세의 엔지니어도 광장공포증 환자였다. 이 청년은 탁 트인 공
간을 마주할 때 뭔가가 자기 가슴을 꽉 움켜쥐는 것 같다고 말했다.
베스트팔은 이렇게 썼다. "이 환자는 얼굴이 발갛게 달아오른다. 그
의 두려움은 더 극심해지고 이러다 진짜 죽을 수 있겠다는 생각까지
든다. 도저히 더 이상 못 걷겠다 싶어지면 불안감이 그를 덮친다. 그

의 눈에는 도로에 깔린 돌멩이들이 녹아서 서로 엉겨 붙는 것처럼 보이기도 한다." 이 엔지니어는 도시 광장을 가로지를 때 느끼는 공포를 호수의 좁은 물길로 헤엄쳐 가는 느낌에 빗대 말했다. 그는 어디로 가는지 방향을 잃었고, 가까스로 광장 반대편에 도착했더라도 어떻게 광장을 건너왔는지 제대로 기억하지 못했다. 광장을 횡단한 일이 그에겐 마치 꿈처럼 몽롱했다.

베스트팔의 환자들은 이구동성으로 동행이 있을 때는 덜 무섭다고 했다. 광장에서 건물들 옆에 붙어 있거나 거리에서 마차 뒤를 따라갈 때도 그들은 두려움을 덜 느꼈다. 귀갓길 선술집에 걸린 빨간 등불이 보이면 위로가 된다는 사람도 있었다. 지팡이를 짚고 걷거나, 맥주나 포도주를 마시면 덜 불안하다는 사람도 있었다. 베스트팔은 드리부르크 마을의 어떤 사제가 외출할 때 우산을 펼쳐서 자기 자신을 가린다는 얘기를 들었다. 그 모습은 마치 사제가 성당의 아치형 지붕을 들고 가는 것처럼 보였다.

시장을 뜻하는 그리스어 agora에서 유래한 광장공포증이라는 단어는 폭넓게 쓰이는 용어다. 사회적 접촉에 대한 두려움, 외출에 대한 두려움, 밀집되거나 텅 빈 공간에 대한 두려움, 심지어 두려워하는 것에 대한 두려움을 의미할 때도 이 용어를 쓴다. 《공포증의 용도The Uses of Phobia》에서 데이비드 트로터가 설명하듯이 광장공포증은 처음부터 현대 생활의 스트레스와 관련이 있었다. 1889년 오스트리아 빈의 건축가 카밀로 지테Camillo Sitte는 유럽의 도시들에서 일어나고 있는 급속한 변화가 광장공포증의 원인이라고 주장했다. 유럽의 도시들은 구불구불한 골목들과 불안정한 건물들을 쓸어버리고 그 자리를 넓은 대로와 사람이 머물지 않는 기념비적인 건물들로 채웠다. 도시의 광장은 마치 심연 혹은 대로에 난 깊은 구멍을 연상시켰다.

정신과 의사 앙리 르그랑 뒤솔Henri Legrand du Saulle을 찾아온 파리 시민들은 '공간에서 느끼는 두려움' 때문에 경계 앞에서 망설이게 된다고 말했다. 그들은 광장의 가장자리나 도로의 경계석은 물론이고 창문 아래쪽 벽에 수직으로 붙어 있는 선반, 교각의 수직 구조물로 인해 생긴 경계도 두려워했다. 그의 환자 중에서 'B 부인'은 혼자서 대로나 광장을 가로지르지 못했다. 그녀는 텅 빈 식당도, 자기가 사는 아파트로 이어지는 넓은 계단도 무서웠다. 일단 집 안에 들어가면 창밖으로 아예 눈길을 주지 못했다. 뒤솔을 찾아온 또 다른 환자는 보병 장교였는데, 그는 군복을 입고 있을 때는 탁 트인 공간을 아무렇지도 않게 가로질렀다. 하지만 사복을 입고 있을 때는 그러지 못했다. 트로터는 이렇게 썼다. "이 경우 그를 불안감으로부터 지켜주는 것은 동행이 아니라 연기다. 그는 군복을 입고 연기를 하듯 혼자서 텅 빈 공간을 가로지른다." 아내가 따라나서지 않으면 아무 데도 갈 수 없는 남자도 있었다. 이 남자는 광장으로 들어가는 출입구가 나타나면 겁을 먹고 그 자리에 얼어붙어 이렇게 중얼거렸다. "엄마, 라타, 여보, 나 죽을 거 같아."

뒤솔은 1871년 독일이 파리를 포위한 이후 공간에 대한 공포증이 크게 늘었다고 주장했다. 건축사학자 앤서니 비들러Anthony Vidler는 이렇게 썼다. "뒤솔의 말을 빌리자면, 파리가 잇따라 폐쇄됐다가 갑자기 개방되는, 말하자면 폐소공포증에서 광장공포증으로 이행하는 과정이 공간에 대한 두려움의 진짜 원인을 키웠다."

베스트팔과 뒤솔의 연구 결과가 발표된 후 몇 년간 새로운 광장공포증 환자들이 등장해 자신의 증상을 자세히 설명했다. 1898년 J. 헤들리 닐J. Headley Neale 박사는 의학 저널《랜싯》에 이렇게 썼다. "나는 멈춰 선다. 땅이 뭔가에 꽉 움켜잡힌 것처럼 보인다. 나는 땅속으로 내려가고, 땅은 나를 만나려고 다가오는 느낌이다. 어지럼증이나 현기증과는 전혀 다르다. 그보다는 무너지는 느낌에 더 가깝다. 마치 오페라 모자나 종이 갓을 씌운 등처럼 내가 오므려지는 느낌이다." 광장공포증을 유전적 퇴화 현상이라고 주장하는 목소리도 있었다. 그러나 지크문트 프로이트는 동의하지 않았다. 1892년 프로이트는 "다른 대다수 공포증과 마찬가지로 광장공포증도 많은 경우 유전보다는 비정상적인 성생활에서 원인을 찾을 수 있다"고 썼다. 프로이트는 광장공포증 환자들이 거리에 널려 있는 성적 유혹에 넘어가는 게 무서워서 그 두려움을 거리 자체에 대한 두려움으로 바꿔버린 것이라고 주장했다. 그의 말에 따르면 "공포증은 국경의 요새처럼 불안감 앞에 내던져진다."

광장공포증은 탁 트인 땅과 광대한 하늘에 대한 두려움으로 나타나기도 한다. 데이비드 트로터는 소설가 포드 매덕스 포드Ford Madox Ford가 영국 남부의 들판을 걸을 때 밀려든 극심한 공포를 어떻게 피할 수 있었는지 묘사한다. 포드는 박하사탕을 빨면서 간간이 벤치가 놓여 있는 길만 골라 걸었다. 베스트팔이 치료했던 도시의 환자들과 마찬가지로 포드도 비어 있는 공간에 대한 공포와 맞서기 위해 작고 특정한 물건이나 행위에 관심을 집중했다. 1904년 여름 포드는 친구 올리브 가넷Olive Garnett과 솔즈베리 평원을 걷고 있었다. 올리브 가

넷은 포드에게 공포가 엄습한 순간을 묘사했다. "내가 팔을 잡아주지 않으면 쓰러질 것 같다고 했다. 나는 착잡한 심정을 억누르며 그를 붙잡고 걸었다. 그렇게 몇 킬로미터쯤 걸어서 마을이 가까워지자 포드는 담배를 태우고 면도를 해야겠다며 혼자 씩씩하게 걸어갔다." 1990년 소설가 존 랜체스터John Lanchester는 언젠가 잉글랜드 북서부의 호수 지방에서 안개 낀 산을 올랐던 기억을 떠올렸다. 정상에 다다랐을 때 불쑥 맑은 하늘이 보이면서 "무시무시하게 광활한" 풍경이 눈앞에 펼쳐졌다. 그는 압도당했다. "숨이 가쁘고 가슴이 두근거리고 몸이 떨리는 전면적인 공황발작이 덮쳤다." 결국 그는 경사가 급하지 않은 안전한 하산길로 내려와야 했다.

남들의 관심이 광장공포증의 불씨가 되기도 한다. 배우 매콜리 컬킨Macaulay Culkin은 〈나 홀로 집에Home Alone〉(1990)의 아역 스타로 유명해진 뒤 광장공포증이 생겼다. 그는 2004년 텔레비전 진행자 래리 킹Larry King에게 이렇게 말했다. "나무 덤불 같은 곳에 사진사들이 항상 있었습니다. 집 밖엔 저를 소비하려는 사람들이 우글거렸어요." 컬킨은 외출이 두려워졌다. 세상이 자신을 지나치게 원하는 것 같았기 때문이다. "건물이 저를 집어삼키려 했습니다."라고 컬킨은 말한다. 1853년 어느 일요일, 은둔 시인 에밀리 디킨슨Emily Dickinson이 동네 교회에서 이웃 주민들과 마주쳤던 상황을 묘사한 글에서도 비슷한 표현이 나온다. 그녀는 올케에게 이런 편지를 썼다. "몇 사람이 우뚝 솟은 산처럼 나를 둘러싸고 집어삼킬 듯 쳐다봤어요."

20세기에는 광장공포증의 원인을 분리불안과 의존, 성적 감정과 공격적 감정의 전이 같은 심리적 문제에서 찾았다. 그러나 1970년대부터는 종종 생리학적 문제로 다뤄졌다. 예를 들어 심리학자 데이비드 클락David Clark은 광장공포증 증상자들의 경우 몸이 느끼는 감각을 잘못 해석하기 때문에 체내의 사소한 변화에도 극심한 공포 반응을 보일 가능성이 있다고 주장한다. 클락의 설명에 따르면 이 심술궂은 악순환의 첫 단계에서 광장공포증 증상자들은 자기 몸에서 일어나는 변화를 선별적으로 처리한 후 심장박동수의 미세한 증가, 일시적 어지럼증, 호흡이 살짝 가빠지는 증상에 지나치게 큰 의미를 부여한다. 이때 그들의 몸에서는 공포에 대응하기 위해 아드레날린이 생산되는데, 이 아드레날린 때문에 생리학적 변화(심장이 마구 뛰고 호흡이 가빠지고 얕아진다)가 추가로 일어난다. 공포증 증상자는 엉뚱하게도 이런 변화를 현기증이나 질식, 심장마비의 전조 증상으로 해석한다. 이런 면에서 광장공포증은 다가올 두려움을 두려워하는 공황장애와 크게 다르지 않다.

그러나 미국의 인류학자 캐스린 밀런Kathryn Milun은 광장공포증을 오로지 생리학적 측면으로만 다루는 것은 잘못이라고 경고한다. 제약회사들이야 끝없이 쏟아지는 신규 고객들에게 벤조디아제핀 같은 약을 팔 수 있으니 콧노래를 부르겠지만, 생리학적 측면만 강조하다 보면 광장공포증의 사회, 문화, 역사적 요인, 요컨대 현대성과의 관계가 외면받을 수밖에 없다고 지적한다. 밀런은 "애초에 이러한 심리적 문제를 낳았던 사회적 공간에 대한 관심이 흔적도 없이 사라진" 현실을 안타까워한다.

여성은 남성보다 광장공포증 진단을 세 배 가까이 많이 받는다. 페미니스트 심리학자 모린 맥휴Maureen McHugh는 그 이유로 사회사를 꿈는다. 과거의 여성들은 사회가 요구하는 방식대로 살아야 했는데, 오늘날 우리가 보기에 그들의 삶은 치료가 필요한 정도로 비정상적인 삶이었다. 여자들은 밖에 나가기보다 집에 있는 게 더 바람직하다는 충고를 들었다. 공직을 맡거나 여자 혼자 위험한 곳에 가는 것도 말렸다. 심지어 일부 문화권에서는 지금도 여성에게 이런 요구를 하고 있으며, 여성들은 집 밖에 나가면 온 사방에 위험이 도사리고 있다고 느낄 수 있다. 맥휴는 말한다. "거리가 객관적으로 안전해지고 여성이 공공장소를 편안하게 여길 수 있어야만 공포증을 겪는 사람들의 불안감이 사라진다." 로버트 세이덴버그Robert Seidenberg와 카렌 드크로Karen DeCrow는 《집과 결혼한 여자들 Women Who Marry Houses》(1983)에서 광장공포증이 있는 여자를 "성명서를 내서 항의를 표명하고 연좌 농성에 나선, 살아 움직이는 상징"이라고 묘사한다. 이 여자는 스스로 아내와 엄마와 주부라는 역할을 과장하고 있다는 사실을 깨닫지 못한 채 결국 집에만 붙어 있어야 하고 집에서 한 발짝도 나갈 수 없는 사람이 되고 만다.

코로나19 대유행 기간 각국 정부는 사람들에게 집에 머물러달라고 요청했다. 이를 계기로 광장공포증 환자처럼 행동하는 사람들이 부쩍 늘었다. 공공장소에 대한 두려움은 공포증이 아니라 상식이 되었다. 이제는 공공장소로 돌아가기 힘들어진 사람들도 있다. 우리는 1871년 독일에 포위당한 파리 시민들처럼 갇혀 있음에 익숙해졌다. 2020년 10월 《뉴욕 타임스》에 '광장공포증 세대', 즉 외출이 무서워진 아이들을 걱정하는 부모들의 이야기가 실렸다. 샌프란시스코의 아동심리학자 니나 카이저Nina Kaiser는 "이러한 현상은 믿기 힘들 정도로 널리 퍼져 있다"고 말한다. 카이저의 4세 아들도 집 밖으로 나가길 무서워한다. 그러는 동안 광장공포증을 겪는 많은 10대와 성인들의 불안감은 바깥세상의 새로운 위험들로 인해 한층 더 견고해졌다.

카를 베스트팔이 1871년에 광장공포증이라는 이름을 붙였을 때 그가 발견한 증상은 아마도 전형적인 불안장애였을 것이다. 새로운 시대가 열리면서 오랜 세월 당연하게 여겼던 확실성을 강탈당하자 사람들은 쉽게 규정하기 힘든 실존주의적 두려움을 느끼기 시작했을 것이다. 베스트팔은 찰스 다윈의 《종의 기원On the Origin of Species》(1859)에 영향을 받아 정서 경험을 과학적으로 설명하려 했던 정신의학자들 중 한 명이었다. 이제는 정서 경험도 변할 수 있는 것처럼 보였다. 지금까지 그들을 이끌어주던 신에게 더 이상 의지할 수 없게 되자 사람들은 집 밖으로 나설 때 동반자의 팔이나 지팡이 손잡이를 향해 더 황급히 손을 뻗었는지도 모른다.

(참고) 고소공포증, 폐소공포증, 카약공포증, 불결공포증, 모든 것에 대한 공포증

동성애공포증 HOMOPHOBIA

1965년 심리치료사 조지 와인버그George Weinberg는 어떤 사람이 레즈비언 친구에게 모욕적인 언사를 퍼붓는 것을 듣고 나서 동성애에 대한 반감을 일컫는 동성애공포증homophobia이라는 용어를 만들었다. 문자 그대로 해석하면 동일한 대상(그리스어로 homos)에 대한 공포증을 의미하지만, 와인버그가 이 단어를 선택한 것은 정확성보

다는 효과를 위해서였다. 이전에 '동성애성욕공포증homoerotophobia' 같은 용어로 반反 게이 정서를 표현하려는 시도가 있었는데, 동성애공포증은 그보다 더 간결하면서 함축적이기 때문이었다. 1969년 와인버그의 친구 잭 니콜스Jack Nichols와 리그 클라크Lige Clarke는 잡지 《스크루Screw》에 기고한 글에서 동성애공포증이라는 용어를 사용했다. 두 사람은 "동성애공포증 때문에 이 얼마나 한심한 작태가 벌어지고 있는가!"라고 쓴 뒤 "동성에게 끌린다고 생각될 때 생기는 극심하고 신경증적인 두려움"이라고 동성애공포증을 설명했다.

이성애자인 와인버그는 《사회와 건강한 동성애자Society and the Healthy Homosexual》(1972)에서 자신이 만든 용어의 의미를 자세히 설명했다. 요컨대 그는 반게이 감정이 생기는 원인을 두려움 때문이라고 보았고, 동성애에 대한 부정적인 선입견은 결국 불안감을 감추기 위한 눈속임이며 비정상적인 강박관념이라고 생각했다. 와인버그는 "동성애자들을 향한 차별적 관행은 심리학적 동기에 그 뿌리를 두고 있다"고 썼다. 당시는 동성애를 정신질환의 하나로 분류하던 때였다. 와인버그는 그 인식을 뒤집고 싶었다. 그래서 동성애자들을 정신질환자로 분류하는 게 아니라 동성애의 적들을 병리학적으로 해석하려 했다. 그의 신조어가 효과가 있었는지 1973년 미국정신의학협회는 동성애를 더 이상 정신질환으로 분류해선 안 된다고 만장일치로 결정했다. "비록 동성애공포증 자체는 임상적 장애로 분류되지 않았지만, 치료가 필요한 병이었던 동성애를 대신하게 되었다"고 문화사학자 대니얼 웍버그Daniel Wickberg는 말한다.

일부 심리학자들은 '동성애공포증'이라는 용어에 오해의 소지가 있다고 주장했다. 그들은 반게이 감정의 원인이 두려움보다는 증오와 분노에 있다고 생각했다. 그러나 와인버그는 반게이 정서에는 두려움과 증오, 분노의 감정이 뒤엉켜 있다고 지적했다. 동성애에 대한 두려움은 "공포라는 게 항상 그렇듯이 엄청난 잔인성으로 이어진다"는 것이다. 일찍이 1914년 헝가리의 정신분석가 산도르 페렌치Sándor Ferenczi는 동성애자들에 대한 반감을 일종의 방어 반응이라고 주장했다. 동성애에 대한 두려움은 동성에 대한 욕망을 억누른 결과라는 것이었다. 페렌치의 주장을 뒷받침할 만한 연구도 있다. 1996년 조지아대학교에서 스스로 확실한 이성애자라고 밝힌 64명의 남자를 대상으로 실험을 했는데, 동성애와 관련된 그림 혹은 사진을 보여줬을 때 가장 심하게 흥분한 것은 남자 동성애자들에게 가장 적대적인 남자들이었다.

성소수자(LGBT) 운동가들 가운데 일부는 이데올로기 문제를 개인 심리학의 폐해로 둔갑시킨다는 이유로 동성애공포증이라는 용어를 문제 삼는다. 동성애에 대한 사람들의 편견을 개인의 선택이 아니라 스스로 통제할 수 있는 영역을 넘어선 정신의학적 상태로 묘사함으로써 편견을 가진 개인에게 책임을 묻지 않는다는 것이었다. 1980년대 급진적 레즈비언 페미니스트 셀리아 키징거Celia Kitzinger는 이렇게 말했다. "자신의 정적들에게 정신이상자라는 딱지를 붙이면 편리할 수는 있겠지만, 그렇게 되면 정치적 영역에서의 논쟁은 물 건너간다."

2012년 연합통신Associated Press(AP)은 기자들에게 동성애공포증을 비롯해 정치적 목적을 지닌 '공포증' 신조어들(예를 들면 1980년대부터 쓰기 시작한 비만공포증fatphobia, 1990년대부터 쓰기 시작한 성전환자공포증transphobia)을 사용하지 말라는 지침을 내렸다. AP의 대변인은 '동성애공포증'이라는 용어가 "과녁을 벗어났다"고 말했다. "이 용어는 정신적 장애를 누군가의 탓으로 돌리고 있으며, 우리한테 없는 지식을 제안한다." 그러나 와인버그는 자신의 신조어를 고수했다. 같은 해 그는 《허핑턴 포스트Huffington Post》에 이렇게 썼다. "동성애공포증이라는 단어는 남녀 동성애자들이 해방을 성취하기 위해 필요로 하던 바로 그 개념이다."

(참고) 외국인혐오증

발표공포증 GLOSSOPHOBIA

사람들 앞에서 발표를 한다는 것에 많은 사람이 두려움을 느낀다. 발표공포증glossophobia(glossa는 그리스어로 '혀'를 뜻한다)은 여러 가지 증상으로 나타난다. 청각이 예민해지고 심장박동수가 증가하고 혈압이 상승하고 진땀이 나고 호흡이 가빠지고 목과 등이 경직되고 몸이 떨리고 입이 마르고 얼굴이 화끈거리고 눈동자가 왕방울만 해지고 피가 세차게 솟구쳤다가 빠져나가는 기분까지 든다. 로마의 연설가 마르쿠스 툴리우스 키케로Marcus Tullius Cicero는 이렇게 썼다. "연설을 시작할 때 내 얼굴은 창백해지고 사지는 떨리고 심장은 쿵쾅거리며 뛴다."

대중 연설에 대한 두려움은 매우 널리 퍼져 있어서 발표공포증은 거미공포증이나 뱀공포증보다 더 흔한 공포증으로 자주 인용된다. 1973년 한 조사에 따르면 죽는 게 두렵다고 한 사람보다 발표가 무섭다고 한 사람이 더 많았다. 코미디언 제리 세인펠드Jerry Seinfeld는 이렇게 말했다. "장례식에 가서 추도 연설을 하느니 차라리 관 속에 누워 있는 쪽을 택하겠다, 그런 얘기죠."

경험 많은 연기자들도 발표공포증에 시달린다. 《뉴요커New Yorker》의 드라마 평론가 존 라John Lahr는 무대 공포증을 "밧줄 풀린 공포"라고 묘사한다. 그것은 "트라우마를 남기면서 연기자의 표현 수단인 몸을 향해 소리 없는 공격을 감행한다." 그는 어느 날 갑자기 공포에 짓눌렸던 배우들을 언급했는데, 이언 홈Ian Holm도 그중 한 명이다. 1976년 런던 앨드위치 극장에서 유진 오닐Eugene O'Neill의 연극 〈아이스맨 코메스The Iceman Cometh〉 시연회가 열렸을 때 홈은 두려움 때문에 마비 증세를 겪었고, 그 이후 15년간 연극무대에 오르지 못했다. 존 라는 "그런 경험을 할 때는 땀이 나고 정신이 혼미하고 말이 나오지 않는 신진대사의 변화가 따라온다. 한마디로 임종의 순간과 똑같다"고 말했다.

발표공포증은 최면술, 인지행동 기법 혹은 실용적인 조언(천천히 말하세요. 심호흡을 해보세요. 잠시 멈추세요. 관객 중 한 사람의 얼굴만 쳐다보세요)으로 치료할 수 있다. 2003년 사회심리학자 케네스 새비츠키Kenneth Savitsky와 토머스 길로비치Thomas Gilovich는 뉴욕 코넬대학교에서 실험적인 치료를 고안했다. 그들은 우선 '투명성 착각'을 입증하는 실험을 했다. '투명성 착각'이란 타인이 우리 내면을 눈치챌 수 있는 정도를 과대평가하는 경향을 말한다. 두 사람은 코넬대학교

학생들에게 캠퍼스 안에서의 인종 관계를 주제로 3분 연설을 부탁한 뒤 학생들을 세 그룹으로 나눴다. 대조군은 연설과 관련해서 아무런 안내도 받지 않았다. 두 번째 그룹은 연설을 할 때 초조해지는 것은 정상적인 반응이며, 심지어 초조해 보이는 것 때문에 초조해지는 것도 정상적인 반응이므로 그 점은 신경 쓸 필요 없다는 안내를 받았다. 세 번째 그룹도 두 번째 그룹과 똑같은 메시지를 전달받았는데, 한 가지 안내가 추가됐다. "도움이 될 거 같아서 알려드릴게요. 어떤 조사에 따르면 관객은 여러분이 불안해하는 걸 여러분 생각만큼 쉽게 눈치채지 못한다고 합니다." 새비츠키와 길로비치는 본인의 강력한 감정이 새어나가 다른 사람 눈에 보일 거라고 믿는 '투명성 착각'은 웬만한 사람에게 다 있는데, 현실에서 그런 일은 아주 드물게 일어난다고 설명했다. "아마 여러분이 초조해져도 그걸 눈치채는 사람은 여러분 자신밖에 없을 겁니다."

모든 참가자가 비디오카메라를 보면서 3분 연설을 했다. 연설이 끝나자 새비츠키와 길로비치는 연설하는 동안 본인의 자신감과 연설의 효율성에 몇 점을 줄 수 있는지 스스로 점수를 매겨달라고 했다. 자신에게 가장 높은 점수를 준 이들은 사전에 '투명성 착각' 얘기를 들은 세 번째 그룹의 학생들이었다. 학생들의 연설을 평가해달라고 별도로 모집한 학생들도 이 그룹의 연설에 가장 높은 점수를 줬다.

새비츠키와 길로비치는 이렇게 결론 내렸다. "'투명성 착각'을 아는 사람은 더 뛰어난 연사가 될 수 있다. 따라서 이 실험의 결과는 '진실이 당신을 자유롭게 하리라'는 말이 거짓이 아님을 입증해준다." 투명성 착각의 진실을 아는 참가자들은 발표를 하는 사람들의 골칫

거리인 불안의 악순환에서 해방되었다.

우리는 생각보다 불안감을 잘 감추고 산다. 남들이 우리의 두려움을 감지하지 못한다는 사실을 깨닫는 순간 우리는 덜 두려워하게 된다.

(참고) 적면공포증, 비웃음공포증, 사회공포증, 전화공포증

비웃음공포증 GELOTOPHOBIA

비웃음을 당할까 봐 두려워하는 비웃음공포증gelotophobia(그리스어로 gelōs는 웃음을 뜻한다)은 일종의 피해망상인 동시에 민감한 사회공포증이다. 비웃음공포증을 병적 질환으로 처음 인정한 사람은 1995년 독일의 심리치료사 미하엘 티체Michael Titze였다. 티체는 자기 환자 가운데 일부가 조롱당하고 있다는 느낌 때문에 괴로워한다는 사실에 주목했다. 그들은 상대방의 쾌활한 미소를 경멸적인 비웃음으로 오해했고, 애정 어린 놀림을 노골적인 조롱으로 잘못 해석했다. 어디선가 웃음소리가 들리면 그들의 얼굴 근육은 "스핑크스의 돌 같은 표정처럼 딱딱하게" 굳어버린다고 티체는 말했다. 조롱에 대비하며 너무 긴장한 탓에 그들의 걸음걸이는 목각인형처럼 뻣뻣하고 우스꽝스러워 보였다. 티체는 그들의 증후군을 '피노키오 콤플렉스 pinocchio complex'라고 불렀다. 비웃음공포증 증상자 가운데 다수가 따돌림을 당한 경험이 있다고 밝혔다. 하지만 티체는 그들이 따돌림을 당해서 비웃음공포증이 생긴 것인지, 장난으로 놀린 것을 따돌림

으로 오해한 것인지는 확실하지 않다고 말했다.

티체의 환자 중 한 여성은 학창 시절에 비웃음공포증이 시작됐다. 동유럽 난민인 그녀의 어머니는 마늘이 들어간 음식을 즐겨 만들었는데 학교에 가면 몸에서 마늘 냄새가 난다고 아이들에게 놀림을 당했다. 한 아이가 그녀를 "미스 갈라이크Garlike('garlic'과 'like'의 합성어—옮긴이)"라고 부르자 다른 아이들도 따라서 미스 갈라이크라고 놀려댔다. "걔들은 내가 나타나기만 하면 재수 없게 웃기 시작했어요." 티체의 환자는 말했다. "수시로 '웩', '웩' 하면서 구역질도 했고요." 같은 반 아이들은 운동장에서건 길에서건 노골적으로 그녀를 피해 다녔다. "모자나 책가방으로 자기 얼굴을 가리는 애들도 있었어요. 누구든 저를 보고 웃으면 겁이 났어요." 그녀는 몸이 어떻게 반응했는지 설명했다. "수치심 때문에 몸은 점점 더 경직됐죠."

그때부터 단순히 병적 질환만이 아니라 성격 특성의 관점에서도 비웃음공포증에 대한 연구가 이루어졌다. 취리히대학교의 빌리발트 루흐Willibald Ruch는 비웃음공포증이 "수치심을 사회 통제의 주요 수단으로 삼는 계층 사회"에서 가장 많이 발생한다고 주장했다. 한 설문조사에서 태국인 응답자의 80퍼센트는 면전에서 웃는 사람이 의심스럽다고 답한 반면 핀란드인 응답자 중 상대방이 웃을 때 비웃는게 아닌지 의심스럽다고 답한 사람은 10퍼센트 미만이었다. 또 다른 조사에서 중국 학생들은 인도 학생들보다 비웃음을 훨씬 더 두려워했다. 2009년 바르셀로나에서 열린 유머와 웃음에 관한 국제 심포지엄에서 루흐는 비웃음공포증 환자가 가장 많은 나라는 영국이라고 주장했다. "유럽에서는 영국이 1등입니다." 이 스위스 심리학자는 단언했다. "그것도 압도적으로요."

（참고） 적면공포증, 발표공포증, 공중화장실공포증, 사회공포증

사회공포증 SOCIAL PHOBIA

사회불안장애social anxiety disorder라고도 불리는 사회공포증은 남들의 관심이나 평가를 두려워하는 질환이다. 사회공포증은 신체적인 증상을 동반한다. 식은땀이나 진땀을 흘리고, 말을 더듬고, 몸을 떨고, 토할 것처럼 속이 울렁거리고, 심장박동이 빨라진다. 사회공포증이 있는 사람들은 특정 상황을 두려워하는 경향이 있다. 예를 들어 사람들로 붐비거나 아무도 없는 공간을 두려워하거나(광장공포증), 얼굴이 빨개질까 봐 두려워하거나(적면공포증), 사람들 앞에서 발언하길 두려워하거나(발표공포증) 공중화장실에서 소변보길 두려워한다.

사회공포증은 1880년에 미국의 정신과 의사 조지 비어드 밀러가 처음으로 확인했다. 당시 밀러는 사회공포증 대신 '대인공포증 anthropophobia'이라는 용어를 썼다. 밀러가 정의한 대인공포증은 "사회에 대한 두려움, 많은 사람을 보고 만나고 어울리는 것에 대한 두려움 혹은 자기 자신 외에 다른 누군가를 만나는 것에 대한 두려움"이었다. 이와 같은 병적인 두려움은 "종종 시선을 다른 데로 돌리거나 고개를 숙이는 행동이 동반된다"고 비어드는 썼다. 1903년 프랑스의 피에르 자네는 이러한 상태를 사회적지위공포증phobie des situations sociales이라고 불렀다.

사회공포증은 1980년 《정신질환 진단 및 통계 편람》 제3판에서 처음 장애로 인정받았다. 즉 사회공포증 증상자도 이제 보험 회사에 치료비 청구를 할 수 있게 된 것이다. 이는 사회공포증 진단과 항불안 제 처방 붐을 일으켰다. 1994년 조사에 따르면 미국인의 13.3퍼센트가 인생의 어느 시점에 사회공포증을 겪었다고 답했다. 결과적으로 사회공포증은 미국에서 가장 흔한 불안장애가 되었다. 정신과 질환 중에서는 우울증과 알코올중독 다음으로 환자가 많다는 얘기다. 사회공포증은 유전적 요소와 관련이 있어 보인다. 인구의 10~15퍼센트는 유아기에 행동 억제 성향—내성적이고 조심성 있는 성향—을 보이는데, 이들은 사회공포증을 경험할 가능성이 더 크다. 부모의 과보호나 지나친 비판 혹은 집단 따돌림처럼 정신적 외상을 남기는 경험이 사회공포증을 일으키거나 강화하기도 한다. 2008년 《랜싯》에 게재된 한 연구에 따르면 11세 때 사회공포증이 생기는 사람이 절반이고, 20세에 생기는 사람이 80퍼센트로 나타났다. 대다수 공포증과 마찬가지로 사회공포증도 공포의 대상—이 경우엔 사람—을 피할수록 두려움이 더 단단히 자리 잡는다. 일부 사회공포증 환자들은 인지행동치료로 큰 효과를 보기도 한다. 인지행동치료를 통해 타인의 평가에 대한 부정적이고 부정확한 인상을 바로 잡고, 이미 지나간 일을 곱씹거나 아직 오지 않은 미래를 걱정하는 성향을 줄일 수 있다.

서구에서는 내성적인 사람을 나약하게 보는 경향이 있지만, 내성적 기질을 더 높이 평가하는 국가도 적지 않다. 1995년 중국의 한 조사에 따르면 초등학교에서 또래나 교사들의 가장 두터운 신뢰를 받는 것은 내성적인 학생들이었고, 책임과 권한이 부여된 자리도 그 학생들이 주로 차지했다. 그들은 급우들보다 우울증에 걸릴 가능성도 더 낮았다. 하지만 자제력을 높이 평가하는 사회에서는 훨씬 더 심각한 장애의 징후가 나타날 수 있다. 바로 수줍음이다. 1920년대 일본의 정신과 의사 모리타 마사타케森田正馬는 자기가 발견한 증후군에 '타인과의 관계에 대한 공포증'이라는 이름을 붙였다. 이 증후군을 앓는 사람은 누군가와 눈이 마주치거나 얼굴이 빨개지거나 불쾌한 냄새를 풍기거나 얼굴을 찡그리거나 혹은 그저 매력이 없어 보여서 남들이 기분 나빠할까 봐 전전긍긍한다. 그들이 남들의 평가보다 더 두려워하는 것은 자신의 존재만으로도 타인에게 고통을 준다는 느낌이다.

《만들어진 우울증-수줍음은 어떻게 병이 되었나Shyness: How Normal Behavior Became a Sickness》(2007)에서 크리스토퍼 레인 Christopher Lane은 1980년《정신질환 진단 및 통계 편람》제3판에 사회공포증을 포함하도록 미국정신의학협회를 설득하는 과정에서 제약 회사들이 어떤 역할을 했는지 설명한다. 레인은 의사들이 개인의 성격을 병으로 둔갑시키는 바람에 내성적이거나 혼자 있기를 좋아하는 조용한 사람들이 졸지에 환자가 되어버렸다고 주장한다. "6년에 걸쳐 미국의 정신과 의사들이 자체적으로 선별해 만든 소규모 집단은 수줍음을 비롯해 그와 유사한 성격적 특성들을 불안장애이자 인격장애로 규정하고, 그 원인이 심리학적 갈등이나 사회적 긴장이 아니라 뇌의 화학적 불균형 또는 결함이 있는 신경전달물질 때문이라고 만장일치로 합의했다." 레인은 우리의 남다른 기질과 별난 행동, 일상의 감정을 타당한 이유 없이 의학적 문제로 다룬다면 큰 대가를 치르게 될 것이라고 우려한다. 레인은 말한다. "엄청나게 많은, 어쩌면 회복 불가능할 정도로 빙대한 감정의 다양성을 상실한다면, 그래서 인간의 경험이 빈곤해진다면 정말이지 슬픈 일이다."

(참고) 광장공포증, 적면공포증, 비웃음공포증, 발표공포증, 접촉공포증, 우울광, 공중화장실공포증, 저장강박증

외국인혐오증 XENOPHOBIA

1880년대에 '외국인혐오증xenophobia'(그리스어 xenos는 '외국의' 혹은 '낯선'을 뜻한다)이라는 말은 광장공포증과 동의어였다. 1990년대에 와서 외국인혐오증은 다른 인종, 국적, 종교에 대한 반감으로 그 의미가 바꿨다. 외국인혐오증의 구체적인 예로는 이슬람혐오증Islamophobia(이 말을 처음 쓴 것은 1870년대부터지만, 서양에 널리 퍼진 것은 1990년대 이후다), 유대인혐오증Judeophobia(일찍이 1847년부터 반유대주의를 묘사하기 위해 사용됐다), 중국혐오증Sinophobia(1876년 아편 무역에 관한 책에서 처음 등장한 것으로 보인다. 중국인 혹은 중국 문화에 대한 반감을 뜻한다)을 들 수 있다. 1923년 《뉴욕 타임스》는 미국 흑인에 대한 KKK단의 태도를 외국인혐오증이라고 묘사했다. "자유민에게는 신체를 위협하는 전염병보다 더 위험한 병이 외국인혐오증이다."

정신분석가들은 외국인혐오증이 우리 자신의 충동에 대한 두려움에서 나온다고 주장한다. "우리는 저마다 자기 자신에 대해서 못마땅해하는 부분이 있는데, 그 부분을 타인과 동일시한다"고 유스트 미를루Joost Meerloo는 썼다. 미를루는 1942년 나치를 피해 네덜란드로 이

주한 유대인이다. "따라서 심리적으로 동일시되는 대상에 대한 혐오가 우리 안에서 자란다. 실제로 그 대상은 상징적 희생양에 불과할지라도 우리의 두려움을 구현하고 있다. … 소수집단을 향한 혐오와 박해는 분석하기 어렵고 설명하기 힘든 두려움에서 비롯될 수 있다."

다른 공포증과 마찬가지로 외국인을 향한 편견은 생리적 혐오감으로 바뀔 수 있다. 최근의 사회심리학 연구가 보여주듯이 문화적 고정관념은 우리 뇌 깊숙이 박혀 있다. 철학자 스티븐 애스마Stephen T. Asma는 "자꾸만 외집단의 징표를 부정적 영향과 짝지어 생각하면 그 집단의 모든 구성원에게 신체적으로 부정적인 꼬리표를 매달게 된다. 편도체계가 이 비도덕적인 일을 맡아 처리한다"고 했다. 2013년 뉴욕대학교의 데이비드 아모디오David Amodio는 인종 차이에 대한 잠재의식의 반응을 추적하는 실험을 했다. 그러나 아모디오는 반사회적 충동을 재훈련시킬 수 있다고 주장한다. 복잡한 전두피질의 반영 능력을 이용하면 조건화한 비이성적인 두려움을 완화할 수 있다는 것이다. 아모디오는 이렇게 썼다. "인간의 정신은 통제와 규제에 대단히 능하다. 따라서 우리는 이러한 편견을 그들에 대해서 알고 그들을 위해 뭔가 행동할 수 있는 기회로 삼아야 한다."

1977년 영국의 교육상담가 로빈 리처드슨Robin Richardson은 반무슬림 감정에 대한 보고서를 통해 이슬람혐오증이라는 용어를 널리 알렸다. 하지만 그로부터 15년 후 그는 이 용어를 쓰지 말라고 경고했다. 2012년 그는 인종차별주의와 국수주의를 혐오증으로 묘사할 경우 사람들 간의 분열을 옹호하고 정당화하는 것처럼 보이는 역효과를 낳고 토론의 장을 차단할 수 있다고 주장했다. "누군가를 미쳤거나 비정상적이라고 비난하는 것은 그들을 모욕하는 것이고, 모욕을 받은 쪽은 당연히 방어적이고 반항적인 태도를 취할 수밖에 없다. 그렇게 되면 그들과 성찰적 대화를 나누기는 거의 불가능하다." 그는 인종차별적이고 국수주의적인 정서를 불안의 징후로 보기보다는 혐오감이나 질병으로 보는 것이 더 좋은 접근법이라고 제안한다.

참고 동성애공포증

자기우월광 EGOMANIA

1825년 영국의 비평가 윌리엄 시드니 워커William Sidney Walker는 한 편지에서 '강박적 자기중심주의'를 의미하는 자기우월광 egomania(ego는 라틴어와 고대 그리스어로 '나'를 뜻한다)이라는 용어를 처음 사용했다. 이 용어는 1895년 막스 노르다우Max Nordau의 책《타락Degeneration》 출간을 계기로 영국에서 일반적으로 사용하는 단어가 되었다. 노르다우는 자신과 같은 세대 전위예술가 및 작가들을 자기우월광이라고 부르며 자기 자신에게 지나치게 집착한 나머지 망상에 빠진 사람들이라고 쓴소리를 퍼부었다. 노르다우의 설명에 따르면 자기우월광은 자기가 남들보다 훌륭하다는 사실을 믿지 않는다. 오히려 자기우월광은 "세상에 전혀 눈을 돌리지 않는다. 다른 사람들은 그를 위해 존재하지 않는다. … 그는 세상에서 혼자이며, 더 나아가 그 혼자만이 세상이기 때문이다."

참고 과대망상, 필기강박증

적면공포증 ERYTHROPHOBIA

원래 적면공포증erythrophobia은 19세기 말에 빨간색을 띠는 것들에 대한 병적인 과민증을 묘사하기 위해 만들어진 용어다.(erythros는 그리스어로 '빨간색'을 뜻한다). 당시 의사들은 백내장 제거 수술을 받은 환자들이 빨간색을 싫어한다는 점에 주목했다. 그러나 20세기 초반이 되자 이 단어는 적면赤面, 즉 얼굴 빨개짐에 대한 병적인 두려움을 의미하게 되었다.

적면공포증은 자기충족적 증후군으로, 공포증 증상자들이 두려워하는 생리적 변화를 일으킨다. 즉 얼굴이 곧 빨개질 것 같은 느낌이 들면 정말로 얼굴이 빨개진다. 피부가 달아오르면 부끄러움은 심해지고, 홍조가 더 짙어지면서 얼굴 전체로 번져가는 것처럼 보인다. 이 증후군은 치명적인 결과로 이어지기도 한다. 1846년 독일의 의사 요한 루트비히 캐스퍼Johann Ludwig Casper가 묘사한 젊은 환자는 13세 때부터 얼굴이 빨개지기 시작했다. 그는 21세가 됐을 때 적면에 대한 두려움으로 극심한 고통을 받은 나머지 가장 친한 친구도 만나려 하지 않았다. 그해 그는 스스로 목숨을 끊었다.

일반적으로 얼굴은 칭찬이든 조롱이든 감시든 모든 관심이 자기한테 쏠려 있다고 느낄 때 빨개진다. 만약 누군가 "얼굴 빨개졌어"라고 알려주면 그들은 피부가 더 화끈거리는 것을 느낀다. 얼굴 빨개짐은 뺨, 이마, 귀, 목, 가슴 윗부분처럼 혈관이 피부 표면과 가까운 곳으로 확장된다. 피부가 흰 사람들일수록 이런 현상은 눈에 더 잘 띄고, 적면공포증으로 발전할 가능성도 그만큼 더 크다.

1872년 찰스 다윈은 얼굴 빨개짐을 "가장 독특하고 인간적인 표현 방식"이라고 썼다. 얼굴이 빨개지는 이유는 "수줍음, 수치심, 겸손 때문이며, 자기 자신을 의식하고 있는 사람이라면 얼굴이 빨개지는 건 당연하다. … 얼굴 빨개짐은 단순히 자기 외모를 되돌아보는 행위가 아니라 남들이 우리를 어떻게 생각하는지에 대해 생각하는 행위다. 바로 이 생각 때문에 얼굴이 빨개진다"라고 다윈은 썼다. 소설에 나오는 홍조는 등장인물이 숨기고 있는 진심을 드러내기도 한다. 에세이 작가 마크 액설로드Mark Axelrod에 따르면 레오 톨스토이Leo Tolstoy의 소설 《안나 카레니나Anna Karenina》(1878)에는 "홍조"라는 단어가 66차례 나온다. 안나는 자신이 사랑하는 브론스키의 이름을 들을 때마다 얼굴이 빨개진다. 안나와 그녀의 친구 키티는 자기들이 마치 항복과 창피함, 겸손과 기쁨의 신호탄을 쏘아 올리듯 번갈아 가며 얼굴이 빨개진다는 대화를 나눈다. 부유한 지주 콘스탄틴 레빈은 누가 새로 산 값비싼 양복을 칭찬하면 얼굴이 빨개진다. "어른들은 웬만해선 자기 얼굴이 빨개진 걸 의식하지 못하지만, 레빈은 수줍음이 놀림거리라는 걸 알고 있기에 소년들처럼 수줍음 타는 걸 부끄러워한다. 그의 얼굴은 곧 울음이 터질 사람처럼 점점 더 빨개진다." 레빈은 얼굴 빨개짐이 부끄러워서 얼굴이 빨개진다.

1921년 정신의학자 피에르 자네는 "얼굴 빨개짐을 무서워하는 것은 기형 혹은 바보 같은 면을 드러내기 두려워하는 감정과 비슷하다"라고 말했다. "이 두려움은 병에 가까운 수줍음의 사촌이며, 내키지 않아도 자신을 드러내야만 하고 남들과 이야기해야 하며 자신을 사회적 판단에 맡겨야만 하는 상황에 대한 두려움과 다르지 않다." 하지만 우리는 혼자 있을 때도 얼굴이 빨개진다. 대화 도중 남몰래 좋아하는 사람의 이름이 튀어나오거나 자기가 심취해 있는 주제가 등장할 때도 얼굴이 빨개진다. 이 경우에도 빨개진 얼굴에 담긴 의미는 노출에 대한 공포일 것이다. 반대로 프로이트주의 이론가들은 얼굴 빨개짐을 노출되고 싶은 욕구라고 해석한다. 1944년 오스트리아계 미국인 정신분석가 에드먼드 버글러Edmund Bergler는 "얼굴이 빨개지는 사람은 홍조를 통해 남들의 이목을 한 몸에 받는다"라고 썼다. 그는 주목받고 싶은 마음을 너무 강하게 짓누를 때 홍조라는 무의식적 과시 행위로 표출된다고 주장했다.

생물학자들은 진화의 관점에서 얼굴이 빨개지는 이유를 알아내기 위해 머리를 쥐어짠다. 홍조는 가짜로 빨개지는 척할 수 없는 무의식적 반응이므로 사회적 목적이 있을 거라고 그들은 추측한다. 즉 홍조는 자신이 부끄러움을 아는 사람이며 집단으로부터 인정받고 싶다는 의미로 읽혀 속임수 방지와 신뢰 구축에 보탬이 된다는 것이다. 1914년 그랜빌 스탠리 홀은 얼굴이 빨개지는 이유가 결국은 두려움 때문이라고 주장했다. "얼굴이 빨개지는 가장 포괄적인 원인은 진실이든 아니든 나에 대한 남들의 평가가 달라지는 데 있는 것 같다. 예컨대 너무 노골적인 칭찬, 감추고 싶은 뭔가를 무심코 드러낸 것 같은 느낌, 은연중에 누설한 비밀 때문에 질책이나 비난을 받을 것 같은 느낌이 들면 얼굴이 빨개진다." 홀은 남자보다 여자가 훨씬 더 많이 얼굴이 빨개지며, 남자가 관심을 보이면 얼굴이 순간적으로 확 달아오르는 '홍조 폭풍'이 일어날 수 있다고 말했다. "예로부터 여자는 빤히 쳐다보는 남자의 시선을 성폭행을 위한 준비 동작으로 해석했다. 칭찬을 듣고 얼굴이 빨개지는 경우도 마찬가지다. 칭찬받고 있다는 느낌은 더 큰 위험과 관련이 있기 때문이다."

적면공포증 증상자 중에는 사회공포증이 있는 사람이 많다. 그들은 병적으로 수줍음을 많이 타서 얼굴이 빨개지기도 하지만, 얼굴이 빨개지기 때문에 사회 활동을 두려워하기도 한다. 칠레의 정신의학자 엔리케 자드레식Enrique Jadresic은 자기 얼굴이 빨개지는 것은 생리적 원인 때문이라고 확신했다. 그는 만성적으로 얼굴이 빨개지는 사람은 과도하게 반응하는 교감신경계로 인해 얼굴과 가슴이 순식간에 벌겋게 달아오른다고 말했다. 대학 교수였던 그는 동료 교수나 학생과 우연히 마주칠 때마다 얼굴이 빨개지는 통에 부끄러워 죽을 지경이었다. 한 여학생은 이렇게 놀렸다. "교수님, 또 체리 나무에 올라가셨네요."

언제 어느 상황에서 얼굴이 빨개질지 몰라 항상 대비하며 사느라 자드레식은 진이 빠질 지경이었다. 이미 심리치료와 약물치료를 몇 차례 받은 그는 수술을 통해 홍조와 발한을 유발하는 신경을 잘라내기로 결심했다. 배꼽에서 목까지 이어진 이 신경은 겨드랑이를 통해 접근할 수 있는데, 종종 가슴과 등 위쪽에 통증을 느끼거나 얼굴 대신 몸의 다른 부위에서 발한 현상이 나타나는 부작용이 따랐다. 자드레식 역시 부작용 때문에 힘들었지만, 홍조로 인한 괴로움에서 해방된 기쁨은 말로 다 할 수 없었다.

그러나 2001년 《이상심리학저널Journal of Abnormal Psychology》에

실린 어느 실험에 따르면 얼굴 빨개짐을 두려워하는 사람이 그렇지 않은 사람보다 더 진하게 빨개지는 것은 아닐 수도 있다. 연구진은 적면공포증과 사회공포증 둘 다 있는 사람 15명, 사회공포증만 있는 사람 15명, 사회공포증이 없는 사람 14명을 선발했다. 적면/사회공포증 그룹의 한 변호사는 법정에서 걸핏하면 얼굴이 빨개지는 통에 직업까지 그만둔 상태였다. 연구진은 참가자들에게 각자 쑥스러운 영상(본인이 동요를 부르는 모습)을 보고 나서 5분 동안 모르는 사람과 대화를 나누고, 마지막으로 짧게 소감을 들려달라고 부탁했다. 참가자들이 이 과제를 수행하는 동안 연구진은 적외선 탐색기로 참가자들의 얼굴 빨개짐 정도를 측정하고 심전도로 그들의 심장박동수를 기록할 예정이었다.

결과는 뜻밖이었다. 적면/사회공포증 그룹의 참가자들은 대조군에 속한 참가자들보다 얼굴이 더 진하게 빨개지지 않았다. 예를 들어 5분간 대화가 진행되는 동안 공포증이 없는 참가자들도 공포증이 있는 참가자들만큼 얼굴이 빨개졌다. 다만 그들은 그 사실을 연구진에 알리지 않았다. 자기 얼굴이 빨개졌다는 사실을 의식하지 못했기 때문이다. 반면에 얼굴 빨개짐/사회공포증 그룹은 세 가지 과제를 수행하는 동안 다른 참가자들보다 심장박동이 빨랐다. 연구진은 자기 심장박동수가 올라간 걸 감지한 사회공포증 증상자가 몸에서 일어나는 다른 변화, 예컨대 홍조나 발한처럼 남들이 눈치챌 수 있다고 생각되는 그런 변화들도 그 즉시 분명하게 알아챌 수 있을지 궁금했다. 사회공포증이 있는 사람들은 자신의 불안한 모습을 남들이 눈치채지 않을까 조마조마하게 마음을 졸일 때 얼굴이 확 달아오르는 대신 심장이 마구 뛰었다.

참고） 광장공포증, 비웃음공포증, 발표공포증, 공중화장실공포증, 사회공포증

전화공포증 TELEPHONOPHOBIA

1913년 파리의 한 병원 의사들은 처음으로 전화공포증 진단을 내렸다. 그들이 관찰한 환자 '마담 X'는 전화벨 소리를 들을 때마다 고통스러운 공포에 사로잡혔고, 전화를 받자마자 두려움으로 몸이 얼어붙고 말도 제대로 하지 못했다. 어느 웨일스 신문은 그녀가 겪는 곤경에 공감을 표했다.《머사이 익스프레스Merthyr Express》는 "사실, 생각해보면 전화를 사용하는 사람이면 누구나 이런 질환에 시달리고 있다. '전화공포증'은 무서울 정도로 널리 퍼져 있다"고 지적했다.

전화 사용 초기에 어떤 사람들은 이 기기가 감전 사고를 일으킬까 봐 두려워했다. 실제로 시인 로버트 그레이브스Robert Graves는 제1차 세계대전 때 전화 때문에 감전 사고를 당했다. 그레이브스가 동료 지휘관과 통화를 하고 있을 때 번개가 전화선에 내리쳤는데, 그 순간 가해진 충격이 어찌나 심했던지 그는 그 자리에서 빙그르르 돌았다. 그날 이후 그레이브스는 10년이 넘도록 전화를 써야 할 일이 생기면 말을 더듬고 식은땀이 났다고 말했다. 1867년에 태어난 조지 5세의 미망인 메리 왕비는 죽는 날까지 전화공포증을 극복하지 못했다. 그녀가 세상을 떠나기 직전인 1953년 장남 윈저 공은 어머니가 평생 단 한 번도 전화 통화를 하지 않았다고 언론에 밝혔다.

전화는 불길하고 사생활을 침해하는 기기로 보일 수도 있었다. 인문학자 데이비드 트로터가 말하듯 전화벨은 "부르주아 가정의 한복판에서 경고도 없이 위압적으로 울리며 집 안을 뒤집어 놓았다." 마치 받으라고 명령하듯 울리는 전화벨은 갑작스럽고 무자비한 사생활 침해였다. 1910년대 프라하에서 전화를 두려워했던 작가 프란츠 카프카는 사람의 몸에서 목소리만 잘라내는 전화의 능력을 거의 초자연적인 힘처럼 느꼈다. 카프카가 1917년에 쓴 단편 〈이웃 사람Der Nachba〉에서 젊은 사업가는 전화라는 기기가 물리적 장벽을 허무는 놀라운 능력이 있다고 생각했는지 경쟁자가 벽을 통해 자신의 전화 통화를 들을 수 있다고 상상한다.

전화 외에 원격 소통의 방식이 너무나 다양해진 오늘날, 전화를 걸고 받는 것에 대한 두려움이 부활했다. 2013년 18~24세 영국의 사무직 근로자 2500명을 대상으로 설문조사를 한 결과, 94퍼센트는 전화 대신 이메일을 보내고, 40퍼센트는 전화를 걸 때 초조함을 느끼며, 5퍼센트는 전화를 건다는 생각만 해도 "겁이 난다"고 답했다. 2019년의 상황은 더 후퇴한 듯 보였다. 모든 연령대의 영국 사무직 근로자 500명을 대상으로 한 조사에서 전화 통화가 걱정된다고 답한 사람이 62퍼센트에 달했다. 그들은 답변을 준비할 기회가 없어서 바로바로 답을 하다가 실수를 범해 멍청하거나 이상한 소리를 하는 사람으로 찍힐까 봐 두려워했다. 또한 상대방의 말을 이해하지 못할까 봐 걱정했으며, 칸막이 없이 탁 트인 사무실에서 통화 내용이 다른 사람한테 들릴까 봐 불안해했다. 통화 상대방이 방금 당신이 한

말을 평가하고 있을 뿐만 아니라 당신 동료도 통화 내용을 듣고 판단할 수 있기 때문이다. 응답자들 가운데 가장 나이 어린 사람들의 전화공포증이 가장 심해서 밀레니얼 세대(1980년대와 1990년대에 태어난 사람들)의 76퍼센트가 전화벨이 울릴 때 불안하다고 말했다.

데이지 뷰캐넌Daisy Buchanan은 2016년 《가디언》에 실은 기사에서 그녀와 그녀의 친구들은 더 나이 많은 사람들에 비해 전화 통화가 익숙지 않을 뿐만 아니라 전화 통화가 다른 사람에게 끼치는 영향에 더 민감하다고 설명했다. 그녀는 이렇게 썼다. "밀레니얼 세대가 전화 통화를 대하는 태도는 사실 예의와 관계가 있다. 너무나 많은 의사소통 방식을 사용하면서 자란 우리 세대는 타인의 사생활을 가장 덜 침해하는 방식에 끌린다. 왜냐하면 우리는 다양한 경로로 우리 삶을 디지털 세상에 침범당할 때 어떤 기분이 드는지 알기 때문이다." 한 세기 전에 그랬듯이 예정에 없던 전화 통화는 공격적이고 강요하는 느낌으로 다가올 수 있다. 그런 면에서 전화는 달갑지 않은 호칭이나 다름없다.

참고) 발표공포증, 휴대전화부재공포증, 사회공포증

휴대전화부재공포증 NOMOPHOBIA

'no-mobile phone'을 재미있게 줄인 휴대전화부재공포증 nomophobia은 2008년 영국의 한 우체국이 휴대전화 소지자들을 대상으로 설문조사를 하는 과정에서 탄생한 용어다. 휴대전화가 시장에 나온 지 25년이 되던 해에 실시한 이 설문조사에서, 늘 두던 자리에 휴대전화가 없어서 찾을 수 없거나 네트워크가 불안정해 휴대전화 연결이 자꾸 끊길 때, 배터리 잔량 혹은 이용 한도가 간당간당할 때 불안함을 느낀다는 응답자가 거의 53퍼센트에 달했다. 휴대전화가 꺼져 있을 때 불안하다고 한 응답자는 이보다 9퍼센트 더 많았다. 이 정도면 결혼식 당일의 긴장감이나 치과에 갈 때 느끼는 불안감에 맞먹는다고 조사는 전했다.

세계적으로 휴대전화 의존도는 계속 증가하는 추세다. 2012년에는 휴대전화를 "약물을 제외하면 아마도 21세기에 가장 심각한 중독일 것"이라고 묘사한 연구도 있었다. 가라앉은 기분을 끌어올리려고 사용할 때 휴대전화는 도박이나 알코올처럼 신경생물학적 보상과 강화 경로를 활성화하는 것처럼 보인다. 스마트폰에 매달려 보내는 시간이 너무 많으면 불안감과 우울감이 커지고 손목과 목도 아프고 수면의 질과 집중력, 학업 성취도가 떨어질 수 있다. 2014년부터 2018년까지 매년 국가별로 실시한 조사에서 특히 10대들이 휴대전화를 과도하게 사용하는 것으로 드러났는데, 영국은 10대의 10퍼센트, 대만과 스위스는 17퍼센트, 한국과 인도는 31퍼센트로 추산했다. 포모 FOMO(Fear of Missing Out: 좋은 기회나 모임, 행사 등을 놓칠까 봐 전전긍긍하는 공포증－옮긴이)나 휴대전화부재공포증의 사촌 격인 포보 FOBO(Fear of Being Offline: 인터넷과 연결되지 않았을 때 불안감을 느끼는 공포증－옮긴이)가 있는 사람들은 휴대전화공포증에 더 취약했다.

2014년 이탈리아의 정신과 의사 니콜라 루이지 브라가지Nicola Luigi Bragazzi와 조반니 델 푸엔테Giovanni Del Puente는 휴대전화 의존증이 심한 사람들이 보이는 증상들을 정리했다. 그들은 충전기를 항상 갖고 다녔고, 극장이나 비행기처럼 휴대전화 사용이 금지된 장소는 웬만해선 가지 않으려 했다. 또한 수시로 휴대전화를 확인했고 늘 전원을 켜놓았으며 밤에는 휴대전화를 곁에 두고 잠들었다. 직접 만나서 얘기하는 것보다 전화를 통한 의사소통을 선호했고, 울리지도 않은 벨 소리를 듣거나 진동을 느끼는 사람들도 있었다. 심지어 데이터 용량이나 휴대전화 자체에 과도한 돈을 지출해서 빚을 지는 사람들까지 있었다. 스마트폰의 기능이 워낙 빠르게 발전하다 보니 이러한 기준들도 바뀌고 있지만, 일반적으로 휴대전화부재공포증은 과학기술과 단절되는 것에 대한 병적인 두려움이라고 브라가지와 델 푸엔테는 말했다.

브라가지와 델 푸엔테는 정서적 측면에서 전화가 지니는 다양한 의미를 지적했다. 전화는 보호를 위한 껍질이나 방패가 될 수 있고 가상의 친구도 될 수 있으며 사회 활동을 피하는 수단도 될 수 있다(두 사람은 이를 '신기술의 역설'이라고 불렀다. 전자기기가 사람들을 연결하는 동시에 고립시키기 때문이다). 2007년 인류학자 앰버 케이스Amber Case는 우리가 공적 자아를 통제하고 조정할 수 있는 "어중간한" 사회적 공간을 차지할 수 있는 배경에는 전화가 있다고 주장했다. 우리는 문자메시지 작성이나 사진 연출을 통해 우리가 보여주는 것과 말하는 내용을 관리한다. 심지어 전화 통화는 자세나 표정 같은 비언어적 단서조차 제공하지 않는다. 휴대전화부재공포증 환자는 이처럼 경계에 걸쳐 있는 세계에서만 편안함을 느끼기 때문에 사람들과 실제로 만나 자신을 드러내길 두려워하는지도 모른다.

많은 사람이 휴대전화와 떨어져 있을 때 불완전함을 느낀다고 한다. 2014년 미국 중서부의 한 대학교에서 아이폰 사용자 40명을 대상으로 실험을 했다. 연구진은 학생들에게 각자 5분 동안 단어 찾기 게임을 하되, 그 5분 동안은 휴대전화에 신경 쓰지 말아 달라고 요청했다. 물리적으로 사용자와 떼어놓기 위해 40명 중 일부의 휴대전화는 한쪽에 설치된 칸막이 안쪽에 갖다두었고, 나머지는 그들이 단어 찾기 게임을 하는 바로 그 책상 위에 휴대전화를 올려두게 했다. 학생들이 한 사람씩 격리된 상태에서 단어 찾기 게임을 시작한 지 3분이 지났을 때 연구진은 참가 신청서에 적힌 번호로 학생들에게 전화를 걸었다. 모든 학생이 사전에 전달받은 대로 벨 소리를 무시했다. 하지만 휴대전화와 물리적으로 떼어놓은 학생들의 혈압과 심장박동수는 책상 위에 휴대전화를 올려둔 학생들보다 월등히 높았다. 그뿐만 아니라 휴대전화와 떼어놓은 학생들의 인지 능력은 전화벨이 울리는 동안 현저하게 떨어졌고—퍼즐에 들어갈 단어를 찾는 데 전보다 애를 먹었다—걱정과 불안감은 더 커졌다고 말했다. 연구진은 이 결과를 토대로 모든 학생이 풍부한 상상력을 발휘해 자신의 아이폰에 형체를 부여하고 자기도 모르는 사이에 그것을 확장된 자기 몸의 일부로 인식하고 있다는 가설을 세웠다. 휴대전화와 떨어져 있는 학생들은 자신의 일부와 떨어져 있다는 생각 때문에 단어 찾기에 집중하지 못한 채 불안감을 느낀 것이다.

문제는 우리의 휴대전화 의존도가 지나치게 높아서 어느 정도를 비정상적인 집착으로 봐야 하는지 판단하기가 정말 어렵다는 점이다. 휴대전화부재공포증이라는 용어가 만들어진 이후 몇 년 동안 우리는 휴대전화로 장을 보고, 도박을 하고, 모르는 사람과 데이트 약속을 잡고, 한 장소에서 다른 장소로 가는 길을 찾고, 의사와 상담하고, 동호회에 가입하고, 극장표와 비행기표와 기차표를 끊고, 영화와 스포츠 경기와 공연과 행사와 텔레비전 프로그램을 보고, 언어를 번역하고, 뉴스를 검색하거나 우리 자신의 소식을 올리고, 우리의 건강과 활동 정도를 기록하고, 책을 읽고, 다른 기기를 조종하고, 우리의 정체성을 증명하고, 멀리서 우리 집과 친구와 가족을 감시하고, 일자리를 구하는 법을 배웠다. 휴대전화가 곁에 없을 때 느끼는 두려움은 더 이상 병이 아니라 타당한 걱정이 되어가고 있는 듯하다.

(참고) 고독공포증, 사회공포증, 저장강박증, 전화공포증

5부

불안과

갈망을

일으키는

감족

깃털공포증 PTERONOPHOBIA

1897년 그랜빌 스탠리 홀이 두려움 연구를 위해 면담한 몇 명의 아이들은 깃털이 무섭다고 고백했다. 홀은 이 두려움에 깃털을 뜻하는 그리스어 pteron을 따서 깃털공포증pteronophobia이라는 이름을 붙였다. 그가 면담한 아이들 가운데 몇 명은 베개나 누비이불에서 보송보송한 깃털이 삐져나오는 걸 본 이후 공포증이 생겼다고 했다. 한 아이는 깃털로 벌을 받았다고 했다. "그 보모는 열쇠 구멍에 깃털을 밀어 넣어서 저를 방 안에 가두곤 했어요." 아이가 그때를 떠올렸다. "방에 들어가고 싶은데 문에 깃털이 꽂혀 있는 게 보이면 그 자리에 선 채로 비명을 질렀어요." 한 여성은 3세 딸이 "깃털로 만든 먼지떨이를 보면 무서워서 벌벌 떤다"고 했다. 홀이 보기에 어떤 아이들은 보드라운 간지러움 때문에 깃털만 보면 뒷걸음질하는 것 같았고, 어떤 아이들은 깃털이 허공에서 춤을 추듯 떠다니는 모습이 마치 살아 있는 생물처럼 느껴져 불안해하는 것 같았다.

(참고) 동물털공포증, 조류공포증

동물털공포증 DORAPHOBIA

1897년 그랜빌 스탠리 홀은 '동물 털 혐오' 사례 111가지를 상세히 기록하고 이런 상태를 동물털공포증doraphobia이라고 불렀다(dora는 그리스어로 동물의 가죽 혹은 피부를 뜻한다). 그가 만난 동물털공포증 환자들은 밍크의 털처럼 부드럽든 테리어의 털처럼 뻣뻣하든 쥐의 털가죽처럼 거칠면서 미끈거리든, 동물의 털이 닿는 감촉이라면 종류 불문하고 질색했다. 어느 14세 소녀는 털이 벗어지거나 바람에 날려 그 밑에 있는 피부가 드러나는 순간을 끔찍이 싫어했다.

1919년 미국에서는 유명한 실험이 진행됐다. 행동주의 심리학자 존 브로더스 왓슨John Broadus Watson과 로절리 레이너Rosalie Rayner는 공포증도 유도할 수 있음을 입증하려 했다. 두 사람에게 영감을 준 것은 러시아 심리학자 이반 파블로프Ivan Pavlov의 연구였다. 1890년대 파블로프는 특정한 자극에 물리적으로 반응하도록 동물을 길들일 수 있다는 사실을 발견했다. 예를 들어 메트로놈 소리와 음식을 연관 짓도록 미리 개를 길들인 후, 메트로놈의 딸깍거리는 소리를 들려주면 개는 침을 흘렸다.

왓슨과 레이너의 실험 목적은 아기에게 흰쥐에 대한 공포심을 심어주는 것이었다. 피실험자는 "무신경하고 감정에 좌우되지 않는" 존재여야 했다. 그런 존재는 아기뿐이었다. "앨버트 B"는 메릴랜드주 볼티모어에 위치한 존스홉킨스대학교 병원에서 근무하는 한 간호사의 아이였다. 왓슨과 레이너는 생후 9개월 된 앨버트를 자신들의 실험실로 데려왔다. 실험 첫날, 그들은 앨버트에게 흰쥐를 보여주었다. 이어서 쥐, 개, 원숭이, 가면, 솜뭉치를 동시에 보여줬다. 앨버트는 그 어떤 것에도 공포감을 드러내지 않았다. 그러나 머리 바로 뒤에서 망치로 철근 두드리는 소리를 들려주자 아기는 격렬한 반응을 보였다. 깜짝 놀란 앨버트는 얼음처럼 몸이 굳더니 끝내 울음을 터트렸다.

두 달 후 진행된 두 번째 실험의 목표는 앨버트가 시끄러운 소리와 흰쥐를 연관시키도록 만드는 것이었다. 아기가 팔을 뻗어 쥐에 손을 갖다 댈 때마다 왓슨과 레이너는 망치로 철근을 때렸다. 일주일 후 그들은 앨버트에게 쥐를 다시 보여줬다. 전과 달리 앨버트는 망설이는 기색이 역력했다. 쥐를 향해 머뭇거리며 왼손 검지를 뻗는 듯하더니 쥐에 닿을락 말락 한 거리에서 멈췄다. 오후 내내 두 사람은 시간 간격을 두고 앨버트에게 쥐를 보여주면서 동시에 철근을 때렸다. 그날 실험이 끝날 때쯤엔 망치 소리 없이 쥐만 보여줘도 앨버트는 겁먹은 반응을 보였다.

"쥐를 보여준 순간 아기는 울기 시작했다." 왓슨과 레이너는 그 순간을 묘사했다. "아기는 쥐를 보자마자 왼쪽으로 급히 몸을 돌리면서 넘어졌다. 아기는 손과 발로 바닥을 짚고 일어나 무서운 속도로 기어가기 시작했다. 기어가는 속도가 너무 빨라서 아기가 탁자 가장자리에 이르러 아래로 떨어지기 직전에야 간신히 붙잡을 수 있었다." 실험은 성공적이었다. 두 사람은 이렇게 썼다. "이 실험은 완벽하게 조건화된 공포 반응을 설득력 있게 보여준 사례였다. 머릿속으로 생각했던 이론 못지않은 설득력을 보여줬다."

일주일 후 앨버트는 토끼, 개, 물개 가죽에도 공포 반응을 보였다. 털이라는 연관성 때문에 쥐에 대한 공포가 다른 동물로 확장된 듯했다. 그러나 실험은 더 이어지지 않았다. 앨버트의 엄마가 병원을 그만두었기 때문이다.

두려움이란 타고나는 것이 아니라 학습되는 것이며, 인간이 가진 다른 특성도 대부분 학습을 통해 습득할 수 있다고 왓슨은 확신했다. 1930년에 그는 이렇게 장담했다. "나한테 열두 명의 건강한 아기, 즉 생물학적 특징을 제대로 갖춘 열두 명의 아기를 보내달라. 그리고 내가 원하는 조건이 갖춰진 세계에서 그들을 키우게 해달라. 장담컨대 나는 그 아기들을 내가 원하는 전문가로 길러낼 수 있다. 의사, 변호사, 예술가, 상인, 요리사, 그리고 거지? 도둑? 얼마든지. 아기의 재능, 취향, 성향, 적성, 조상들의 인종은 아무래도 상관없다." 왓슨이 개발한 행동주의 이론은 우생학과 프로이트주의의 대안적 이론이었다. 우생학은 인간의 심리에서 유전의 역할을 강조했고 프로이트주의는 억눌린 성욕의 역할을 강조했다. 왓슨은 농담 삼아 이런 말을 한 적이 있었다. 만약 앨버트 B가 훗날 정신분석을 받게 된다면 분석 전문가들은 그가 왜 물개 가죽을 두려워하는지 골똘히 생각하다가 "앨버트가 꾼 꿈 이야기를 해주면 그걸 분석해서 그가 3세 때 엄마의 음모를 갖고 놀다가 호되게 야단맞은 일이 있었다는 걸 밝혀내고야 말 테니 어떤 꿈을 꿨는지 알려달라고 앨버트를 재촉할지" 모른다고.

이 실험이 앨버트에게 딱히 해로운 영향을 미치지는 않을 것이라고 왓슨과 레이너는 말했다. 실험실에서 앨버트가 경험한 충격적인 일들은 여느 아기라도 현실에서 맞닥뜨릴 수 있는 일들의 범주에서 크게 벗어나지 않는다는 것이었다. 하지만 기회가 있었다면 쥐에 대한 앨버트의 공포심을 없애줄 생각이었다고 두 사람은 말했다. 앨버트의 공포 반응을 원상태로 되돌리기 위해 그들은 쥐를 보여줄 때 사탕이나 초콜릿 같은 단 음식을 주거나 성감대를 자극한다는 계획을 세워놓고 있었다. "맨 처음엔 입술을 자극하고, 그다음엔 젖꼭지를, 마지막에 최후의 수단으로 생식기를 자극해야 한다." 이 계획대로 됐다면 아기 앨버트는 얕은 잠에 빠졌을 수도 있다. 결론적으로 두 사람은 앨버트에게 공포심을 심어주는 데는 성공했지만 적어도 그를 성적으로 학대할 기회는 얻지 못했다.

2014년 앨버트 B의 정체가 존스홉킨스 병원에서 일한 젊은 여성의 사생아 앨버트 바거Albert Barger로 밝혀졌다. 사실인지는 모르겠으나 정황상 그럴 법하다. 앨버트 바거의 조카딸은 기자들에게 그가 2007년에 사망했으며, 갓난아기 때 받았던 실험에 대해서는 전혀 모르고 있었다고 전했다. 그녀는 앨버트가 행복한 삶을 살았다고 기억했다. 하지만 동물은 좋아하지 않았다고 했다. 앨버트가 찾아오면 그녀는 그가 돌아갈 때까지 자신이 기르는 개들을 가둬두곤 했다고 말했다.

(참고) 고양이공포증, 개공포증, 쥐공포증, 소리공포증, 깃털공포증, 동물공포증

모발광 TRICHOMANIA

머리카락(그리스어로 thrix)에 애착을 가진 사람을 의미하는 모발광trichomaniac이라는 용어는 1949년 영국 시인 로버트 그레이브스가 처음 사용한 것으로 알려져 있다. 그레이브스는 에세이 〈시들지 않는 꽃The Common Asphodel〉에서 17세기 시인 존 밀턴John Milton이 모발광이라고 단언했다. 그레이브스에 따르면 밀턴은 케임브리지 크라이스트칼리지에서 그의 삼단 같은 머리 덕분에 "크라이스트칼리지의 성모 마리아"라는 별명으로 놀림을 당했다. 밀턴은 시에서도 "곱슬머리, 미로, 특이한 매듭, 풀기 어려운 헝클어짐, 진기한 곡선" 같은 표현을 즐겨 썼다.

밀턴이 살던 시대에는 단정하게 머리를 깎고 깔끔하게 면도를 한 원두당(청교도 혁명 시대의 의회파—옮긴이)과 긴 머리에 콧수염을 기른 왕당파가 전쟁 중이었다. 머리카락에 담긴 도덕적, 종교적, 성적, 정치적 의미는 컸다. 치렁치렁 흘러내리는 긴 머리는 결백 혹은 쾌락주의, 멋부림, 엘리트 의식, 여자다움, 외국풍, 관능성을 상징했고, 짧게 깎은 머리는 규율, 남자다움, 자제력을 대변했다. 《실락원Paradise Lost》에서 밀턴은 아담의 곱슬곱슬한 "보라색 머리카락"을 통해 인류가 타락하기 전 에덴동산에 자유가 충만했음을 일깨우고, 이브의 "헝클어지고" "제멋대로 자란 머리카락"을 통해 인류가 에덴동산에서 추방될 운명임을 예고한다.

그레이브스는 2세기 작가 아풀레이우스Apuleius를 또 다른 모발광으로 인정했다. 로마의 시인 아풀레이우스는 《변신Metamorphoses》에서 여자들의 머리 위에 한데 모아 얹혀 있고 돌돌 말려 등 밑으로 늘어져 있는 머리카락을, 금색이나 꿀색 혹은 "까마귀 날개처럼 검다가 돌연 비둘기의 목털처럼 살짝 푸르스름한 색조를 띠는" 여자들의 머리카락을 애정을 기울여 묘사했다.

모발광의 전성기는 19세기였다. 19세기의 라파엘 전파 화가들은 그들에게 영감을 준 뮤즈들의 유혹적이고 풍성한 머리카락을 즐겨 그렸다. 《광기와 성Psychopathia Sexualis》에서 리하르트 폰 크라프트에빙Richard von Krafft-Ebing은 머리카락에 집착하다가 일탈 행위를 저지른 사람들의 사례를 자세히 묘사했다. 숱이 많은 검은색 머리만 보면 빨고 싶어 하는 30대 남자는 길을 걷다가 검은 머리카락의 소녀들이 눈에 띄면 충동적으로 소녀들 머리에 입을 갖다 댔다. 1889년 파리 트로카데로 극장에서 체포된 40세의 자물쇠 수리공은 주머니에 가위가 들어 있었고 손에는 머리카락 한 묶음을 쥐고 있었다. 그는 그날 저녁 한 젊은 여성의 머리카락을 잘랐다고 자백했다. 그는 여자들의 긴 머리카락을 빗거나 애무하거나 자기 입 또는 코에 넣어야만 오르가슴에 이를 수 있다고 했다. 그의 집을 수색한 경찰은 봉인된 상자에 따로따로 들어 있는 65다발의 머리카락과 다양한 핀, 리본을 추가로 찾아냈다.

샤를 보들레르Charles Baudelaire는 〈그녀의 머리카락 안에서Un hémisphère dans une chevelure〉(1857)라는 시에서 연인의 머리카락에 자기 얼굴을 파묻는다.

나는 뜨거운 난로 같은 당신의 머리카락 안에서 아편과 설탕이

섞인 담배 냄새를 들이마시네. 나는 밤처럼 검은 당신의 머리카락 안에서 아득히 먼 열대의 눈부신 하늘을 보네. 나는 폭신폭신한 해변 같은 당신의 머리카락 위에서 타르와 사향과 야자유가 섞인 냄새에 취해가네.

보들레르는 "당신의 검고 풍성한 머리카락을 한 입 깨물게 해주오"라고 애원한다. "탄력 넘치는 당신의 머리카락을 야금야금 먹고 있으면 추억을 먹고 있는 기분이라오."

(참고) 수염혐오증, 발모벽

목욕공포증 ABLUTOPHOBIA

씻기에 대한 두려움인 목욕공포증ablutophobia('씻다'를 뜻하는 라틴어 abluere에서 유래)은 특히 아이들에게서 두드러지게 나타난다. 대개는 어린 시절에 일시적으로 겪는 두려움이지만, 오랫동안 지속되는 경우도 있다. 한 17세 소녀는 11세가 될 때까지 목욕을 하게 되면 공포에 휩싸여 소리를 질렀다고 그랜빌 스탠리 홀에게 말했다. 또 다른 10대는 "씻으려고만 하면 어김없이 몸이 경직되고 눈이 튀어나올 것 같았어요. 너무 무서워서 몸에 경련까지 일어날 뻔했어요"라고 말했다.

19세기 초반 프랑스에서는 씻기에 대한 두려움이 흔했다. 때가 질병을 막는 방패 역할을 하고 땀 냄새가 건강과 정력의 증거라고 믿는 사람들이 많았기 때문이다. 역사학자 스티븐 즈대트니Steven Zdatny의 설명처럼 알몸 노출을 수치스럽게 여겼던 사회에서 구석구석 꼼꼼하게 씻기란 어차피 힘든 일이었다. 프랑스 시골의 한 병원에서 어떤 여성은 목욕을 권하자 노발대발했다. "내 나이가 예순여덟이오!" 그녀가 불같이 화를 내며 말했다. "내 평생 거길 씻어본 적은 한 번도 없어요!" 까탈스럽기는 상류층 사람들도 다르지 않았다. 팡주 후작marquis de Pange의 부인은 이렇게 회상했다. "우리 가족 중엔 목욕을 해본 사람이 없다! 물이 목까지 찰 정도로 몸을 담그는 건 이교도가 하는 짓처럼 보였다."

19세기 중반이 지나면서 과학자들은 때와 질병 확산이 관계가 있음을 밝혀냈다. 교사들은 생전 목욕 스펀지를 써보거나 물에 몸을 담가본 적 없는 아이들에게 현대적 위생 습관을 가르치기 시작했다. 프랑스 군대도 신병들에게 더 깨끗한 습관을 심어주려고 1902년에《위생 교범Manuel d'hygiène》이란 책을 펴냈다. 이 교범에는 병사들에게 양치질을 하고 몸을 문질러 때를 벗기고 속옷을 입으라고 적혀 있었다. 프랑스 북부 두에의 군부대에서는 목욕이 두렵다는 젊은 포병을 강제로 씻기라고 사령관이 부하들에게 명령을 내리는 일까지 벌어졌다. 병사들은 꾀죄죄한 전우를 목욕탕으로 끌고가 샤워기 아래에서 꼼짝하지 못하게 붙잡았다. 그 포병은 여드레 후에 사망했다. 즈대트니에 따르면 포병은 피부에 물이 닿는 느낌에 너무 놀란 나머지 공포에 질려 숨이 멎은 듯했다. 그를 죽음에 이르게 한 것은 다름 아닌 그의 두려움 같았다.

(참고) 물공포증, 공수병, 불결공포증, 해양공포증

발모벽 TRICHOTILLOMANIA

1906년 정신과 의사 피에르 자네는 진료실을 찾아온 24세 여성이 금발 가발을 벗자마자 눈을 의심했다. "가발을 벗자 그녀의 대머리가 드러났다. 휑하게 드러난 그녀의 머리 여기저기에 몇 가닥 남지 않은 짧은 머리카락이 나 있었다"고 자네는 썼다. 그는 심한 탈모 증세를 의심했지만, 젊은 여성이 들려준 얘기는 전혀 달랐다. 그녀는 지난 18개월 동안 자기 머리카락을 뽑아 먹었다고 했다. 머리카락 뽑기는 시골에 살던 그녀가 파리의 한 가정에 하녀로 들어가면서부터 시작됐다. 그녀는 과도한 노동과 고용주의 멸시 때문에 심한 향수병을 앓게 됐다. 향수병만 아니라면 그녀는 꽤 똑똑하고 상식적인 사람 같았다. 하지만 그녀는 머리카락을 뽑고 싶고 "머리카락을 뽑을 때의 작은 아픔을 느끼고" 싶은 "이상한 욕망"에 자주 휩싸였다.

발모벽trichotillomanie이라는 용어(thrix는 머리카락, tillein은 '뽑다'를 뜻한다)를 처음 만든 건 1889년 피부과 의사 프랑수아 알로포François Hallopeau였다. 그는 머리카락을 뽑던 환자에게 발모벽 진단을 내렸다. 분노나 절망을 나타낼 때 "머리를 쥐어뜯는다"라는 표현을 쓴다. 하지만 머리카락을 뽑는 행위는 충동적이기보다는 체계적이다. 마구잡이로 뽑는 게 아니라 나름대로 뽑는 방법이 있다. 발모벽 환자는 두피에 있는 머리카락이나 속눈썹 혹은 눈썹에 있는 털, 때로는 음부 주변의 털을 한 가닥씩 집어 뽑는다.

발모벽 환자는 인구의 약 2퍼센트로 추정된다. 특히 아이들 사이에 발모벽 환자가 많아서 성인의 7배에 달하고, 여성 발모벽 환자가 남성 환자보다 9배 더 많다. 사람들은 텔레비전을 시청하거나 공상에 잠길 때 자기도 모르게 무의식적으로 머리카락을 뽑기도 하지만, 작정하고 집중해서 뽑기도 한다. 《아동심리학 및 정신의학저널Journal of Child Psychology and Psychiatry》은 이렇게 설명한다. "어딘가 '문제가 있어 보이는'(지나치게 뻣뻣하거나 꼬였거나 구부러졌거나 너무 곧거나 너무 튀는) 머리카락을 찾아낸다. 그 머리카락을 뽑아서 살펴보고 모근을 먹기도 하고 때로는 한 가닥을 전부 먹기도 한다. 버리기 전에 머리카락을 모아놓을 때도 있다. 머리카락을 뽑는 시간은 4~5시간이며, 한 번 뽑을 때 몇 가닥씩 뽑는다. 하지만 이런 일이 매일 수십 번 되풀이되어 결국 수백 가닥을 뽑게 된다."

몇몇 연구에 따르면 발모벽을 비롯해 신체에 초점을 맞추는 반복 장애가 있는 사람은 소리와 감촉에 남달리 예민하다. 따라서 머리카락 뽑기는 감당하기 힘든 외부의 자극에 집중된 그들의 감각을 분산시키는 역할을 한다. 발모벽이 머리카락을 다듬으려는 본능, 다시 말해 기생충이나 전염병으로부터 자신을 보호하려는 행위의 병적 변이라는 연구 결과도 있다. 그리고 분리불안이나 트라우마에 대처하기 위한 자구책 혹은 성욕을 회피하기 위한 수단이라는 주장도 있다. 발모벽 치료에는 선택적 세로토닌 재흡수 억제제처럼 뇌 기능을 바꿔주는 약물을 쓰기도 하고, 머리카락 뽑기를 유발하는 순간을 찾아내 주먹 쥐기 같은 반응으로 대체하는 습관역전 훈련이 활용되기도 한다.

많은 강박증과 공포증은 모방을 통해 생긴다. 하지만 발모벽은 은밀하고 수치심을 유발하는 행위라서 가발, 모자, 화장, 안경 등으로 발모벽의 결과물을 가리는 경우가 많다. 2009년 런던의 한 병원에서 발모벽 환자들을 면담한 제미마 칸Jemima Khan은 그들이 자신의 습관을 감추기 위해 어떤 고생도 마다하지 않는다는 사실을 알게 됐다. 한 여성은 대머리가 된 부위를 누가 위에서 내려다볼까 봐 이층버스 근처는 얼씬도 하지 않았다. 계단을 오르거나 수영을 하거나 비가 올 때는 머리에 신경을 곤두세우고, 가게 안에 들어가면 머리 위쪽에 달린 보안용 거울을 경계하는 사람과, 자신의 발모벽 때문에 남자 친구와 밤을 함께 보낼 수 없다는 여성도 있었다.

1989년 어느 30대 미국 여성은 자신의 습관을 가리키는 이름이 있다는 사실을 알고 뛸 듯이 기뻤다. 그녀는 머리카락을 뽑고 싶은 충동에 시달리는 사람들이 자기 말고 또 있다는 사실이 반가웠다. 발모벽에 관한 이야기를 나누기 위해 시애틀의 한 라디오 방송에 출연한 그녀는 막 전화상담 서비스를 시작했다고 밝혔다. 그녀가 귀가했을 때 자동응답기에는 600건의 음성메시지가 있었다. "사람들이 울먹이면서 도움을 청했다." 다음 한 주 동안 그녀는 음성메시지를 남긴 모든 사람에게 전화를 걸었다. "그들과의 전화 통화는 내가 받아본 치료 중 최고였다"고 그녀는 회상했다. "다른 사람들의 입에서 내 인생과 똑같은 이야기가 나오는 걸 들었기 때문"이다.

발모벽이 사회적으로 인정받던 시대도 있었다. 고대 그리스와 이집트의 여자들은 상을 당하면 애도 의식의 하나로 자기 머리카락을 뽑았다. 인도의 자이나교 수도승들은 지금도 카야 클레시kaya klesh를 수행한다. 카야 클레시란 두 시간 동안 머리카락과 얼굴에 난 털을 한 가닥도 남김없이 몽땅 뽑음으로써 고통에서 벗어날 수 있는 능력을 증명해 보이는 의식이다. 2018년《의료인류학Medical Anthropology》에 실린 한 조사에서 발모벽이 있다고 답한 응답자들은 하나같이 그들의 습관을 '자해'로 묘사하는 것에 반대했다. 오히려 그들은 머리카락을 뽑을 때마다 쾌감과 안도감을 느낀다고 강조했다. 1906년 피에르 자네가 논문에서 썼듯이 "환자들은 머리카락을 뽑고 나면 환희와 독특한 만족감을 경험하고, 조금 전까지 줄기차게 그들을 괴롭혔던 피로감과 오만가지 통증도 잠시 잊은 것처럼 보인다."

(참고) 피부뜯기강박증, 편집광, 손발톱뜯기강박증, 수염혐오증, 모발광

불결공포증 MYSOPHOBIA

"나는 정신착란의 한 형태에 불결공포증이라는 이름을 붙일 것을 제안한다. … 더럽혀지는 것 혹은 오염에 대한 병적이고 극심한 공포가 불결공포증의 특징이다." 1879년 미국의 신경과 의사 윌리엄 알렉산더 해먼드William Alexander Hammond가 쓴 글이다. 해먼드는 불결함을 뜻하는 그리스어 musos를 따서 불결공포증mysophobia이라고 명명했다. 그는 이전 10년 동안 열 명의 불결공포증 환자를 진료했다고 말했다.

1877년 30세의 부유한 미망인 'MG'가 해먼드의 진료실 문을 두드렸다. 6개월 전 그녀는 어떤 남자가 더럽혀진 지폐들을 만졌다가 천연두에 걸렸다는 신문 기사를 읽었다. "그 기사를 읽는 순간 가슴이 철렁했어요." 그녀가 말했다. "불과 몇 분 전에 저도 지폐를 여러 장 셌거든요. 그 지폐도 전염병이 있는 사람이 만졌을 수 있다는 생

각이 퍼뜩 든 거예요." 그녀는 지폐를 만지고 나서 이미 손을 씻은 뒤였지만, 기사를 읽고 나서 한 번 더 씻었고, 그러고서도 찜찜한 기분으로 잠을 청했다. 그녀는 아침에 일어나 다시 손을 꼼꼼하게 씻었다. 그 지폐들이 화장대 서랍에 리넨 속옷이랑 같이 들어 있었던 게 생각난 그녀는 속옷을 세탁소로 보내고 다른 서랍에 있는 옷을 꺼내 입었다. 그녀는 장갑을 낀 손으로 지폐를 봉투에 넣고, 하인에게 비누와 물로 화장대 서랍을 구석구석 깨끗하게 닦으라고 시켰다.

그러고 나자 어제 지폐를 만진 후에 손을 댄 많은 물건들이 하나둘 떠올랐다. 그중 하나가 지금부터 그녀를 감염시킬지도 몰랐다. "여전히 안심할 수 없는 상황이었어요." 그녀는 전날부터 입었던 드레스를 벗고 새 옷을 입었다. "그때부터였어요. 한 가지 일을 끝내면 또 다른 일이 기다렸어요. 도돌이표처럼 끝이 없었죠. 평소에 습관처럼 만지는 것들을 모두 닦고 나서 제 손을 씻었어요. 하다못해 물도 오염의 매개체였어요. 손을 씻고 수건으로 아무리 꼼꼼하게 닦아도 물기가 조금은 남아 있었어요. 그래서 그 물기를 다시 물로 씻어내야 했고, 그러고 나면 다시 손을 씻어야 했어요."

MG는 종이에 오염될까 봐 책이나 신문 읽기를 포기했고, 악수는 장갑을 끼었을 때만 했다. "하지만 최근엔 장갑도 저를 완벽하게 지켜주지는 못하는 것 같아요." 그녀가 해먼드에게 말했다. "장갑으로도 물이나 공기가 스며들 수 있대요, 글쎄." 해먼드는 그녀가 이야기하는 동안 계속 손에서 눈을 떼지 못한 채 오염시킬 가능성이 있는 입자들을 제거하기 위해 양손을 비벼 문지르는 모습을 주의 깊게 지켜봤다. 해먼드가 그녀의 맥박을 재자 그녀는 주머니에서 손수건을 꺼내 향수를 한 방울 떨어뜨린 다음 해먼드의 손가락이 닿았던 부위를 닦았다. 그러더니 그 손수건을 다른 주머니에 집어넣었다. 오염된 물건들만 넣는 주머니가 따로 있었다. MG는 구체적으로 무서워하는 질병이 있어서 그러는 건 아니라고 했다. 다만 "뭔가 설명하기 힘든 방식으로 더럽혀질 것 같은 느낌에 강하게 짓눌리고" 있다고 했다.

해먼드의 또 다른 환자 F는 18세의 가냘픈 아가씨였다. 1877년 그녀는 머리에 심각할 정도로 이가 많아진 뒤부터 불결공포증이 생겼다. 해먼드는 이렇게 썼다. "그녀는 차츰 오염을 일으키는 근원에서 벗어날 수 없다는 생각에 사로잡혔다. 다른 사람들이 어떤 식으로든 자신을 더럽힐 수 있으며, 마찬가지로 주위에 있는 물건들도 자신을 더럽힐 수 있다는 걱정에서 벗어나지 못했다." 그녀가 해먼드를 찾아온 1879년 무렵엔 불결공포증이 그녀의 삶을 지배하고 있었다. "그녀의 인생은 근심과 불안과 공포로 이루어진 쳇바퀴. 그녀는 모든 사람과 모든 것을 의심한다"라고 해먼드는 썼다. 거리를 걸을 때는 치마가 다른 사람과 스치지 않도록 그러모아 쥐었다. 빗과 붓을 검사하고 청소하는 데 몇 시간씩 걸렸고 손은 매일 200번 이상 씻었으며 저녁엔 손을 대지 않고 옷을 벗었다. 어떻게? 하녀에게 단추나 지퍼를 풀게 한 뒤 옷이 그대로 바닥에 흘러내리게 했다. 바닥에 흘러내린 옷은 곧바로 세탁실로 전달됐다. 하지만 그녀는 세탁실에서 자기 옷이 다른 사람들의 옷과 섞인다는 것을 알고 있었다. 해먼드는 이렇게 썼다. "그녀는 이 상황에서 벗어날 뾰족한 방법이 없다는 것을 안다. 그래서 자기 삶이 불행하다는 것도 안다."

MG와 마찬가지로 F도 자기가 뭘 두려워하는지 콕 집어 말하지 못했다. "그저 자기가 의식하지 못하는 사이에 손이나 다른 부위를 통해 몸 안으로 들어와 해를 입힐 수 있는 뭔가를 두려워하는 게 아닐까 추측할 뿐이었다."

먼지에 대한 두려움은 이때가 처음이 아니었다. 이미 1830년대에 에스퀴롤은 'K'를 치료했다. 키가 크고 적갈색 머리에 눈동자가 파란 34세의 여성 K는 무엇이든 손이나 옷에 닿는 걸 피했고, 손가락을 끊임없이 문지르거나 씻었다. 먼지 하나라도 쌓일까 봐 책과 수예품을 탈탈 털었고, 시녀에게 수저로 음식을 떠 입 안에 넣어달라고 했다. 해먼드를 찾아왔던 다른 여성들과 마찬가지로 K도 자기 행동이 비이성적이라는 것을 누구보다도 잘 알고 있었다. "저는 말도 안 되고 황당한 걱정을 하고 있어요." 그녀가 말했다. "하지만 걱정을 멈출 수가 없어요."

19세기 중반 이후 과학자들은 눈에 보이지 않는 미생물에 의해 질병이 퍼질 수 있다는 사실을 발견했다. 그러자 감염을 두려워하는 사람이 크게 늘었다. 해먼드가 감염에 대한 공포를 별개의 정신장애로 확인한 것도 그 시기였다. 하루아침에 세상은 감염을 일으키는 병원체가 우글거리는 곳처럼 보였고, 이러한 병원체에 대한 공포가 마치 미생물처럼 확산하는 것 같았다고 돈 제임스 맥러플린Don James McLaughlin은 말한다. 감염에 대한 공포를 가리키는 명칭도 다양해져서 불결공포증 외에 세균공포증germophobia, 결벽증verminophobia, 세균오염공포증bacteriophobia, 미생물공포증bacillophobia 등이 생겼다.

먼지에 대한 공포 때문에 사람들은 별의별 정신적 고통에 시달렸다. 1880년 의사 아이라 러셀Ira Russell은 47세의 미혼남을 치료했다. 하버드대학교 의과대학 졸업생인 이 미혼남은 자기 품 안에서 남동생이 갑자기 숨을 거둔 후부터 '불결 공포'에 사로잡혔다. 그는 문손잡이와 의자를 비롯해 모든 가구를 만지지 않으려 했고, 매일 밤 의식을 치르듯 몇 시간 동안 청소를 했다. 1890년 대 프로이트가 치료한 여성 환자는 끊임없이 손을 씻었고 팔꿈치로만 문손잡이를 만졌다. 프로이트는 이렇게 썼다. "그것은 맥베스 부인의 사례였다. 손을 씻는 것은 도덕적 순결을 잃어버린 회한을 육체의 청결함으로 대신하려는 상징적인 행위였다. 그녀는 머리에서 지워버리겠다고 결심했던 기억, 즉 간통에 대한 가책 때문에 자신을 괴롭히고 있었다."

사람들이 의식처럼 하는 행동을 그만두기 힘든 이유를 프로이트는 이렇게 설명했다. "만약 그들의 강박적인 행동이나 손 씻기 혹은 그들의 의식과도 같은 행동을 제지한다면, 또는 그들 스스로 감히 자신의 강박적 행동 가운데 하나를 포기하기로 한다면, 그들은 끔찍한 공포에 사로잡히고, 그러한 공포는 다시 강박적 행동에 복종하기를 요구한다. 우리는 아는 것은, 강박적 행동이 공포를 감춰주고, 그들은 오로지 공포와 마주치지 않기 위해서 강박적 행동을 한다는 점이다." 프로이트는 강박적 행동이 마술적 사고의 증상이라고 주장했다. 불결공포증 환자들은 자신의 느낌과 소망이 밖으로 새 나가고 외부의 힘이 안으로 침투할까 봐 걱정했다. 손을 씻는 것은 이런 식의 감염을 막기 위한 의식이었다. 즉 구멍 뚫린 자아의 경계가 무너지는 것을 막기 위한 방어 행위였다.

해먼드는 진정제의 일종인 브롬화물로 불결공포증 환자들을 치료했고, 프로이트는 환자들을 치료하기 위해 그들의 무의식 속에 있는 환상을 분석했다. 반면 20세기 후반의 심리학자들은 행동치료를 시도했다. 1975년 영국의 정신과 의사 아이작 마크스가 만난 여성은 매일 최소한 50번 이상 손을 씻었고, 커다란 포장 상자에 있는 비누를 매주 일곱 상자씩 소비하고 있었다. 그녀는 새 옷을 다시 살 형편이 안 되는데도 '오염된' 옷은 내다 버렸고, '감염된' 환경에서 벗어나기 위해 3년 동안 이사를 다섯 번이나 다녔다. 그녀는 많은 장소를 더럽다고 생각했는데, 그중에서도 영국의 작은 도시 베이싱스토크를 가장 더러운 곳으로 여겼다고 마크스는 썼다. "그녀는 베이싱스토크라는 단어만 들어도 손을 씻어야겠다는 생각이 들었다." 마크스는 치료 과정 도중에 그녀와 함께 그 무서운 도시 베이싱스토크를 찾았다. 그러나 "이 외출은 총체적인 오염과 심각한 우울함, 더 이상 치료를 받지 않겠다는 협박으로 끝났다." 하지만 24시간이 지나자 우울한 기분은 걷혔고, 치료를 잘 견뎌낸 그녀는 마침내 청소 의식을 완전히 그만둘 수 있게 되었다.

2019년 런던 북쪽에 있는 한 정신병원에서 화가 커샌드르 그린버그Cassandre Greenberg는 오염 및 구토에 대한 공포증과 청결강박증을 고치기 위해 노출치료를 받기 시작했다. 하지만 2020년 2월 그녀의 치료는 돌연 중단됐다. 영국에서 코로나19 바이러스가 발견되자 정부 방침에 의해 모든 병원에서 응급 치료만 가능해졌기 때문이다. 게다가 그린버그가 그토록 그만두려고 애썼던 강박적 행동을 이제는 정부가 사람들에게 장려하기 시작했다.

그린버그는 《화이트 리뷰White Review》라는 잡지에 기고한 글에서 이렇게 썼다. "어느 날 느닷없이 손 씻기가 구국적 행동이 되었다. 사람들은 항균 비누를 사기 위해 슈퍼마켓으로 몰려갔고, 나를 '병들게' 했던 바로 그 항균 비누가 건강을 상징하는 이미지가 되었다." 그녀는 사람들이 "오랫동안 내 정신의 병을 가리키는 개인적 지표였던 행동과 느낌 패턴, 위험 가능성을 과장하는 성향을 완화하기 위한 나만의 의식"을 습득하려고 너도나도 애쓰는 모습을 지켜봤다. "예전엔 '병'으로 취급받던 행동이 이제는 합리적이고 책임감 있는 행동으로 받아들여지고 있다." 불과 최근까지도 세균공포증이나 청결강박증으로 여겨졌을 행동들이 이제는 사람들에게 장려되고 있었다.

우리는 위험한 바이러스가 전 세계에 급속히 퍼지면 불결공포증 환자가 증가할 것이라고 예상한다. 실제로 많은 연구를 통해 코로나19 대유행이 여러 가지 강박적 행동을 악화시켰다는 사실이 확인되기도 했다. 하지만 2020년 《강박신경증 및 관련 질환 저널Journal of Obsessive-Compulsive and Related Disorders》에서 프레더릭 아더마 Frederick Aardema는 강박적으로 손을 씻는 사람이 정말로 두려워하는 것은 육체의 병이 아니라 정신의 모독이라고 주장했다. 그의 주장에 따르면 세균은 신성모독을 상징한다. 강박적인 손 씻기 의식은 "몸이 아니라 자아를 위험으로부터 보호하기 위한 행동이다." 강박장애가 있는 한 여성은 코로나19 바이러스가 확산하는 동안 감염에 대한 두려움이 더 커지기는커녕 다른 사람들이 자기처럼 강박적 행동을 하는 것을 보면서 안도감을 느낀다고 아데마에게 말했다. 아데마는 이렇게 썼다. "그녀는 보호 장갑을 끼거나 악수를 거부하는 행위를 더 이상 부끄러워할 필요가 없었다."

우리는 코로나19 대유행 초기에 합리적이라는 말의 의미를—순식간에—다시 정의했다. "나는 사람들의 두려움이 내 주변에서 구체적으로 표현되는 것을 보고 있다. 여태껏 내가 정신 '건강'이나 정신병에 관해 갖고 있던 개념은 무너졌다"고 그린버그는 썼다. 역사적 사건이 우리의 행동과 인식을 어떻게 변화시킬 수 있는지 코로나19는 아주 짧은 시간 안에 보여줬다. 두려움을 드러내 보이는 것은 이제 당연한 일이 되었다. 다시 말해 두려워한다는 것은 논리적이고 양심적이며 상황을 파악하고 있다는 의미로 받아들여졌다. 이제는 강박적으로 행동하는 것이 나와 다른 사람들을 위하는 길이 된 것이다.

(참고) 목욕공포증. 계산강박증, 피부뜯기강박증, 구토공포증, 접촉강박증, 환공포증

솜공포증 BAMBAKOMALLOPHOBIA

솜공포증bambakomallophobia(그리스어로 bambakion은 '솜'을, mallos는 '모직'을 뜻한다)은 솜에 대한 두려움을 가리킨다. 솜공포증은 극심한 불쾌감을 불러일으키는데, 그것은 손톱으로 칠판을 긁을 때 나는 소름 돋는 소리나 칼이 접시에 닿을 때 들리는 날카로운 마찰음, 혹은 복숭아의 보슬보슬한 껍질에서 많은 사람이 느끼는 것과 비슷한 종류의 불쾌감이다. 어떤 사람들은 솜뭉치가 눌려서 스펀지처럼 변하거나 도로 부풀어 오를 때, 혹은 솜을 잡아당겨 찢는 순간 끽, 하는 소리가 날 때 몸서리를 친다. 《가디언》에서 작가 크리스 홀Chris Hall은 솜공포증 때문에 괴로웠던 어린 시절을 회상했다. 그는 집에서

만든 성탄절 카드에 달려 있던 작고 보슬보슬한 솜뭉치 구름과 주사를 맞고 나서 간호사가 팔에다 문지르던 약솜, 치과 의사가 그의 잇몸에 끼워 넣던 약솜을 두려워했다. 심지어 정체를 알 수 없는 말랑말랑한 내용물로 채워진 봉제 완구도 그에겐 경계 대상이었다.

스티로폼에서 나는 끽끽 소리는 사람을 움찔하게 만들지만, 솜공포증 환자에게 그보다 더 악몽은 솜뭉치에서 들릴 듯 말 듯 나는 삐걱삐걱 소리일 것이다. 작가 로런스 스콧Laurence Scott은 이렇게 썼다. "그 삐걱삐걱 소리는 상상만 해도 소름 끼친다. 정전기를 연상시키는 그 소리를 떠올리기만 해도 몸에 이상한 증상(떨림, 어금니에서 전기에 감전된 듯 지직거리며 나는 소리)이 나타난다. 생각하면 기분이 너무 나빠서 그 소리는 절대로 떠올리지 않는다. 솜을 잡아당겨 찢어보면 내가 기억하는 소리와 다를 수 있다거나, 솜을 찢더라도 그런 '증상들'이 나오지 않을 수 있다는 조언 따위는 아예 알고 싶지도 않다."

저널리스트 크리스털 폰티Crystal Ponti도 비슷한 얘기를 했다. 솜에서 나는 소리를 들으면 "정말 미쳐버릴 것 같다. 팝콘이 치아에서 미끄러지듯 빠져나갈 때 입안에서 끽, 하고 나는 소리와 비슷하다." 그녀는 6세 때 처음 솜을 만졌다. "속이 뒤집히는 줄 알았다. 손바닥에선 땀이 나고 공포감이 밀려왔다." 솜을 만지면 이게 아닌가, 하는 묘한 오싹함을 느낄 수 있다. 마치 이상한 물건에 손이 스쳤을 때처럼 들리는 것과 느껴지는 것, 보이는 것 사이의 섬뜩한 차이가 느껴진다.

(참고) 단추공포증, 팝콘공포증, 환공포증

수염혐오증 POGONOPHOBIA

2013년 다혈질의 영국 텔레비전 진행자 제러미 팩스먼Jeremy Paxman은 수염을 깎지 않은 채 방송에 출연한 뒤 BBC 방송국이 수염혐오증pogonophobia(그리스어로 pōgōn은 '수염'을 뜻한다)이 있다며 불만을 터뜨렸다. 그는 BBC의 수염 혐오가 1967년 알바니아에서 수염 금지령을 내린 독재자 엔버 호자Enver Hoxha와 맞먹는다며 핏대를 세웠다.

수염에 대한 혐오를 의미하는 풍자적 용어인 수염혐오증은 1851년 장로교회의 한 정기간행물에서 처음 등장한 것으로 보인다. 19세기 이전에 영국과 미국의 기득권층은 하층계급에 어울리고 비위생적이라는 이유로 수염을 꺼렸다. 《건강, 아름다움, 패션을 위한 몸단장The Toilette of Health, Beauty and Fashion》(1834)에 따르면 "가위로 수염을 정돈하지 않은 턱은 퇴폐적으로 보일 수 있다. 수염을 용납하더라도 하층계급 노동자 혹은 직공에게나 용납할 수 있다." 초기 동굴 벽화들을 보면 우리 조상인 네안데르탈인들도 수염이 없다. 아마 기생충을 없애기 위해 조개껍데기를 핀셋 삼고, 부싯돌을 면도날 삼아 수염을 깎았으리라.

1850년대 말 영국에서는 수염이 선풍적인 인기를 누렸다. 크리미아전쟁에서 돌아온 군인들이 전장에서 방한 효과를 위해 수북하게 기른 턱수염과 콧수염을 자랑스럽게 내보였기 때문이다. 그러나 20세기 초반이 되자 깔끔하게 면도한 얼굴이 다시 유행하기 시작했고, 수염은 또다시 손가락질받는 신세로 전락했다. 영국과 미국에서는 디즈니랜드에서부터 뉴욕 경찰청에 이르기까지 다수의 공공기관과 민간 기업이 직원들의 수염 기르기를 금지했다. 미국의 물류운송 업체 유나이티드파슬서비스United Parcel Service는 2020년이 되어서야 수염 금지령을 해제했다.

어린이들의 작가 로알드 달Roald Dahl은 수염을 혐오했다. 그는 자기 작품에서 수염을 기른 사람들을 더럽고 추잡한 놈으로 묘사했다. 《멍청 씨 부부 이야기The Twits》(1980)에서 멍청 씨의 엄청나게 덥수룩하고 까만 수염에는 오래된 콘플레이크와 치즈 부스러기, 정어리 찌꺼기가 덕지덕지 엉겨 붙어 있다. "혀를 내밀어 옆으로 돌돌 말아서 입 주변의 수북한 밀림을 헤치다 보면 어김없이 수염 여기저기서 맛있는 음식 부스러기를 찾아내 쩝쩝거릴 수 있었다." 달은 어떤 글에서 사람들이 수염을 기르는 이유는 "털로 뒤덮인 연막을 쳐 놓고 그 뒤에 숨기 위해서"라고 말했다. "하나부터 열까지 역겹지 않은 게 없다."

(참고) 동물털공포증, 불결공포증, 모발광, 발모벽

접촉강박증 HAPHEMANIA

뭔가에 손을 대고 싶은 강렬한 욕구인 접촉강박증haphemania(그리스어 haphe는 '만지다'라는 뜻이다)은 흔히 볼 수 있는 강박장애다. 접촉 강박이 있는 사람은 평소에 자신이 반복하는 행동을 마치 종교 의식처럼 철저하게 지킨다. 예를 들면 문틀 톡톡 두드리기, 물건을 들었다가 그 자리에 도로 내려놓기, 사람의 머리 윗부분 쓰다듬기, 물건을 일정한 횟수만큼 톡톡 치거나 물건 표면에 그려진 무늬 따라가기 같은 행동을 거르지 않는다. 보통 뭔가에 손을 대는 행동은 피해 방지가 그 목적이며, 접촉의 마법은 반복적으로 움직이는 기계나 반복적으로 외는 주문呪文처럼 반복을 통해 일어난다. 손을 대는 행동이 너무 자주 반복되면 접촉강박 증상자의 손가락 끝부분에 굳은살이 박이기도 한다.

참고 계산강박증, 피부뜯기강박증, 접촉공포증, 불결공포증

접촉공포증 HAPHEPHOBIA

이 용어는 1892년 프랑스의 의사 모리스 라누아Maurice Lannois와 에드몽 웨일Edmond Weill이 만들었다. 그들의 환자 중에 남의 손이 닿는 걸 참지 못하는 사람이 있었기 때문이다.

55세의 장 B는 리옹의 손강 옆에 있는 세탁소에서 일했다. 그는 일하다가 쓰러져서 병원에 실려 간 뒤 일시적으로 언어 능력을 상실했다. 그런데 의사들은 더 이상한 점을 발견했다. 장은 누가 몸에 손을 대려고만 하면 몸부림을 치면서 피했다. 장은 예전부터 다른 사람과 접촉한다는 생각을 하면 공포를 느꼈다고 의사에게 말했다. 그는 자기를 향해 다가오는 손이 섬뜩하고, 얼굴 가까이 온 손가락은 더 두렵고, 누군가 뒤에서 불쑥 나타나기라도 하면 너무 놀라서 온몸이 감전되는 느낌이라고 말했다. 마치 두려움 때문에

몸이 폭발해서 허공으로 튕겨 나갈 것 같다고 했다.

　한번은 부두에서 다리 건너 세탁소까지 세탁물을 한 보따리 들고 가는데 뒤에서 누가 다가오자 겁에 질려 허둥대다가 세탁물 보따리를 강에 떨어뜨린 적도 있었다. 장의 가족과 친구들은 그의 공포증을 알고 있었다. 하루는 지인이 장난삼아 뒤에서 불쑥 장에게 손을 댔는데, 지인의 손이 몸에 닿기가 무섭게 장은 창문에서 몸을 날려 한 층 아래인 길거리로 뛰어내렸다.

　병동에서도 장은 좌우를 힐끗힐끗 쳐다보고, 뒤에 누가 있는지 확인하려고 돌아보곤 했다. 그는 불의의 일격을 당하지 않으려고 침대 뒤쪽 벽에 기대어 서 있기도 했다. 접촉공포증의 원인은 육체적인 데 있는 것 같지 않았다. 장은 피부 질환도 없었고 과민성 피부도 아니었다. 하지만 그는 끊임없이 의심하고 경계하고 불안에 떨었으며, 누군가의 손이 닿으면 고통스러워했다.

　의사들은 조심스럽게 '유전적 변성'을 의심했다. 생전에 장의 아버지(56세 때 자살했다)도 접촉을 두려워했고, 몇 년 전 아프리카에서 돌아오다가 압생트 중독으로 숨진 그의 조카도 접촉공포증이 있었기 때문이다. 하지만 그 외의 집안사람들은 대부분 더할 나위 없이 건강해 보였다. 장 본인도 왜 접촉공포증이 생겼는지 알지 못했다. "무섭습니다." 장은 말했다. "이거 말곤 더 할 말이 없네요."

（참고） 폐소공포증, 접촉강박증, 불결공포증, 사회공포증

환공포증 TRYPOPHOBIA

2003년에 언뜻 구더기가 우글거리는 것처럼 보이는 여성의 젖가슴 사진 한 장이 인터넷상에 돌아다녔다. 여러 개의 작은 구멍 혹은 둥근 모양의 돌기가 한데 모여 있는 것에 혐오를 느끼는 증상을 일컫는 환공포증은 그때 등장했다. 그 사진에 메스꺼움과 두려움을 느끼며 몸서리치는 반응을 보인 사람들은 그와 비슷한 패턴을 봤을 때도 똑같은 두려움을 느낀다는 사실을 깨달았다. 온라인에서 환공포증에 관한 토론이 벌어졌고 증상자를 지원하는 단체까지 생겼다. 2005년 한 토론 참가자(아일랜드의 루이스)는 이 증상을 묘사하기 위해 환공포증trypophobia이라는 단어를 만들었다(그리스어 trupē는 '구멍'을 뜻한다). 논란이 된 최초의 인터넷 사진은 연꽃 씨와 여성의 젖가슴을 합성한 것으로 밝혀졌지만, 진정한 환공포증 환자들에겐 합성 사진도 역겹기는 마찬가지였다. 둥근 형태를 띤 것들이 모여 있으면 환공포증은 언제든 고개를 들 수 있다. 얼추 둥근 형태이기만 하면 해면동물에서부터 따개비, 크럼핏crumpet(작은 구멍들이 뚫려 있는 핫케이크의 일종—옮긴이), 비누 거품, 벌집, 스위스 치즈, 석류, 부글부글 거품이 이는 뜨거운 음료, 두꺼비의 등에 있는 곰보 자국까지 모조리 공포의 대상이다. 모델 겸 리얼리티 텔레비전 스타인 켄달 제너Kendall Jenner는 "나는 작은 구멍도 볼 수 없다"고 말했다. "구멍보다 더 불안한 건 세상에 없다. 그 작은 구멍 안에 뭐가 들어 있을지 대체 누가 알겠는가?"

처음에는 인터넷이 만들어낸 질환에 불과하다며 일축하는 분위기였다. 환공포증은 감정에 의해 전염되는 불안, 즉 연상만 해도 전염되는 일종의 심인성 불안처럼 보였다. 온라인상의 많은 토론 사이트는 구멍 사진들로 도배되어 있었다. 환공포증을 완화하기는커녕 오히려 부추기는 게 아닌가 의심될 정도였다. 그러나 이들 사이트의 이용자들 가운데 일부는 구멍 사진으로 노출치료 효과를 기대한다고 말했다. 반복 노출과 친숙도 상승을 통해 환공포증 환자들이 구멍에 둔감해지길 바란다는 것이었다. 많은 구멍이 있는 표면을 눌러 뭉개보고 싶어 하는 사람들도 있었다. 그들은 혐오의 대상을 제거해버리고 싶은 마음뿐만 아니라 만져보고 싶은 갈망도 있음을 인정했다.

일부 과학자들은 환공포증을 병원균으로부터 우리 자신을 보호하려는 진화적 적응으로 본다. 불규칙하게 많은 구멍이 뚫려 있는 형태는 상처, 낭종, 수포, 발진, 균상종, 뾰루지, 천연두 같은 전염병의 농포를 연상시키기 때문이다. 2018년 암스테르담에서 실시한 조사에 따르면 우리 대다수는 "질병과 관련해 무리를 이루고 있는 자극"을 역겨워하는데, 환공포증 증상자는 이 역겨움을 작은 구멍이나 곰보 자국이 있는 표면으로 확대해서 적용한다. 무리를 이루고 있는 구멍들을 볼 때 어떤 느낌이 드느냐는 주관식 질문에 피부의 가려움이나 근질근질함을 언급하는 사람들이 많았다. 연구진은 "이러한 조사 결과는 환공포증 증상자가 무리를 이루고 있는 자극을 외부기생충과 피부로 전염되는 병원균의 신호로 해석한다는 주장을 뒷받침한다"고 결론 내렸다.

환공포증이 일상생활까지 방해하는 경우는 많지 않다. 환공포증은 공포증이라기보다는 불편함 또는 불쾌함에 더 가깝다. 하지만 간

혹 일부는 환공포증 때문에 정상적인 생활이 힘들고 공황발작까지 일으킨다. 복숭아씨에서부터 치즈 강판까지 모든 것에 몸서리치는 오하이오의 19세 환자는 이렇게 말했다. "눈물이 하염없이 흐르고 숨이 가빠집니다. 심장이 뛰고 가슴이 옥죄여옵니다. 그냥 모든 것이 멈췄으면 좋겠어요. 그 순간 모든 것을 멈추게 할 수만 있다면 제 한쪽 다리를 기꺼이 내놓을 수 있어요. 저는 최대한 빨리 도망치고 싶지만, 증상은 제 머릿속에 있어요. 안타깝게도 머릿속에 있는 생각에서 달아날 방법은 없습니다."

(참고) 진드기공포증, 단추공포증, 불결공포증

6부

시대의

징후,

집단 유행

광대공포증 COULROPHOBIA

광대공포증은 광대를 병적으로 두려워하는 질환이다. 이 용어가 언제 어떻게 만들어졌는지는 확실치 않다. 1990년대의 언젠가쯤에 만들어진 것으로 생각되지만, 1980년대일 수도 있다. '코울로Coulro'는 '장대 타고 걷는 사람'을 뜻하는 비잔틴 그리스어 'kōlobathristes'에서 유래한 것일 수도 있고, 영어의 'clown'를 뜻하는 현대 그리스어 'klooun'의 잘못된 발음일 수도 있다. 그러나 너무나 명백한 사건들이 잇따라 발생하면서 광대라는 단어에 공포증을 붙여야 할 필요성이 생겼다.

1960년대와 1970년대 미국에서 광대는 많은 사랑을 받는 존재였다. 가장 유명한 광대는 아이들이 열광하는 텔레비전 스타 보조Bozo였다. 보조는 깔때기처럼 양옆으로 벌어진 붉은 머리, 빨갛고 동그란 코, 색조 화장으로 만든 과장된 미소, 언제나 치켜 올라가 있는 눈썹, 빨간 머리와 하얀 얼굴로 잘 알려진 맥도널드의 마스코트 로널드 맥도널드 같은 얼굴로 인기를 끌었다. 광대라는 캐릭터는 손쉽게 독점 사용권을 사고팔 수 있었다. 누구나 가발을 쓰고 진하게 화장만 하면 지역 텔레비전 프로그램에서 보조처럼 보일 수 있었고, 햄버거 매장에 오는 아이들을 로널드 맥도널드처럼 반갑게 맞이할 수 있었다.

하지만 1970년대 말, 33명의 청년과 소년을 살해한 존 웨인 게이시John Wayne Gacy 사건으로 광대의 평판은 추락했다. 수사 결과 일리노이 출신의 평범한 사업가 게이시는 어린이들을 위한 생일파티나 지역의 기금 모금 행사 등에서 포고라는 이름의 광대로 공연해온 사실이 밝혀졌다. 광대 분장을 한 게이시의 사진 한 장이 언론에 실렸는데, 빨간색과 흰색의 줄무늬 디자인에 주름 옷깃이 달린 롬퍼스(위아래가 하나로 붙은 옷. 주로 광대 복장으로 유명하다—옮긴이)를 입은 통통한 남자가 카메라를 향해 장갑을 낀 손을 흔들고 있다. 다른 손에는 풍선 다발을 쥐고, 분필처럼 새하얀 얼굴에는 활짝 웃는 빨간 미소가 그려져 있다. 게이시는 체포된 뒤 이렇게 말했다고 한다. "광대가 하는 일은 아무도 의심하지 않는다. 젠장, 영업을 하지 않는 매춘부들한테 다가가 젖통을 움켜쥐어도 하나같이 피식 웃고는 그만이다. 알다시피 사람들은 광대 따위가 뭘 하든 신경 쓰지 않는다." 1980년 게이시는 사형 선고를 받았다. 광대의 짙은 화장과 하얀 얼굴, 입에 걸린 미소는 하루아침에 사악함의 상징이 되었다. 활개 치고 다니는 어린이 유괴범과 살인마, 성범죄자도 가면 뒤에 그들의 진짜 얼굴을 감출 수 있었다. 우스꽝스러운 미소는 이제 음흉한 추파처럼 보였다. 달리 말하면 결백함을 조롱하는 비웃음이 되었다.

1981년 매사추세츠 보스턴에서 광대들이 아이들을 괴롭힌다는 뉴스가 줄을 잇자 보스턴 교육위원회 위원장은 모든 교사에게 다음과 같은 지침을 내렸다. "경찰서와 군청은 광대 복장을 한 어른들이 등하굣길에서 아이들을 괴롭히는 상황을 예의 주시하고 있습니다. 낯선 사람, 특히 광대 복장을 한 사람들에게 가까이 가지 말라고 아이들에게 단단히 주의를 주시기 바랍니다." 이런 사실이 보스턴 언론에 보도되자마자 브루클린 인근에서, 로드아일랜드의 프로비던스에서, 캔자스시티, 오마하, 네브래스카, 콜로라도에서 잇달아 '스토커 광대들'이 목격됐다. 광대에 대한 두려움은 집단 공포증으로 발전했다. 특히 아이들 사이에서는 일종의 집단 히스테리 증세까지 나타났다.

1986년 무시무시하고 초자연적인 어릿광대 페니와이즈가 등장하는 스티븐 킹Stephen King의 소설《그것It》이 베스트셀러가 되면서 약자를 괴롭히는 광대의 모습에 더 많은 사람이 관심을 보였다. 이 소설에서 광대는 아이가 가장 두려워하는 모습으로 나타나는 사악한 존재다. 광대는 늘 활짝 웃고 있지만, 그 미소 뒤에는 공포로 가득한 영혼이 숨겨져 있다. 1990년 킹의 소설을 각색한 텔레비전 미니시리즈가 방영된 후 유령 같은 광대를 목격한 사람들이 크게 늘었다. 1991년 스코틀랜드에서는 광대가 아이스크림 트럭을 끌고 돌아다니면서 아이들을 트럭 안으로 꾀어 잘게 썰어버린다는 소문이 돌았다. 살인마 광대가 증거를 없애려고 아이스크림에 라즈베리 소스 대신 피해자들의 피를 조금씩 뿌린다는 소문까지 들렸다.

1999년 배우 조니 뎁Johnny Depp은 오랫동안 광대를 무서워했다고 털어놓았다. 그는 《샌프란시스코 이그재미너San Francisco

Examiner》에 이렇게 말했다. "표면 바로 밑에는 항상 어둠이 도사리고 있는 것 같았습니다. 진짜 악마가 있을 가능성 말이죠. 광대가 무서웠던 이유는, 미소 위에 화장을 하고 다니기 때문에 지금 기분이 좋은 건지, 아니면 내 얼굴을 물어뜯으려고 하는 건지 도무지 알 수 없기 때문이었던 것 같아요."

2008년 셰필드의 한 병원에서 어린이 병동에 입원 중인 아이들에게 병동 벽을 어떤 그림으로 장식하길 원하는지 물었다. 250명의 어린이 환자 중에서 광대를 그려달라고 요구한 아이는 단 한 명도 없었다. 셰필드대학교의 한 연구원은 "우리가 조사한 바에 따르면 아이들은 대체로 광대를 싫어합니다"라고 말했다. 입원 환자를 위해 위문 공연을 펼치는 병원광대협회The Association of Hospital Clowns는 터무니없는 일반화라며 반발했다. 미국 124개 병원과 관련된 재판 분석 자료에 따르면 병원광대협회의 반발에는 타당한 근거가 있었다. 2020년《영국의학저널》에 실린 이 분석 자료에 따르면 '병원 광대들' 덕분에 아이들의 피로, 통증, 걱정이 감소한 것으로 나타났기 때문이다. "병동에서 광대를 보면 좋아하는 아이들도 있을 겁니다." 영국 왕립보건소아과학회 대변인의 말이다. 하지만 그는 이런 말도 덧붙였다. "나머지 아이들은 겁을 먹을 수도 있겠지만요."

수세기 동안 광대와 어릿광대는 우리를 불안하게 만들었다. 그들은 언제라도 사회적 규범을 전복할 준비가 된 허가받은 말썽꾸러기다. 그들의 밝은 가면과 분장은 어둠을 감추는 눈가림으로 의심받곤 한다. 역사상 가장 유명한 광대라고 부를 만한 조지프 그리말디Joseph Grimaldi는 생전에 문제가 아주 많은 사람이었다는 사실이 1837년 사망 후에 밝혀졌다. 찰스 디킨스Charles Dickens가 편집한 회고록을 보면 그리말디의 탁월하고 익살맞은 광대 연기는 그가 겪은 개인적인 고통과 극명한 대비를 이루었다. 그리말디는 알코올중독자였고 만성적인 신체의 고통에 시달렸으며 아들의 죽음으로 슬픔에 잠겨 살았다. 그리말디와 동시대를 살았던 프랑스의 광대 장가스파르 드뷔로 Jean-Gaspard Deburau—우리가 아는 피에로를 만든 사람—는 불같은 성격을 참지 못하고 1836년 파리 거리에서 그를 흉내 내며 조롱하던 소년을 때려 숨지게 했다.

1876년 프랑스 작가 에드몽 드 공쿠르Edmond de Goncourt는 광대의 익살이 "이제는 좀 무섭고 상당히 걱정스럽고 불안하다"고 말했다. 그는 광대들의 격렬하고 절망적인 몸짓을 보고 있으면 "정신병원의 안뜰"이 생각난다고 했다. 루제로 레온카발로Ruggero Leoncavallo의 오페라 〈팔리아치Pagliacci〉(1892)에서 광대 카니오는 끓어오르는 질투와 분노를 주체하지 못하고 외도한 아내를 살해한다.

고통받던 광대는 20세기가 되면서 냉혹한 광대로 변신했다. 그중 가장 큰 영향력을 발휘했던 광대는 1940년 DC 코믹스 초판에 등장했던 배트맨 최대의 적 조커였다. 비록 1960년대 텔레비전 드라마에서는 유쾌한 장난꾸러기로 나왔지만, 〈배트맨〉(1989)의 잭 니콜슨과 〈다크 나이트〉(2008)의 히스 레저, 〈조커〉(2019)의 호아킨 피닉스에 의해 조커는 허무주의에 빠진 사이코패스로 재탄생했다. 오늘날 우리가 광대를 보면서 불안함을 느낀다면, 그것은 그들의 고통이 아니라 감정을 느끼지 못하는 그들의 냉혹함 때문일지도 모른다.

(참고) 인형공포증

귀신망상 DEMONOMANIA

"저는 백만 년째 악마의 아내로 살고 있어요." 19세기 초 프랑스의 한 세탁부는 정신의학자 장에티엔 에스퀴롤에게 이렇게 말했다. 그녀는 자식 중 한 명이 자신의 품에서 숨을 거둔 다음부터 악마에 씌었다고 말했다. "악마가 우리 집에 살고 있어요. 악마는 끊임없이 자기가 내 자식들의 아버지라고 이야기해요. 저는 자궁 통증에 시달리고 있어요. 내 몸은 악마의 피부로 만든 포대 자루예요. 내 몸 안에는 두꺼비와 뱀을 비롯해 온갖 더러운 짐승이 우글거려요. 전부 악마의 자식들이죠." 그녀는 생전 알지도 못하는 사람들을 공격하고 그녀의 아이들을 목 졸라 죽이라고 악마가 부추긴다고 했다.

에스퀴롤이 만난 또 다른 여성은 두 악마가 자기 궁둥이에 집을 짓고 살면서 두 마리의 고양이가 되어 자기 양쪽 귀에서 나오는데, 한 마리는 노란색과 하얀색이 섞였고 다른 한 마리는 검은색이라고 말했다. 그녀는 고양이들이 나오지 못하게 하려고 자기 귀에 기름을 집어넣었다.

에스퀴롤이 보기에 이러한 현상은 영혼에 악령이 든 게 아니라 귀신망상이라는 일종의 정신질환 때문에 생긴 것이었다. 귀신망상 demonomania이라는 용어는 악마를 뜻하는 고대 그리스어 daimōn에서 나왔다. 에스퀴롤의 설명에 따르면 14세기 네덜란드와 벨기에와 독일, 16세기 중반 로마에서 귀신망상이 대유행한 적이 있지만, 19세기 당시에는 매우 보기 드문 현상이었다. 《의료, 위생 및 의학적 법적 용어로 간주되는 정신질환Des maladies mentales considérées sous les rapports médical, hygiénique et médico-légal》(1838)에서 에스퀴롤은 자신이 만난 수많은 정신질환자 가운데 귀신망상에 시달린 사람은 20명도 되지 않았다고 썼다. "과거에는 마술, 마법, 지옥에 열광하다가 망상"에 빠졌다면 "이제는 경찰 앞잡이들에게 쫓기고 협박당하고 언제라도 감금될 수 있다는 망상에 빠진다"고 그는 말했다. 국가의 대리인들이 지옥의 대리인들을 대체한 것이다.

그러나 그의 판단은 성급했다. 정신질환에 관한 그의 독창적인 책이 출간되고 20년 후 프랑스와 스위스, 이탈리아의 접경 지역에 있는 산악 지역 오트사부아에서 귀신망상이 급속히 번졌다. 1857년부터 1860년대 중반 사이에 오트사부아의 소도시 모흐진느 주민 가운데 여자의 절반, 그리고 많은 남자와 아이들이 악마에게 홀린 것이다.

첫 번째 희생자는 페론느 타베르니에Péronne Tavernier라는 10세 여자아이였다. 1857년 어느 봄날 오전, 페론느는 교회를 나서자마자 사람들이 거의 송장이나 다름없는 아이 하나를 강에서 건져내는 광경을 목격했다. 그날 오후 실신해서 몇 시간 동안 의식을 잃은 페론느는 이후 몇 주에 걸쳐 몇 차례 더 발작을 일으켰고, 혼수상태에 빠졌다. 얼마 후 염소들을 돌보던 페론느의 친구 마리 플라냐Marie Plagnat도 페론느와 함께 의식을 잃었다. 머지않아 두 소녀는 환영을 보기 시작했다. 마리는 페론느의 아버지가 병에 걸려 죽을 거라고 예언했는데, 정말로 페론느의 아버지와 그가 기르던 가축이 원인을 알 수 없는 병으로 목숨을 잃었다. 마리의 형제들도 이상한 행동을 하기 시작했다. 여동생은 눈동자를 휙휙 돌려댔고 언니는 자기 몸 안에 악령들이 있다고 넋두리를 늘어놓았으며 남동생은 날다람쥐처럼 나무를 탔다.

몇 달 안에 모흐진느 주민 100명이 경련을 일으키고, 환영을 보고, 예언하고, 입에 거품을 물고, 방언을 쏟아내고, 곡예나 다름없는 행동을 했다. 1858년 여러 가족의 요청에 따라 모흐진느의 사제가 공개적으로 퇴마 의식을 거행했지만, 교회 안은 혼란의 도가니로 변했다. 저주를 받은 신도들이 경련을 일으키고 가구를 부수고 악을 쓰며 욕을 퍼부었다. 사제는 퇴마 의식을 비공개로 전환했다. 퇴마 의식을 진행하는 동안 영혼들이 악마에 씌어 고통받는 사람들을 통해 생전에 지은 죄를 고백하는 것처럼 보였다. 하지만 1860년 이 사제는 모흐진느 주민들이 악마에 씌인 것이 아니라 몸이 아파서 그런 것 같다고 발표했다. 이 말을 듣고 일부 교구 주민이 사제를 폭행했고, 급기야 경찰이 개입해야만 하는 상황까지 벌어졌다. 이듬해 감찰관과 군인들이 모흐진느에 파견돼 악령에 홀린 주민들을 조사하고 질서 회복에 나섰다. 감찰관은 악령에 홀린 주민들을 병원에 입원시키고 그들을 철저히 격리했다.

한동안 모흐진느에 평화가 찾아왔다. 그러나 1864년 병원에 격리됐던 사람들 가운데 다수가 퇴원해 모흐진느로 돌아오자 대유행이 재발했다. 5월에 한 주교가 모흐진느를 방문했을 때 수십 명의 여자가 묘지와 교회 바닥 여기저기에서 경련을 일으키고 있었다. 그중 일부는 제단 쪽으로 다가가는 주교에게 달려들어 신성모독적 발언을 하고 옷을 찢고 얼굴에 침을 뱉고 살을 깨물려고 했다.

이 소동이 벌어진 후 시 당국이 다시 팔을 걷고 나섰다. 당국은 주민들을 진정시키고 그들의 관심을 다른 곳으로 돌리기 위해 공연이나 무도회 같은 행사를 열었다. 도서관도 세우고 악마에 홀린 주민들을 다시 한번 병원에 입원시키고 종교 활동을 최소화했다. 이런 조치들은 효과가 있었다. 1868년이 되자 귀신망상 증상을 보이는 여자는 몇 명에 불과했고, 이웃 주민들은 이들을 아프거나 거짓말을 하고 있거나 지능이 떨어지는 사람들이라며 무시해버렸다. 사회학자 로버트 바살러뮤Robert Bartholomew는 이렇게 쓴다. "어쩌면 교회와 마법이라는 낡은 방식보다 과학자들의 새로운 방식에 따라 그들을 이렇게 재분류함으로써 사람들의 목숨을 구할 수 있었는지도 모른다. 이제 귀신망상은 집단적인 고통이 아니라 개인적인 고통으로 받아들여졌다." 모흐진느에서 일어난 사건들은 세상을 영적으로 이해하던 시대에서 과학적인 관점으로 이해하는 시대로 넘어왔다는 신호탄이었으며, 귀신망상은 집단 질환에서 개인의 질환으로 그 성격이 바뀌었다.

모흐진느 사건을 맨 처음 상세히 설명한 사람은 프랑스의 역사학자 카트린로랑스 메르Catherine-Laurence Maire이다. 그녀는 귀신망상이 이 소도시를 점령할 수 있었던 것은 모흐진느가 세속적인 현대 사회에 갑자기 노출되었기 때문이라고 주장했다. 수세기 동안 모흐진느 주민들은 산들에 둘러싸인 지형에 갇혀 다른 지역사회와 단절된 삶을 살았고, 가톨릭교회의 교리뿐만 아니라 마술과 악마를 믿는 오래된 신앙을 고수하고 있었다. 저 산 너머 세상에 대해 아는 사람이 거의 없었고, 주민 2000명 가운데 글을 읽을 수 있는 사람은 10퍼센트에 불과했다. 하지만 1850년대가 되자 이 지역에도 운송과 정보통신이 들어서기 시작했고, 남자들의 절반 이상은 돈을 벌러 제네바나 로잔으로 떠났다가 성탄절이 되어서야 돌아왔다. 그동안 그들의 아내와 어머니와 딸들은 모흐진느에 남아 가축과 땅을 돌봤다.

모흐진느 여성들이 귀신망상에 사로잡힌 것은 바로 이때, 즉 사회·인구학적으로 대변동이 일어나고 있던 시기였다. 미국의 저술가 앨런 와이스Allen S. Weiss는 그들이 "최종적인 해체를 향해 가고 있는 모흐진느의 문화 안에 원래부터 존재하던 고통과 열망을 표현하기 위해 주민들이 보여줄 수 있는 가장 극단적인 언어와 몸짓"을 효율적으로 사용했다고 주장한다. 귀신망상으로 인해 모흐진느에서 일어난 발작은 중세 세계가 죽어가면서 일으킨 몸부림이었다.

(참고) 비틀스광, 무도광, 카약공포증, 웃음광

무도광 CHOREOMANIA

1374년 한여름, 라인강을 따라 발생한 춤 전염병은 인근 시골까지 번졌다. 헤렌탈의 수도승 페테르는 이렇게 전했다. "남녀 불문하고 집과 교회와 거리에서 서로 손을 잡고 펄쩍펄쩍 뛰어오르며 춤을 췄다." 그들은 몇 시간씩 혹은 며칠씩 강박적으로 춤을 추다가 지쳐 바닥에 쓰러지고 나서야 춤을 멈췄다. 춤을 멈추자 "그들은 가슴에 심한 통증을 느꼈다. 허리에 린넨 옷을 꽉 졸라매지 않은 친구들이 보이면 그들이 죽어가고 있다며 정신 나간 사람처럼 울부짖었다." 실제로 사망자도 나왔다. "치료를 받고 회복한 사람들은 마치 피의 강에서 춤을 추는 듯한 기분이 들어서 공중으로 펄쩍펄쩍 뛰어올랐다고 당시 상황을 전했다." 훗날 무도광 choreomania(합창단 혹은 춤꾼들을 뜻하는 그리스어 khoros에서 유래)이라고 불린 춤 광기는 그해 10월 말까지 계속됐다.

　1518년 7월 14일 무도광이 재차 퍼졌다. 프라우 트로페아Frau Troffea라는 여자가 프랑스 스트라스부르의 한 거리에서 춤을 추기 시작했는데, 그 주가 끝날 때 34명이 그녀를 따라 춤을 추고 있었고, 그 달 말에는 춤추는 사람들이 400명으로 늘었다. 시 당국은 강당이나 시장을 춤꾼들에게 제공해서 이 난장판을 통제하려 했으나 오히려 사태만 악화시킨 결과를 낳았다. 그들이 춤을 멈췄을 때 쓰러져 있거나 심장마비 혹은 질식으로 숨진 사람이 수십 명에 달했다.

　이와 같은 춤 광기는 역사학자들의 흥미를 불러일으켰다. 1832년 독일인 의사 유스투스 프리드리히 헤커Justus Friedrich Hecker는 춤 전염병을 일종의 정서 전염, 다시 말해 '병적 연민'이라고 설명했다. 이 연민에 전염되면 다른 사람이 춤을 추는 모습을 보고 자신도 춤을 춰야겠다는 마음이 생겼다. 헤커는 무도광을 일으킨 최초의 원인으로 흑사병 혹은 가래톳흑사병을 의심했다. 1347년부터 1351년 사이에 유럽 인구의 절반이 흑사병으로 목숨을 잃었다. 생존자 중에도 절망의 늪에서 허우적거리는 사람들이 많았는데, 헤커는 그중 일부가 공황과 슬픔을 춤으로 발산한 것이라고 생각했다. 헤커의 해석을 토대로 존 월러John Waller는 춤 역병이 집단 심인성 질환이며, 두려움 때문에 생겨 모방을 통해 퍼진다고 주장한다. 월러에 따르면 가장 파괴적인 춤 전염병은 항상 새로운 고난을 겪은 후에 발생했다. 예를 들어 1373년과 1374년에는 라인강이 범람하면서 거리와 집들이 물에 잠겼고, 1518년의 스트라스부르는 이전 10년간 기근과 질병, 혹독한 추위에 시달렸다는 것이다. 켈리나 고트먼Kélina Gotman은 춤 전염병이 사회적 격변과 원시성의 급증, 무절제를 보여주는 증상이라고 설명한다. 죽도록 춤을 추는 사람들은 "갈등이 불거진 문명에서, 불화와 틈이 있는 곳에서 등장하며, 그 틈으로 춤을 추는 사람들이 쏟아져 나오는 것 같다"고 고트먼은 쓴다.

라인강을 따라 펼쳐진 광란의 춤판이 실은 맥각麥角으로 인한 정신착란과 경련의 분출이었다는 주장도 있다. 향정신성 곰팡이인 맥각은 축축한 호밀에서 자란다. 요컨대 라인강 주변의 밭이 물에 잠겨 맥각에 오염된 빵을 먹게 되면 정신착란을 일으킬 수 있다는 얘기였다. 하지만 사회학자 로버트 바살러뮤는 헝가리와 폴란드, 보헤미아에서 온 순례자들이 무도광의 불씨가 됐을 가능성에 더 무게를 둔다. 순례자들에게 춤은 예배의 한 방식이었고, 자기 마을에서 춤을 추는 순례자들을 보고 주민들이 동참했으리라고 본 것이다. 바살러뮤는 프랑스의 연대기 작가 장 두트르뫼즈Jean d'Outremeuse를 인용한다. 두트르뫼즈는 1374년 9월 11일에 이렇게 적는다. "북쪽에서 리에주까지 온 … 한 무리의 사람들은 쉬지도 않고 춤을 췄다. 똑같은 옷을 입은 그들은 제 자리에서 깡충깡충 뛰었고 … 온 동네가 떠나갈 듯 세례자 성 요한의 이름을 외치면서 맹렬히 박수를 쳤다."

바살러뮤는 중세 시대에 춤이 속죄의 행위가 될 수 있었다고 지적한다. 1188년 여름, 국왕의 성직자인 제랄드 드 바리Gerald de Barri는 웨일스의 한 교회에서 거행된 의식을 묘사했다. 남녀 신도들은 성녀 알메다의 성소에서 춤을 춘 뒤 "교회 경내를 돌면서 노래를 부르고" 춤을 추다가 "갑자기 무아지경에 빠진 듯 바닥에 쓰러지더니 발작이 일어난 사람들처럼 벌떡 일어났다." 그들은 춤을 추면서 자신이 저지른 가벼운 죄를 재연해 보였다. 예를 들면 신성한 기독교 축일에 부도덕하게 밭을 갈거나 신발 한 켤레를 성의 없이 대충 수선하는 동작을 말없이 몸짓으로만 표현했다. 그런 다음 제단 앞으로 돌아왔을 때 그들은 "별안간 잠에서 깨더니 정신이 돌아왔다." 자기 자신과 분리된 상태에서 추는 춤은 영적 상태에서 추는 춤으로 여겨졌고, 그들은 이러한 영적 상태를 통해 죄를 고백하고 용서를 구했다.

(참고) 비틀스광, 귀신망상, 웃음광

부자망상 PLUTOMANIA

17세기에 부자망상plutomania(그리스어 ploutos는 재산을 의미한다)이라는 용어는 무모하게 부를 좇는 행위를 묘사할 때 사용됐다. 스코틀랜드의 작가 토머스 어큐하트 경Sir Thomas Urquhart은 부자망상에 빠진 당대의 사람들을 보며 혀를 찼다. "그들은 미친 듯이 돈을 좇는다. 이 세상의 쓰레기를 좇고 있다." 1894년 이 단어는 미국 학술지 《포럼The Forum》에서 부를 소유하는 망상, 다시 말해 부에 대한 환각을 묘사하기 위해 사용됐다. 1930년에는 애리조나 로웰천문대의 젊은 천문학자 클라이드 톰보Clyde Tombaugh가 태양계의 아홉 번째 행성(이 행성의 이름으로 지하세계를 관장하는 로마 신의 이름을 따 명왕성 Pluto을 제안한 영국의 11세 여학생은 상금으로 5파운드를 받았다)을 발견하면서 또 다른 '플루토마니아Plutomania'가 미국을 휩쓸었다.

미국은 새로운 행성에 열광했다. 명왕성Pluto 쇼를 보기 위해 수많은 사람이 뉴욕의 미국자연사박물관을 찾았다. 언론은 앞다퉈 톰보에게 인터뷰를 요청했고, 독자들이 밤하늘에서 명왕성을 찾는 데 도움을 줄 그림을 지면에 실었다. 1931년 월트디즈니는 미키마우스의 애견 이름을 플루토라고 지었다. 이 강아지가 1930년에 미니마우스의 강아지로 처음 등장했을 때의 이름은 로버였다.

'플루토 마니아'라는 단어의 더 오래된 두 가지 의미, 즉 혈안이 되어 부를 좇는 행위와 엄청난 재산을 소유하고 있다는 망상은 1929년 재앙을 부른 월스트리트의 대폭락에 원인을 제공했다. 미국 경제가 침체기로 접어들자 나중에 생긴 '플루토 마니아'는 다가올 고난을 잠시라도 잊고 싶은 사람들의 기분을 풀어주는 오락거리 역할을 했다.

(참고) 비틀스광, 과대망상, 편집광, 튤립광

비틀스광 BEATLEMANIA

1963년이 저물어갈 무렵, 잉글랜드 중서부 칼라일에서 비틀스의 공연을 보기 위해 줄을 서서 입장권을 사고 있던 사람들 사이에서 싸움이 벌어졌다. 600명의 소녀가 이 싸움에 휘말렸고, 9명은 병원으로 이송됐다. 보도에 따르면 본머스, 맨체스터, 뉴캐슬어폰타인, 벨파스트, 더블린에서도 비슷한 상황이 벌어졌다. 《데일리 메일》에는 이런 기사 제목이 실렸다. "이것이 비틀스광이다. 이 열풍은 어디까지 이어질까?"

그 열풍은 이듬해 비틀스를 따라 미국까지 이어졌다. 수천 명의 소녀와 젊은 여성들이 케네디 공항에서 비틀스를 기다렸다. 맨해튼 플라자 호텔 앞에도 수백 명이 진을 치고 있었다. 비틀스는 미국의 23개 도시를 돌며 매일 밤 공연을 펼쳤지만, 그들이 부르는 노래는 청중이 지르는 비명에 묻혀 들리지 않았다. 흐느껴 울고 애끓는 소리로 울부짖는 사람들에 둘러싸여서도 비틀스는 분위기에 휘둘리는 내색 없이 공연을 이어갔다. 눈이 풀리거나 실신하는 팬들까지 있었다. 마치 성적 희열이나 종교적 무아지경에 빠진 사람들 같았다. 《뉴욕 타임스》는 비틀스 팬들을 1940년대에 지르박 춤에 열광했던 사람들과 비교하기도 했다. 독일 사회학자 테오도르 아도르노Theodor Adorno는 열광적인 지르박 팬들을 "춤추는 복종자들"이라고 묘사하면서, 군중으로 뭉치고 싶은 인간 본래의 욕망에 이끌려 나타난 현상이라고 설명했다. '비틀스에 열광하는 사람들'은 어머니가 되고 싶은 소망이 간절한 사람들이라고 평한 논객도 있었다. 나중에 아이를 출산할 때 지를 비명을 미리 연습 중이라는 것이었다.

비틀스광에 대한 구술 역사서를 쓴 게리 버먼Garry Berman은 1963년 〈에드 설리번 쇼〉에 출연한 비틀스를 보고 충격을 받았다는 젊은 여성의 말을 전한다. "우리는 텔레비전을 느끼고 있었어요. 텔레비전을 만지면서 비명을 질렀어요. 나중에 텔레비전을 깨끗이 닦아야 했을 정도로요. … 제 기억엔 우리 전부 마룻바닥에 누워 있었어요. 그건 뭐랄까, '세상에, 우리가 뭘 본 거지?' 그런 느낌이었죠."

어떤 소녀는 비틀스 공연이 끝난 뒤 "비명만 질렀다"고 회상했다. "저도 어쩔 수 없었어요. 저 자신을 도저히 어떻게 할 수가 없었어요." 또 다른 팬이 말했다. "머리카락을 쥐어뜯으면서 쉬지 않고 비명

을 질러댔어요. 하도 소리를 질러서 공연이 끝난 뒤 말이 안 나올 정
도였으니까요." 안도감 혹은 슬픔에 빠진 소녀 팬들도 있었다. 한 소
녀는 버먼에게 이렇게 말했다. "전 울었어요. 그냥 거기 앉아서 울었
어요. 왜 그랬는지 저도 모르겠어요." 제이콥 스미스Jacob Smith는《보
컬 트랙Vocal Tracks》(2008)에서 비틀스 팬들의 비명을 훗날 존 레넌과
오노 요코가 연습한 프라이멀 스크림 요법primal scream therapy(원초
적인 비명 소리를 통해 두려움과 트라우마를 치유하는 치료—옮긴이)에 비
교했다. 비명과 울부짖음은 깊이 감추어진 애욕적 자아libidinal self를
발산하는 방법이 될 수 있었다.

　모두가 비틀스에 열광한 것은 아니다. 재즈 뮤지션 노엘 카워드
Noël Coward는 1965년 그들의 공연을 본 뒤 일기에 이렇게 적었다.
"악의 없고 어딘가 어수룩해 보이는 네 청년이 로마의 한 경기장에서
공연을 펼쳤다. 청중은 '대규모 수음 파티'에 미친 듯이 빠져들었다.
마음 같아서는 꺅꺅 비명을 질러대는 그 맛이 간 애들을 몇 명 데려가
서 정신이 번쩍 들게 해주고 싶었다."《뉴 스테이츠먼New Statesman》
의 기자 폴 존슨Paul Johnson도 경멸을 금치 못했다. "비틀스 주변에
몰려들어 비명을 지르며 과잉 흥분하는 사람들, 텔레비전 화면에 얼
빠진 얼굴로 비치는 그들은 그들 세대에서 가장 불행하고 우둔하며
게으른 낙오자들이다."

　1960년대 이후 팝 스타를 향한 집단 광기가 부활했는데, 2012
년 캐나다 가수 저스틴 비버Justin Bieber가 일으킨 '비버 열병Bieber
Fever'도 그중 하나다. 작가 도리언 린스키Dorian Lynskey는 비틀스광
의 조짐이 리스트광Lisztomania에서 시작됐다고 말한다. 리스트광은

1844년 독일의 시인 하인리히 하이네Heinrich Heine가 만든 용어다. 미남에다 카리스마까지 넘치는 피아니스트 프란츠 리스트Franz Liszt 의 콘서트가 끝난 뒤에는, 하이네의 표현을 빌리자면, "열광의 연대 기에서 전례가 없는 진정한 광기"가 분출됐다. 리스트에 열광하는 여 성 숭배자들은 소리를 질러대고 박자에 맞춰 발을 구르고 황홀감에 빠져 자기도 모르게 비명을 내질렀다. 그들은 리스트의 머리카락에 서부터 피아노 줄, 그가 피운 시가 꽁초, 그가 마신 커피 찌꺼기까지 수집했다.

비버 열병과 리스트광이 그랬듯이 비틀스광도 기본적으로 성적 의도와는 거리가 멀었다. 이 열광은 성관계로 이어지지 않을 에로틱 한 격정이었으며, 팬들 사이에 연대감을 형성해준 공동의 집착이었 다. 비틀스 멤버들은 단순히 갈망의 대상이 아니라 모방의 대상이기 도 했다. 리사 루이스Lisa Lewis가 쓴 《사랑에 빠진 팬들The Adoring Audience》(1992)에서 한 여성 팬은 이렇게 회상했다. "비틀스한테 성 적 매력은 느끼지 못했어요. 그보다는 자유에 대한 갈망을 많이 느꼈 어요. 나는 나중에 커서 아내가 되고 싶지 않았는데, 내가 원하는 그 런 자유를 비틀스가 누리고 있는 것 같았어요. 그들은 규칙에 얽매이 지 않고 침대에 누워 이틀을 보낼 수도 있었어요. 그들은 오토바이를 타고 돌아다녔고 룸서비스로 밥을 시켜 먹었어요. 나는 폴 매카트니 와 자고 싶다는 생각은 안 해봤어요. 나는 너무 어렸으니까요. 하지만 그들처럼 되고 싶었어요."

그러나 비틀스를 숭배하는 감정은 한순간 공격성으로 돌변할 수 도 있었다. 잡지 《라이프Life》는 이렇게 경고했다. "만약 비틀스 멤버 중 한 명이 경호원 없이 거리로 나온다면 그는 팬들에게 사지를 절단당하고 깔려 죽는 상황이 현실로 나타날 위험을 감수해야 할 것이다." 흔히 알려진 힘의 균형과는 반대로 성적 포식자는 젊은 여성들이었고, 리버풀에서 온 소년들은 그녀들이 뒤좇는 먹잇감이었다. 1965년 비틀스가 두 번째 미국 순회공연을 마치고 뉴욕을 떠날 때 한 무리의 팬들은 경찰관들의 갈비뼈를 부러뜨리고 판유리로 된 비행기 문짝과 창문 23장을 산산조각 냈다.

비틀스가 출연한 영화 〈하드 데이즈 나이트A Hard Day's Night〉는 이 매력덩어리 4인조가 차 안에서 몸을 숙이고 있다가 황급히 호텔 안으로 뛰어 들어가면, 10대들이 악을 쓰면서 비틀스를 뒤좇는 장면을 보여준다. 이 통제 불능의 젊은 여자들은 스스로 이야기의 주인공이 됐다.

(참고) 무도광, 귀신망상, 웃음광, 모발광

서적수집광 BIBLIOMANIA

구스타브 플로베르Gustave Flaubert는 14세 때 쓴 중편 소설 〈서적수집광Bibliomanie〉에서 책 거래상을 이렇게 묘사했다. 자코모는 "그 창고들을 서둘러 둘러봤다. 그는 황홀함과 기쁨에 취해 자신의 도서관에서 이 통로 저 통로를 정신없이 뒤지고 다녔다. 그러다가 멈춰 섰다. 그의 머리는 헝클어졌고 시선은 한 곳에 고정됐고 눈은 초롱초롱 빛났다. 잔뜩 흥분한 탓에 축축해진 두 손은 서가의 나무에 닿을 때마다 파르르 떨렸다." 플로베르의 책 거래상은 자기가 소장한 책을 미친 듯이 사랑했다. 머지않아 자코모는 그중 한 권의 책과 자기 목숨을 맞바꾸게 된다.

책을 뜻하는 그리스어 biblios에서 유래한 프랑스 단어 Bibliomanie가 기록에 처음 등장한 건 1734년이다. 하지만 서적 수집 열풍이 최고조에 달한 건 18세기 말 영국에서였다. '서적 수집'은 광란의 투기판으로 변질됐고, 그 광기는 1630년대 네덜란드의 튤립광에 맞먹었다. 맨체스터의 의사 존 페리에John Ferrier는 시 〈서적수집광The Bibliomania〉(1809)에서 책에 사로잡힌 자기 나라 사람들을 신기하게 바라봤다.

> 무모한 갈망, 만족을 모르는 고민거리가 그를 점령했네
> 책 병에 걸린 것 같은 그 불행한 인간을 점령했네.

1789년 프랑스혁명 이후 많은 상류층이 개인 도서관을 팔아치우자 수많은 희귀 서적이 수집가들 손에 들어갔다. 게다가 새로운 책들—재판再版, 선집, 해설서—까지 출간되자 오래된 원본의 희귀성은 눈부신 광채를 발했다. 문학사가 필립 코넬Philip Connell은 "지난날의 문학이 남긴 물리적인 흔적들에 가격표가 붙었고, 증기 프레스와 연판 인쇄 도입과 맞물려 사회적 신분과 성스러운 유물의 숭고한 아우라까지 갖추게 됐다"고 말한다. 당시 자료에 따르면, 고서 가격은 19세기의 첫 20년간 네 배로 폭등했다.

개인 도서관을 만든 사람들은 문학적 유산의 수호자라도 된 듯 어

깨에 힘을 줬다. 그러나 1801년 아이작 디스레일리Isaac D'Israeli는 그들을 "소화력도, 미각도 없는 대식가"에 비유했다. 디스레일리가 보기에 그들은 자기들이 먹을 수 있는 것보다 더 많은 양을 비축해두는 사람들이었다. 그들의 도서관은 책의 감옥이라고 그는 썼다. 그 감옥 안에서 "표제와 비단 줄 장식, 세 겹의 금띠, 연한 빛깔이 들어간 가죽 등 온갖 화려함을 걸친 책들이 일개 독자의 천박한 손이 닿을 수 없도록 철사로 만든 상자 안에 갇혀 보호받고 있었다. 철통같은 경계 사이로 보일 듯 말 듯 모습을 드러내는 그 책들은 동양의 미인들처럼 우리 눈을 아찔하게 만든다." 이 책들은 읽기 위한 것이 아니라 관상용이었다. 유통에서 제외된 이 책들을 보고 있으면 마치 그들만의 방에 갇힌 이슬람 여성들이 떠올랐다. 책들은 감질나게 전시되어 있었다. 물씬 풍기는 가죽 냄새와 금으로 압형된 표지는 관능적이고 탐이 났지만 책은 덮여 있었고 안의 내용은 알 길이 없었다.

영국의 성직자 토머스 프로그널 딥딘Thomas Frognall Dibdin은 《서적수집광Bibliomania, or Book Madness》에서 귀족과 고서 수집가, 사업가들이 자기들 멋대로 책을 사고팔았다고 전한다. 한 예로 1812년 3대 록스버러 공작 존 커John Ker의 개인 도서관 경매는 "배짱, 헐값, 파손, 광분"이 난무하는 42일간의 정신 나간 쇼로 둔갑했다. 이 경매에서 조반니 보카치오Giovanni Boccaccio의 《데카메론Decameron》 1471년 판본은 2260파운드(오늘날 가치로 환산하면 20만 파운드 이상)에 팔렸다. 딥딘의 설명에 따르면 수집광들이 최고로 치는 책은 "초판본, 진본, 고딕체로 인쇄된 책, 대판본, 제본 기술자가 제본 공구로 가장자리를 베지 않은 책, 삽화본, 모로코 가죽으로 장정하거나 금띠로 장식한 특별판, 양피지에 인쇄한 책"이었다. 그들이 사랑한 것은 책의 몸통이었다.

1836년 유명한 서적수집광 리처드 헤버Richard Heber가 남긴 책 15만 권이 공개됐을 때 딥딘은 이렇게 썼다. "여기저기 둘러보면서 혀를 내둘렀다. 방, 찬장, 통로, 계단 할 것 없이 숨이 막힐 것처럼 많은 책이 있는 광경은 일찍이 본 적이 없었다. 세 겹으로 된 줄도 있고 두 겹으로 된 줄도 있었다. 서가의 한쪽 끝에서 반대쪽 끝까지 얇은 4절판 책 수백 권―서로 겹쳐 있는 것도 있고―이 얇고 쪼그라든 12절판 책들 위에 세로로 놓여 있었다. 천장 맨 꼭대기까지 책들이 산더미처럼 쌓여 있었고 여기저기 아무렇게나 쌓아놓은 수많은 책더미가 바닥을 뒤덮고 있었다." 죽은 자의 도서관은 수많은 책이 서로 질식시키고 눌러 짓밟는 붕괴의 현장이자 지식의 묘지였다.

책 거래상 자코모는 플로베르가 실제 인물을 모델로 만든 캐릭터였다. 플로베르는 신문에서 한때 수도승이었던 돈 빈센트Don Vincente라는 서적상의 살인사건 재판 기사를 읽고 1836년에 서적수집광이자 책 거래상인 자코모라는 인물을 만들었다. 이 재판에 관해서 다른 기록이 없는 것을 보면 《법원 관보La Gazette des Tribunaux》에 실린 그 기사는 날조된 이야기일 가능성도 있다. 아무튼 기사에 따르면 돈 빈센트는 희귀 서적 한 권을 손에 넣기 위해 경쟁 관계에 있던 서적상의 집에 불을 질렀다. 불에 타 죽은 경쟁자의 집에서 사라진 책 한 권이 돈 빈센트의 집에서 발견됐고, 그는 살인죄로 기소됐다. 재판에서 돈 빈센트의 변호인은 문제의 그 희귀 서적 광고가 버젓이 실려 있는 카탈로그를 증거로 제시했다. 그는 돈 빈센트가 불에 탄 집에서 책을 훔친 것이 아니라 카탈로그에서 광고하는 그 책을 구입한 것일 수도 있다고 주장했다. 변호인의 얘기를 듣는 순간 돈 빈센트는 비통함을 감추지 못하며 울부짖었다. 그 순간 재판은 끝난 것이나 다름없었다. "아아! 이럴 수가! 내가 가지고 있는 책이 유일한 게 아니었어!" 그는 사형선고를 받았다.

대량 출판의 시대에 희귀 서적은 어느 때보다도 강렬하게 수집가들을 유혹했다. 세상에 딱 한 권밖에 남지 않은 책을 소유하는 것은 물질적으로뿐만 아니라 영적으로도 그 책을 소유하는 것이나 다름없었다. 딱 한 권뿐인 책을 갖게 되면 왠지 저자의 영혼을 손에 넣는 기분이었다. 책 때문에 목숨을 잃은 그의 경쟁자처럼 돈 빈센트도 자기 목숨보다 책을 소유하려는 욕심이 더 컸다.

서적수집광은 종종 범죄로 이어졌다. 아이오와의 '책 도둑' 스티븐 블룸버그Stephen Blumberg는 2만 3600권이 넘는 책을 훔친 혐의로 1990년에 기소되었다. 미국 전역의 대학과 박물관 300여 곳에서 그가 훔친 책은 가격으로 환산하면 530만 달러에 달했다. 그의 전리품 중에는 상아색 송아지 가죽으로 장정한 1493년 판 《뉘른베르크 연대기Nuremberg Chronicle》도 있었다. 피고 측 증인으로 나온 정신의학자는 블룸버그가 경제적 이득을 바라고 책을 훔친 것은 아니라고 증언했다. 블룸버그에겐 상당한 액수의 신탁 자금이 있었다. 그는 돈 때문에 책을 훔친 것이 아니라 강박적 수집가였다. 철거가 예정된 동네의 빅토리아풍 주택에서 스테인드글라스와 문손잡이를 훔쳤을 때부터 그는 범죄의 길로 들어서게 됐다.

2009년 이란 출신의 백만장자 작가이자 사업가인 파라드 하킴자데Farhad Hakimzadeh도 책 도둑으로 전락했다. 그는 옥스퍼드대학교의 보들리언도서관과 런던의 영국국립도서관에 소장된 여러 권의 책에서 150페이지를 훔친 혐의로 유죄 판결을 받았다. 하킴자데는 수술용 메스로 조심스럽게 책의 낱장을 자른 다음 나이츠브리지에 있는 집으로 가져가 자기가 소장하고 있던 방대한 책들 가운데 손상된 페이지와 교체했다. 그가 훼손한 책들은 대부분 16세기와 18세기 사이에 중동과 근동 지방에서 발생한 사건 중 유럽과 관련된 내용들이었다. 한 예로 그가 잘라간 한 페이지 중에는 아들 한스 홀바인Hans Holbein the Younger이 그린 지도가 있었는데, 그 가치는 무려 3만 파운드에 달했다.

영국국립도서관의 영국 및 초기 인쇄물 소장품 책임자는 "머리끝까지 화가 치밀었다." 그는 언론과의 인터뷰에서 하킴자데를 신랄하게 비판했다. "하킴자데는 엄청난 갑부다. 그런 사람이 만인의 재산을 훼손했다. 이 나라가 여러 세대에 걸쳐 자본과 노력을 투자해온 재산을 그는 자신의 이익을 위해 철저하게 이기적인 의도로 파괴한 것이다." 이 사건을 담당한 판사는 도서관 책임자보다 좀더 이해심이 많은 사람인 듯했다. "당신은 책을 엄청나게 사랑하는군요." 판사는 징역 2년을 선고하면서 하킴자데에게 말했다. "그 사랑이 너무 깊은 나머지 선을 넘은 것 같군요."

참고　도벽, 구매강박증, 저장강박증, 튤립광

웃음광 LAUGHING MANIA

1960년대 아프리카에서는 장시간 미친 듯이 웃는 병이 초등학생들 사이에서 돌고 있다는 보고가 몇 차례 있었다. 로버트 바살러뮤와 밥 리카드Bob Rickard의 《학교를 덮친 집단 히스테리Mass Hysteria in Schools》(2013)에 따르면, 1962년 1월 웃는 병이 최초로 발생한 곳은 탕가니카(현재의 탄자니아)의 기독교 선교 대학으로 알려졌다. 카샤샤의 기숙학교에 다니는 세 명의 소녀는 빅토리아 호수에서 걷잡을 수 없는 웃음을 터트리기 시작했다. 그들은 웃다가 갑자기 흐느껴 울고, 그러다가 다시 미친 듯이 웃어댔다. 이 발작적인 웃음은 전염성이 있는 것 같았다. 세 소녀와 같은 반에 다니는 학생 몇 명도 웃음 발작을 일으켰다. 웃음 발작에 전염되는 학생은 날마다 늘어났다. 어떤 아이들은 안절부절못하며 흥분했고, 누가 자기를 쫓아오고 있다며 운동장을 뛰어다녔다. 머릿속에서 뭔가가 꿈틀거리는 것 같다고 호소하는 아이들도 있었다.

3월이 되었을 때 엔드와라 야 쿠체카endwara ya Kucheka, 즉 웃음병이 심각해지자 학교는 문을 닫고 회복을 위해 학생들을 집으로 돌려보냈다. 5월이 되자 학생들 상태가 호전된 것처럼 보여 학교 문을 열었으나 곧바로 킬킬 웃다가 흐느껴 우는 증상이 다시 시작됐다. 이후 18개월 동안 그 지역에서 1000명 이상의 학생들이 미친 듯한 웃음에 전염됐고, 적지 않은 학생들은 울면서 뛰어다니는 증상을 동반했다. 조사팀이 식중독과 바이러스성 질환을 검사했지만 둘 다 증거를 발견하지 못했다. 여학생들의 부모는 죽은 조상의 혼령이 아이들에게 깃든 것일 수 있다고 생각했다.

웃음 광기는 1966년에 재발했고, 빅토리아 호수 인근의 학교 두 곳은 또다시 휴교 조치를 내려야 했다. 보건부 관리는 "초등학생들, 특히 여자아이들 사이에서 웃음병이 삽시간에 번지고 있다. 한 여학생이 큰 소리로 웃기 시작하면 나머지 학생들이 따라 웃는다. 누구도 아이들을 통제할 수 없다. 유일한 해결책은 1~2주 동안 아이들을 서로 떼어놓는 것이다"라고 《뉴욕 타임스》에 말했다. 이후 10년 동안 우간다와 잠비아, 보츠와나 북부의 초중고와 대학에서도 비슷한 사례들이 보고됐다.

이와 같은 심인성 발작은 적어도 19세기 이후 초등학생들, 그중에서도 특히 사춘기에 접어드는 여학생들 사이에서 발생해 무의식적 모방 과정을 통해 퍼진 것으로 보인다. 1893년과 1904년 스위스 바젤, 1905년과 1906년 독일 마이센에서는 여학생 수십 명이 몸을 떨면서 흔들어댔다. 1965년 잉글랜드 랭커셔주 블랙번에 있는 한 중등학교에서는 여학생 85명이 원인을 알 수 없는 기절과 경련 증세 때문에 병원에 실려갔고, 2001년 태국에서는 캠프에 참가했던 학생 100여 명이 유령을 본 것 같다고 말한 후 호흡 곤란 증세를 일으켰다. 2011년 뉴욕 르로이에서는 10대 여학생들이 온몸을 비틀며 경련을 일으키기 시작했고, 2014년 콜롬비아 엘카르멘에서는 한 집단이 경련을 일으키면서 실신했다는 보도가 있었다.

이러한 집단 광기는 질병에 생물학적·심리학적 요소뿐만 아니라 사회적 요소도 있음을 보여준다고 신경학자 수전 오설리번Suzanne O'Sullivan은 말한다. "가끔 의사들은 사람들의 머릿속을 들여다보느라 너무 바빠서 질병을 일으키는 사회적 요인을 잊곤 한다. 어쩌면 환자의 사회적 세계를 너무 자세히 들여다보길 꺼린다고 하는 편이 더 맞는 말일지도 모르겠다. 의사들이 그러는 이유는 환자 본인이나 가족 혹은 환자가 속한 공동체에 병의 원인을 떠넘긴다는 비난을 받을까 봐 두렵기 때문이다." 사춘기에 접어든 초등학생들은 '사회적 전염'에 누구보다도 취약하며, 언론의 관심은 유행을 확산하고 연장하는 전염의 또 다른 요인으로 작용할 때가 많다고 오설리번은 지적한다. 전 세계를 돌아다니며 집단 광기를 연구한 그녀는 그와 같은 질병을 뿌리 뽑는 것이 정말 옳은 일인지 의구심을 품는다. "내가 만난 많은 사람들은 심리적인 문제로 인한 질병 덕분에 생명을 유지하는 데 큰 도움을 받았다. … 갈등을 말로 설명하기보다 구체적으로 표현하고 몸으로 보여주는 게 더 감당하기 쉽고 실용적일 때도 있다." 그녀는 이러한 무의식적 행동들이 하는 이야기에 관심을 기울여야 한다고 촉구한다.

탄자니아의 소아과 의사 G. J. 이브라힘G. J. Ebrahim은 1960년대에 중앙아프리카와 동아프리카에서 퍼진 웃음병은 사회의 변화에 대한 불안감의 반영이라고 주장했다. 가정에서 전통적이고 보수적인 부족 정신에 의지해 살아가던 아이들은 선교학교에서 그들 부모나 조부모의 신념과 배치되는 여러 가지 사상에 노출됐다. 게다가 당시는 정부가 농촌 가구를 상대로 손바닥만 한 그들의 농장을 떠나 도시에 계획적으로 조성된 촌락으로 이주를 강요하던 시기였다. 그들은 조상이 일궈놓은 땅, 조상의 무덤이 있는 땅, 조상의 혼령들이 보호해주던 땅에서 쫓겨나고 있었다. 이러한 격변에 휩쓸리고 사춘기의 생

리학적·정서적 변화까지 겪게 된 소녀들은 뛰어다니고 흐느껴 울다
가 미친 듯이 웃어댔다.

(참고) 비틀스광, 무도광, 귀신망상, 카약공포증

저장강박증 SYLLOGOMANIA

'수집'을 뜻하는 그리스어 syllogē에서 유래한 용어인 저장강박
증syllogomania은 물건을 모아두고 싶은 충동을 말한다. 2008년 자료
에 따르면 전 세계 인구의 2~5퍼센트가 저장강박증을 앓고 있다. 이
용어가 처음 사용된 건 1960년대 초반으로 보인다. 당시 물건 쌓아두
기에 관한 연구들이 영국의 의학 학술지에 등장하기 시작했다. 하지
만 저장강박증이 널리 퍼지게 된 건 1990년대에 들어서였다.

이보다 한참 전인 20세기의 첫 10년 동안 두 명의 부유한 뉴욕 시
민은 5번가에 위치한 3층짜리 적갈색 벽돌 주택에 170톤에 달하는
물건들을 모아두고 있었다. 공대 출신의 콘서트 피아노 연주자 랭글
리 콜리어Langley Collyer는 집 안에 미로를 방불케 하는 터널을 만들
어 놓고 전직 해군 변호사인 시각장애인 동생 호머와 함께 살았다. 랭
글리가 책과 신문 더미로 세워놓은 높은 장벽 안에는 서너 대가 넘는
그랜드 피아노와 엑스레이 기계, 머리가 두 개인 태아의 유골, 온갖
자동차 부품과 깡통들, 카누, 샹들리에가
깊숙이 파묻혀 있었다. 형제는 1910년대
에 전화 사용을 중단했고, 1920년대에는

가스, 1930년대에는 전기 사용을 중단했다. 랭글리는 동생의 시력이 회복될까 싶어서 매일 오렌지 100개를 호머에게 먹였고, 동생이 시력을 회복하면 읽으라고 신문을 모아두었다. 1947년 이웃들이 경보를 울려서 경찰이 문을 부수고 집 안으로 들어갔을 때, 랭글리는 직접 제작한 부비트랩에 걸려 자신의 미로 안에서 압사당해 있었고 시신은 이미 쥐들이 갉아먹은 상태였다. 1미터 옆에는 형이 음식을 먹여줄 수 없게 되자 굶어 죽은 호머의 시신이 있었다.

그 이후 몇 년간 미국의 부모들은 자녀들에게 방 정리를 깔끔히 하지 않으면 콜리어 형제처럼 된다고 겁을 주곤 했다. 그러나 에드거 로런스 닥터로Edgar Lawrence Doctorow는 소설 《호머와 랭글리Homer & Langley》(2009)에서 형제의 물건 저장을 좀더 낭만적으로 묘사했다. 닥터로는 물건 저장을 일종의 여행으로 해석하면서 콜리어 형제를 "이민자들"이라고 표현했다. 파편들의 왕국을 건설했을 때 콜리어 형제는 "이 나라를 떠나 그들의 고국으로 가고 있었다."

콜리어 형제가 죽던 그해, 독일의 사회학자 에리히 프롬Erich Fromm은 개개인은 '소유' 또는 '존재'로 자신을 정의한다고 주장했다. 소유물 또는 경험이 존재의 토대라는 것이다. 프롬은 《자기를 위한 인간Man for Himself》(1947)에서 '저장 성향'을 가진 사람들은 사람보다 물건에 감정을 쏟기 때문에 의심스럽고 내향적인 유형이라고 말했다. 1951년 정신분석가 도널드 위니컷Donald Winnicott은 아기 때는 누구나 낯선 환경에서 자신을 안심시켜줄 물건, 이를테면 봉제 완구나 담요 같은 것에 감정을 쏟는다고 말했다. 우리가 스스로 위로하는 법을 배우기 전까지는 그러한 물건들이 부모의 다독이는 손길을 대신한다는 것이다. 어쩌면 저장강박증 환자들은 부모의 양육을 내면화하지 못한 탓에 어른이 되어서도 자신을 돌봐주는 역할을 주위의 물건들에 부여하고 있는지도 모른다. 온갖 물건이 빽빽하게 늘어서 있는 저장강박 증상자들의 집은 흡사 둥지나 곤충의 고치, 동굴이나 군인들의 벙커를 연상시킨다. 하지만 정작 그들은 비좁은 공간에 갇혀 있다고 느끼기는커녕 요람 안에서 보호받고 있다고 느낄 수도 있다. 충격적인 사건을 경험한 사람들에겐 물건들이 말 그대로 위험을 막아주는 방패가 되기도 한다. 그 물건들이 침입자의 진로를 차단하는 역할을 하는 것이다.

《잡동사니의 역습: 죽어도 못 버리는 사람의 심리학Stuff: Compulsive Hoarding and the Meaning of Things》(2010)에서 랜디 O. 프로스트Randy O. Frost와 게일 스테키티Gail Steketee는 저장강박 증상자들의 물건이 종종 그들의 분신 역할을 한다고 말한다. "내 몸과 내 집은 말하자면 같은 존재입니다." 53세의 여성 아이린은 프로스트에게 그렇게 말했다. "내가 물건들을 집 안에 들여놓는 건 위안을 얻기 위해서예요." 아이린은 활달하고 붙임성 있으며, 시간제 부동산 중개인으로 일하면서 두 아이를 키우는 엄마이기도 했다. 하지만 그녀의 설명에 따르면 자신의 저장강박 때문에 남편이 집을 나갔고, 강박적으로 모아둔 물건 때문에 창피해서 친구들을 초대하지도 못했다. 그녀의 물건들은 그녀의 정체성을 말할 때 없어서는 안 될 요소였다. "소유하고 보관하고 보존하는 건 나란 사람의 일부예요." 그녀가 말했다. "만약 물건을 왕창 내다 버린다면, 나에 대해서 말할 수 있는 건 아무것도 남지 않겠죠."

프로스트가 그녀의 집을 방문했을 때, 아이린은 "좁은 통로"를 거쳐 방으로 그를 안내했다. 방마다 옷, 책, 신문, 가방, 바구니, 상자가 산더미처럼 쌓여 있었다. 바닥은 사진, 광고 전단, 쿠폰, 펜과 연필, 알약 병, 메모와 전화번호를 휘갈겨 써놓은 종잇조각들로 발 디딜 틈이 없었다. 많은 저장강박 증상자들처럼 아이린도 혹시 쓸모가 있을지 몰라서 물건들을 버리지 못했다. 프로스트는 그녀의 물건들이 그녀의 기억을 대신한다는 사실을 깨달았다. 말하자면 그 물건들은 그녀의 과거와 그녀가 상상하는 미래를 보여주는 입체적인 물품목록 같은 거였다. 저장강박 증상자들은 가능성의 왕국에서 산다고 프로스트는 말한다. 그 왕국을 에워싸고 있는 선택지들을 그들은 차마 포기할 수가 없다. 모든 선택지가 일시적이다. 프로스트는 이렇게 썼다. 저장강박 증상자에게는 "기회를 활용해 얻는 보상보다 한 번의 기회를 잃을지 모른다는 두려움이 더 크다."

프로스트가 인터뷰한 사람 중에는 중년의 부유한 호텔 경영자 앨빈과 제리도 있었다. 앨빈과 제리는 자기들을 "현대판 콜리어 형제"라고 소개했다. 똑같이 구김이 간 양복에 나비넥타이를 맨 형제는 자기들이 사는 호텔을 프로스트에게 보여줬다. 형제는 미술품과 골동품이 꽉꽉 들어차고 명함과 옷과 잡동사니가 사방에 흩어져 있는 펜트하우스 스위트룸을 각자 하나씩 갖고 있었다. 하지만 사람이 거주하기 힘들 정도로 방이 꽉 차버리자 형제는 호텔의 다른 방으로 거처를 옮겼다. 그러나 그 방들도 물건으로 빠르게 채워졌고 마침내 침대에 누울 자리도 없어지자 제리는 바닥에서 잠을 잤다.

제리는 놀랍게도 자기 방 어느 위치에 어떤 물건이 있는지 환히

꿴다. "여기 있는 물건 하나하나엔 다 이야기가 있습니다." 제리가 말했다. "나는 그 이야기를 다 기억해요. 내가 물건을 하나 없앤다면, 이야기 하나가 사라지는 셈이죠." 앨빈이 프로스트에게 보여준 물건들도 하나하나 그의 기억을 불러일으키는 것들이었다. "마치 언어 같아요." 앨빈이 말했다. "물건들이 말을 하니까요." 프로스트가 인터뷰한 몇몇 사람들은 앨빈처럼 물건을 의인화하는 경향이 있었다. 은퇴한 어느 화랑 주인은 자기가 수집한 양복과 셔츠와 윙팁 구두에 점점 에워싸이고 있다고 말했다. "내 수집품들이 나를 지배하는 거 같아요." 화랑 주인이 말했다. "좀 위험해지고 있어요. 내 수집품들에 내가 걸려 넘어지질 않나, 물건들이 내 머리 위로 쏟아지질 않나, 이것들 때문에 약속 시간에 늦질 않나."

프로스트의 질문에 앨빈과 제리는 장황하고 두서없는 답을 늘어놓았다. 생각이 자꾸 결가지를 쳐서 종종 샛길로 빠진다는 점을 그들도 인정했다. "모든 게 흥미로워요. 마치 모든 게 다른 뭔가와 관련이 있는 것 같거든요." 앨빈이 말했다. 프로스트와 스테키티는 다수의 저장강박 증상자들이 주의력결핍과잉행동장애(ADHD)를 겪고 있다고 주장한다. 그들은 말이 많고 잘 잊어먹고 쉽게 산만해진다. 이런 점 때문에 그들은 물건을 관리하고 결정을 내리고 과제를 완수하고 계획을 실행에 옮기는 데 어려움을 겪는다.

프로스트와 스테키티를 비롯한 학자들은 물건을 저장하는 성향이란 것이 존재한다는 증거를 발견했다. 2010년 법의학정신과 의사 케네스 J. 와이스Kenneth J. Weiss는 물건 저장이 "고장 나버린" 적응적 특성일 수도 있다고 썼다. 즉 물건을 모으려는 우리의 타고난 충동이 나쁜 길로 빠졌다는 것이다. 동물행동학자 콘라트 로렌츠Konrad Lorenz의 가설에 따르면 다람쥐의 견과류 모으기나 새들의 둥지 짓기처럼 유전적이고 학습이 필요 없는 "고정 행동 양식"이 오랫동안 잠들어 있다가 깨어난 것이 바로 저장 습관이다.

유전학자들은 저장강박 증상자가 둘 이상인 집안에서 유사한 유전자 배열(14번 염색체에서)을 발견했고, 신경과학자들은 저장강박 증상자들이 계획과 조직화를 담당하는 전두엽frontal lobes 앞부분에 손상을 입은 경우가 더러 있다는 것을 밝혀냈다. 동기부여, 집중, 의사결정에 관여하는 전대상피질anterior cingulate cortex의 대사율이 낮다는 사실도 확인했다. 그렇다 하더라도 이러한 신경학적 관찰 결과가 저장 성향을 타고난 사람들이 있다는 증거로 보기는 힘들다. 뇌에서 일어나는 다양한 패턴들은 행동을 만들어내는 것이 아니라 반영하는 것일 수도 있기 때문이다. 프로스트와 스테키티는 저장강박 증상자들이 물건을 저장하기에 안성맞춤인 특성들을 물려받은 게 아닐까 추측한다. 이를테면 세세한 사항을 대단히 예민하게 지각하는 특성이나 기억을 재발견하는 남다른 방식 같은 것 말이다. 물론 이 경우에도 정서적으로 상처를 남기는 경험을 겪어야만 물건을 저장하는 행동이 시작된다.

2013년 미국정신의학협회의 《정신질환 진단 및 통계 편람》 제5판에 포함되면서 저장강박은 별개의 정신질환으로 인정받았다. 그러나 저장강박은 병이라기보다 별난 행동이라고 주장하는 사람들도 있다. 사회학자 앨런 호로위츠Allan V. Horwitz가 말하듯이 "사회적인 표준에서 벗어난 행동—살인이든 쓰레기 수집이든 알몸 노출이든—

은 원래 정신질환의 징후가 아니다." 호로위츠는 강박적 저장에 대한 우리의 두려움을 "도덕적 공황"으로 볼 수도 있다고 말한다. 즉 "우리 사회 안에서 우리가 두려워하는 것, 우리 자신 안에서 우리가 두려워하는 것에 대한 매혹"일 수도 있다는 것이다. 다른 시대, 다른 지역에서는 물건 모으기가 검약과 현명함—장래의 궁핍에 대비하는 자세—을 의미하고, 자원 폐기는 생각 없고 낭비적이며 심지어 비도덕적인 행동으로 여겨진다. 하지만 20세기가 끝나갈 즈음, 훨씬 적은 비용으로 생산한 물건을 훨씬 쉽게 손에 넣을 수 있게 된 풍족한 사회에서는 물건에 압도당하는 느낌을 받는 사람들까지 생겼다. 디자이너들은 모더니즘 미학을 밀기 시작했다. 즉 정교하고 손이 많이 가는 제품보다 빛과 공간, 깔끔한 선과 매끄러운 표면을 선호했다. 1996년 스웨덴의 가구점 이케아는 영국 대중에게 "친츠chintz(주로 꽃무늬 프린트에 색상과 패턴이 다양하고 광택이 나는 면직물로 실내 장식품, 커튼, 가구 커버 등으로 쓰인다—옮긴이)를 내다버리세요"라며 도발했다. 골동품의 가치는 곤두박질쳤다. 텔레비전에선 〈못 버리는 사람들〉, 〈옆집에 물건 수집꾼이 산다〉, 〈집인가, 쓰레기통인가〉, 〈곤도 마리에와 함께 깔끔하게 정리하기〉 같은 잡동사니에 관한 다큐멘터리 제작이 줄을 이었다.

《저장광들The Hoarders》(2014)에서 스콧 헤링Scott Herring은 물건을 버리지 못하는 사람들이 우리 문화의 "과잉 풍요"와 "이미 너무 많이 가지고 있으면서도 점점 더 많은 것을 원하는 고삐 풀린 욕망과 능력"을 상기시킨다고 주장한다. 저장의 현장은 물건들과 우리 사이의 고장 난 관계를 극적으로 보여준다. 우리가 갈망하는 무의미한 모든 물건과 그 물건들이 채워주기를 바라는 우리의 갈망, 이 둘의 관계는 망가졌다. 만약 강박적 쇼핑이 소비문화의 과도한 수용을 의미한다면, 강박적인 물건 저장은 소비문화의 오작동 혹은 풍자를 의미한다. 이러한 문화 안에서 소비자는 소비에 실패한다. 소유물이 전리품보다는 마치 포획자나 짐처럼 억압적인 존재로 보이기 시작한다.

러시아에서는 저장강박증을 '플뤼시킨증후군Plyushkin Syndrome'이라고 부른다. 플뤼시킨은 니콜라이 고골Nikolai Gogol의 소설 《죽은 혼Mërtvye dushi》(1842)의 등장인물로, 자기 소유물은 물론이고 자기 땅에서 발견한 것이라면 뭐든 가리지 않고 저장하는 부유한 지주이자 수전노이다. 소설의 화자는 경고한다. "청춘의 어린 나이를 지나 냉혹하고 적의를 품은 어른의 시기로 나아갈 때는 반드시 희로애락의 감정을 전부 챙겨 들고 여정을 시작하라! 도중에 그 감정들을 버리지 마라. 왜냐하면 나중에는 도로 찾아오지 못할 테니까!" 물건들을 탐욕스럽게 모으는 동안 자기도 모르는 사이에 흘리고 다닌 플뤼시킨의 인간성은 길바닥의 쓰레기처럼 온 사방에 나뒹군다. 고골은 플뤼시킨이 화자의 경고와는 정반대의 짓을 하고 있음을 암시한다.

러시아에 플뤼시킨이 있었다면 영국에는 찰스 디킨스의 《황폐한 집Bleak House》(1853)에 나오는 일자무식의 고물상 크룩이 있었다. 크룩은 여자들의 머리카락과 읽지도 못하는 낡은 서류들을 모은다. 그는 말한다. "전부 내가 쳐놓은 그물로 헤엄쳐 오는 물고기들이지. 그리고 일단 내 손에 들어온 것들은 차마 놓아주기가 싫단 말이지." 엄청나게 방대한 분량의 소설 중반부쯤에 이르면 고주망태가 된 크룩이 고물상 뒤편에서 잡동사니들에 둘러싸여 충동적으로 불을 지른다. 결국 남는 것은 그을음과 기름, 다른 곳에 감춰둔 읽지도 않은 그의 보물들뿐이다.

1990년대 초, 미국의 저술가 재닛 맬컴Janet Malcolm은 실비아 플라스Sylvia Plath에 관한 책을 쓰기 위해 자료 조사를 하고 있었다. 자료 조사가 끝나갈 즈음 인터뷰를 위해 누군가의 집에 들렀다가 난장판이나 다름없는 집 안 꼴을 보고 맬컴은 몹시 불안한 기분이 들었다. 영국 동부의 시장 마을 베드포드에 위치한 그 집은 집이라기보다는 "기이한 잡동사니와 무질서 보관소"에 가까웠다. 맬컴은 《조용한 여인The Silent Woman》(1994)에서 "수백, 어쩌면 수천 개쯤 되는 물건들이 벽과 바닥, 온 사방에 산더미처럼 쌓여 있었다"고 썼다. "마치 중고품 가게 열 군데의 물건을 한데 모아 한 가게 안에 억지로 쑤셔 넣은 듯했다. 어디에나 내려앉은 먼지는 막처럼 덮여 있었다. 내려앉은 지 얼마 지나지 않은 그런 먼지가 아니라 겹겹이 쌓여 층을 이룬 먼지였다. 오랜 세월을 거친 그 먼지는 이제 물건이나 다름없어 보였고, 어떻게 보면 처음부터 거기 있던 물건 같았다."

맬컴은 그 집의 어수선함을 보면서 그토록 불안감을 느꼈던 이유가 자신의 책이 떠올랐기 때문인지도 모른다고 생각했다. 플라스에 관한 책을 쓰려면 그동안 모은 방대하고 뒤죽박죽인 정보 더미 속에서 이야깃거리를 골라내야 했다. 독자를 계속 붙들어 놓으려면 여러 가지 생각과 이미지와 느낌을 체계적으로 정리해야 한다. 그러려면 그녀가 알고 있는 사실 가운데 상당 부분을 버려야 했다. 그러나 저장광들과 마찬가지로 전기 작가들은 불필요한 자료를 폐기할 때 뭔가를 조작하고 있는 듯한 찜찜함에 사로잡힌다. 맬컴은 집 안 꼴을 보자

마자 자기가 곧 배신해야만 하는 현실이 생각나서 마음이 편치 않았
던 것이다. 그 집에 저장된 물건들은 "조작되지 않은 현실이었고, 현
실의 다양성, 임의성, 비일관성, 과잉, 진실성"이자 "진실에 관한 거대
한 우화"였다고 그녀는 쓴다. 그녀는 더 훌륭하고 재밌지만, 덜 진실
한 이야기를 쓰게 될 터였다.

(참고) 결정장애, 편집광, 불결공포증, 휴대전화부재공포증, 구매강박증, 사회공포증

카약공포증 KAYAK PHOBIA

1902년 그린란드 서쪽 해안에 배치된 덴마크의 군의관 알프레트
베르텔센Alfred Bertelsen은 전통적으로 물개를 사냥할 때 타던 카약을
두려워하는 이누이트족 남자들이 있다는 사실을 알게 됐다. 그 이유
는 바다에 나가면 공포심으로 몸이 마비되기 때문이었다. 몇몇 해안
지역에서 카약공포증이 있는 이누이트족 성인 남자는 10명 중 1명이
넘었는데, 이는 덴마크 식민지에서 심각한 문제로 떠올랐다. 18세기
말 포경업이 사양길에 접어든 후 그들은 물개 사냥에 의존하고 있었
기 때문이다.

이누이트족 사냥꾼과 어부들은 많은 위험—빙산, 폭풍우, 부상을
입은 동물들의 공격—에 맞닥뜨렸다. 하지만 카약 공포는 바다가 거
울처럼 잔잔할 때 엄습했다. 카약공포증에 사로잡힌 사람은 배가 가
늘어지거나 머리 위로 커다란 그림자가 떠오른다고 확신했다. 배가
점점 무거워지고 노가 가벼워진다고 느낄 때도 있었다. 때로는 거리

를 가늠하기 힘들 때도 있었고, 갈수록 머리가 혼란스럽고 어지러워지기도 했다. 카약에 얼음물이 가득 들어차고 있다고 믿을 때도 있었다. 그들은 "그 누구도 감히 맞설 엄두가 나지 않고, 감히 쳐다볼 수조차 없는 뭔가가 바다에서 나와 자신을 해칠 것 같다"는 느낌을 자주 받았다. 공포를 감당하기 힘들 정도로 증상이 심한 사람은 자신이 속한 공동체를 떠나거나 스스로 목숨을 끊었다.

37세의 어느 물개 사냥꾼은 자신이 겪은 일을 베르텔센에게 들려줬다. 1890년대 7월의 어느 날 정오, 그는 카약을 타고 대구를 잡으러 나갔다. 날은 덥고 하늘은 맑고 그의 두 눈에선 태양이 이글거리고 있었다. 이미 물고기를 몇 마리 잡은 뒤였는데, 뭔가가 또 낚싯줄을 잡아당겼다. 줄을 끌어당기던 사냥꾼은 미끼를 물고 있는 갯민숭달팽이를 보고 온몸에서 힘이 쫙 빠졌다. 쥐고 있던 줄을 놓은 그는 몸을 떨며 식은땀을 흘리기 시작했다. 머리가 지끈거리고 눈앞에서 점들이 춤을 췄으며 뱃머리가 길게 늘어나더니 기우뚱하는 것처럼 보였다. 분명히 뒤에서 뭔가가 자신을 향해 다가오고 있다는 느낌을 받았지만, 몸을 움직일 수 없었다. 결국 남아 있는 힘을 다 짜낸 사냥꾼은 육지를 향해 겨우겨우 노를 저었고, 그 뒤로는 바다에 나가지 않는다고 했다.

덴마크 의사들이 그린란드의 이누이트족 사이에서 카약공포증을 목격한 것은 19세기 중반부터였다. 처음에 의사들은 담배나 커피 중독이 아닌가 의심했다(실제로 덴마크 의사들은 카약공포증의 원인을 덴마크가 식민지에 들여온 여러 가지 각성제 때문이라고 보았다). 그러나 1892년 정신과 의사 크누트 폰토피단Knut Pontoppidan은 카약공포증이 광장공포증의 한 형태라고 주장했다. 베르텔슨 역시 이누이트족에게 일어나는 현상을 공포증으로 분류했고, 1940년에는 자신의 분석에 인종적 요소를 가미했다. 그는 카약 공포가 "에스키모인들의 머릿속에 원시성이 존재한다는 암시" 같다고 했다. 반면 아리아인들의 경우에는 여자들과 아이들만이 병적인 공포에 취약하다고 덧붙였다.

그린란드에서 어업이 물개 사냥을 대체하고, 어선이 카약을 대신하게 되면서 덴마크 당국은 한시름 놓게 되었다. 하지만 카약공포증에 다시 주목하는 학자들도 있었다. 1960년대 미국의 정신의학자 재커리 거소Zachary Gussow는 북대서양의 고요하고 특색 없는 풍경 때문에 카약을 탄 사람이 감각이나 방향을 상실했고, 이것이 카약공포증을 일으킨 게 아닐까 추측했다. 반면 1996년 덴마크의 민족지학자 클라우스 게오르그 한센Klaus Georg Hansen은 이누이트족 고유의 문화 안에 카약공포증에 대한 설명이 들어 있다고 지적했다. 시기심이 강한 사냥꾼이 경쟁자를 죽이려고 괴물을 보냈다는 그린란드 민담이 있는데, 바로 이 괴물 때문에 공포증이 생긴다는 것이다. 투필락 tupilak이라는 이 괴물은 물개의 모습으로 나타나서 작살에 찔리면 사냥꾼을 카약 밖으로 끌어냈고, 보이지 않는 사악한 힘으로 변신해 사냥꾼을 혼수상태에 빠뜨리기도 했다. 투필락과 마주치고도 구사일생으로 살아 돌아온 경우, 사냥꾼은 죽은 이의 혼령과 교류를 시도하는 모임을 열었고, 이 모임에 앙가콕angakok이라는 무당이 참석해 괴물을 없애는 의식을 거행했다. 그래도 괴물의 공격이 계속된다면 카약을 타고 하는 사냥은 포기할 수밖에 없었다. 서구의 의사들이 카약공포증을 개인의 병으로 해석했다면, 그린란드인들은 사회적 긴장을 공포증의 원인으로 봤다고 한센은 썼다. 즉 그들은 개인의 문제가 아닌 공동체의 문제가 공포증이라는 형태로 표출된다고 생각했다.

(참고) 광장공포증, 귀신망상, 웃음광, 해양공포증

튤립광 TULIPOMANIA

개인뿐 아니라 국가도 광기에 사로잡힐 수 있다. 스코틀랜드의 언론인 찰스 맥케이Charles Mackay가 《대중의 미망과 광기 Extraordinary Popular Delusions and the Madness of Crowds》(1841)에서 한 말이다. 그는 이렇게 썼다. "공동체 전체가 갑자기 한 가지 대상에 꽂혀 미친 듯이 그것을 좇는다. 수백만의 사람들이 동시에 한 가지 미망에 사로잡혀 그 미망을 좇는다" 맥케이는 공동체의 광기를 보여주는 예로 네덜란드의 튤립광을 들었다. 1634년부터 1637년 사이 네덜란드에서는 튤립 구근 가격이 폭등했다가 하루아침에 폭락하는 바람에 수많은 튤립 투기꾼들의 삶이 파탄 났다.

튤립은 16세기 중반 터키에서 서유럽으로 전해졌다. '튤립'은 페르시아어와 터키어로 '터번'을 뜻한다. 꽃송이 모양이 이슬람교도나 시크교도 남자들이 머리에 두르는 '터번'을 닮아서 그런 이름이 붙었다. 네덜란드가 어느 나라에도 뒤지지 않을 만큼의 번영을 누렸던 황금시대에 튤립은 네덜란드의 국화가 되었다. 솜털처럼 가볍고 나팔꽃처럼 벌어진 선명한 색상의 꽃잎에 노란색 혹은 흰색 줄무늬가 있는 튤립은 최상품으로 인정받았다. 그런 튤립은 부서진 구근에서 자랐기 때문에 재배하는 데 시간이 가장 오래 걸렸고 실패할 위험도 가장 컸다.

튤립 상인들은 선물 시장futures market을 창출했다. 튤립 시즌이 끝날 때쯤 건네받을 구근을 선점하기 위한 구매 계약서를 봄과 여름에 미리 작성했다. 1636년 무렵 일부 계약서는 하루에도 열 번씩 임자가 바뀌었다. 잘나가는 튤립에는 파격적인 가격표가 붙었다. 당대의 한 작가에 따르면 총독 튤립Viceroy tulip 한 송이를 사기 위해서는 살찐 황소 네 마리, 통통한 돼지 여덟 마리, 살찐 양 열두 마리, 포도주 140갤런짜리 두 통, 큰 통으로 맥주 네 통, 버터 두 통, 치즈 1000파운드, 침대 하나, 옷 한 벌, 은잔 하나, 상당한 양의 밀과 호밀을 내놓아야 했다. 이야기의 출처는 불분명하지만 맥케이가 전하는 일화에 따르면 굶주린 뱃사람이 어느 상인의 판매대에 있는 튤립 구근을 양파인 줄 알고 훔쳤다. 뱃사람을 발견했을 때 그는 자기 배 옆에서 아침 식사로 청어 한 마리와 튤립 구근을 우적우적 먹고 있었다고 한다. 만약 그 튤립을 팔았다면 그 배의 모든 선원이 일 년 동안 먹을 식량을 살 수 있었을 것이라고 맥케이는 말했다.

맥케이는 튤립을 소유하려는 욕망이 도를 넘는 지경에 이르렀다고 주장했다. 그래서 "네덜란드의 일반 산업은 방치되다시피 했고, 국민은 최하층민들까지도 튤립 장사에 나섰다. … 귀족, 시민, 농부, 상인, 뱃사람, 하인, 하녀, 심지어 굴뚝 청소부와 헌 옷을 수선하는 여자들까지도 튤립 사업에 손을 댔다. 모든 계층의 사람들이 재산을 현금화하여 꽃에 투자했다." 튤립 열풍이 영원히 지속되리라는 것을 의심하는 사람은 아무도 없었다고 맥케이는 썼다. 그러나 1637년 벽두

부터 흔들리기 시작한 튤립 시장은 결국 2월에 무너졌다. 네덜란드 정부는 해결책을 찾지 못했고, 많은 튤립 상인은 알거지나 다름없는 신세가 됐다.

매케이는 튤립 재배광을 과장한 혐의로 기소됐다. 당시의 계약서들을 검토한 역사학자 앤 골드거Anne Goldgar는 튤립 시장은 작았고 시장 붕괴의 충격은 미미했다고 주장했다. 골드거는 튤립 때문에 파산한 사람을 단 한 명도 찾지 못했다. 튤립을 향한 열광은 네덜란드 칼뱅파의 소책자 집필자들에 의해 만들어진 현상이라고 그녀는 말했다. 그들은 튤립광이 투기의 해악을 보여주는 증거라고 묘사했다. 그러나 튤립광이 남긴 영향에 대해서는 골드거도 동의했다. "시장 붕괴로 파산한 사람은 극소수에 불과했지만, 튤립 광풍의 여파는 상당했다. 모든 것의 가치가 송두리째 의심받기 시작했다." 튤립에 대한 욕망은 자만심, 탐욕, 자본주의적 히스테리의 상징이 되었다.

(참고) 서적수집광, 부자망상

1부

멈출 수
없는
강박적
광기

결정장애 ABOULOMANIA

1916년 미국의 정신분석가 랠프 W. 리드Ralph W. Reed는 병적으로 결단력이 없는 22세 은행원을 진료했다. 이 은행원은 "매일 근무 시간에 자신이 처리한 모든 일상적 업무의 정확성을 끊임없이 의심했다." 그는 숫자를 더할 때마다 계산이 맞는지 거듭 확인하지 않으면 불안해서 안절부절못했다. 아무리 간단한 계산도 노심초사하면서 처음으로 돌아가 검산을 거듭했다. 리드는 이러한 유형의 정신마비 mental paralysis가 편집망상paranoid delusion과 동시에 일어날 때가 많다는 점에 주목했다. 정신마비와 편집망상은 이미 일어난 일이나 앞으로 일어날 수 있는 일을 비정상적으로 의심하는 증상이다. 리드는 은행원에게 결정장애 진단을 내렸다.

그리스어로 a(없다), boulē(의지), mania(광기)가 합쳐진 결정장애 aboulomania라는 용어는 1883년 신경과 전문의 윌리엄 알렉산더 해먼드가 만들었다. 해먼드는 결정장애를 설명하면서 "이러한 유형의 정신이상은 타성, 무기력 혹은 의지 마비가 특징"이라고 했다. 해먼드는 매사추세츠의 한 남자 환자를 묘사했다. 이 남자는 옷을 입거나 벗을 때 결정을 내리지 못했다. 한쪽 신발을 벗기 시작하자마자 그는 다른 쪽 신발을 먼저 벗어야 하는 것은 아닌지 고민에 빠지곤 했다. 하는 수 없이 양쪽 신발을 벗었다 신기를 몇 분간 반복한 그는 주변을 서성거리면서 어느 쪽 신발을 먼저 신어야 할지 곰곰이 생각에 잠겼다. 그러다가 문득 자기 모습이 거울에 비치자 매고 있던 넥타이를 유심히 보면서 생각했다. '아, 맨 처음은 당연히 저거지.' 하지만 넥타이를 풀려고 하는 순간, 다시 망설이면서 이러지도 저러지도 못하는 상태에 빠지기 일쑤였다. 해먼드는 이렇게 썼다. "혼자 내버려 두면 계속해서 그러고 있었다. 먼동이 밝아올 때까지 모든 옷을 그대로 몸에 걸치고 있기가 예사였다."

이런 사람들이 결정을 내리지 못하는 이유에 대해서 1921년 피에르 자네는 마치 뭔가를 잃어버린 것만 같은 "미완성"의 감정이 그들을 거듭 만족하지 못하는 상태에 빠뜨린다고 설명했다. 자네는 이렇게 썼다. "그들은 신중히 행동하고 관찰한다. 달리 말하면 자기 자신에 대한 걱정을 통해 일종의 끊임없는 자동 분석 상태에 빠진다. 그 순간 그들은 심리학자가 된다. 결정장애는 정신의 병이라 할 수 있다." 자네는 자의식에서 비롯되는 강박과 머리에 떠오른 생각을 곱씹는 인간의 경향을 결정장애의 원인으로 꼽았다.

습관적으로 반신반의하는 상태를 강박충동으로 분류하는 게 맞는 것일까? 선택을 내리지 못하는 것은 망설임을 갈망해서라기보다는 실수에 대한 두려움 때문일 테니 말이다. 하지만 해먼드가 결정장애를 강박증으로 분류한 이유는 병적인 의심과 단순히 확신이 없는 상태는 다르다는 것을 말하고 싶어서였다. 병적인 의심은 걷잡을 수 없이 요동치고 고통을 느끼는 강력한 정서 상태라는 것, 그 안에서는 모든 가능성이 열려 있음을 해먼드는 상기시켰다. 병적인 의심 상태 안에서는 몇 가지 미래가 서로 밀치면서 자리다툼을 벌이고, 그 어떤 것도 차단되지 않는다는 것이다.

(참고) 계산강박증, 불결공포증, 저장강박증

계산강박증 ARITHMOMANIA

19세기 말 프랑스에서 처음 확인된 계산강박증arithmomania(그리스어 arithmos는 숫자를 뜻한다)은 계산을 하고 싶은 욕구가 병적이거나 사물과 사건의 수학적 특징에 비정상적으로 집착하는 상태를 말한다. 1894년 영국의 정신과 의사 대니얼 핵 투크Daniel Hack Tuke는 계산강박에 빠진 여성 환자를 설명했다. 런던 일링 지역의 의사 스트랭먼 그럽Strangman Grubb의 소개로 투크를 찾아온 이 여성은 "행동을 시작하기 전에는 반드시 계산부터 했다." 침대에서 자세를 뒤집기 전에, 거실에 들어서기 전에, 찻주전자를 들어 올리기 전에 그녀는 꼭 일정한 수를 세야 했다. 숨을 쉬는 횟수와 길을 따라 걸으면서 내딛는 발걸음 수도 셌다. 그녀는 미리 계산하지 않으면 무슨 큰일이 날 것 같은 느낌을 자주 받았다. 숫자 세기가 끔찍한 생각을 막는 방법이 될 수 있는지 궁금할 때가 있다고 그녀는 투크에게 말했다. 같은 시기 오스트리아 빈의 한 여성은 마룻장과 계단 세는 일에 강박적으로 집착했다. 지크문트 프로이트는 그녀의 강박을 성적인 갈망에 쏠린 관심을 분산시키려는 시도로 해석했다. 1885년에 틱증후군을 발견한 파리의 조르주 질 드 라 투렛Georges Gilles de la Tourette은 다른 강박장애와 마찬가지로 계산강박증도 틱 증후군에서 흔히 볼 수 있는 특징이라고 주장했다.

2016년 니키 레인 크레이그Nikki Rayne Craig는 어느 블로그에서 계산강박증이 있는 사람은 무슨 일을 하든 숫자에 대한 걱정을 떨쳐낼 수가 없다고 설명했다. 그녀는 이렇게 썼다. "나는 숫자가 제대로 됐다고 느껴질 때까지 디지털시계에서 눈을 떼지 못한다. 자동차 라디오와 텔레비전 볼륨이 9의 배수에 맞춰져 있지 않으면 손에 통증을 느낀다. 손을 씻을 때는 깨끗해졌다는 느낌이 들 때까지 몇 번이고 씻어야 하고, 수도꼭지는 잠겨 있다는 확신이 들 때까지 확인을 거듭해야 한다." 불안감을 주는 숫자와 마주쳤을 때는 "손목과 손가락 관절이 아프고, 피부가 심하게 잡아당겨지는 느낌이 든다. 잠깐이라도 이런 느낌을 없애려면 입술을 깨물거나 손가락을 꾹꾹 눌러줘야 한다." 숫자에 대한 가벼운 강박이 있는 사람은 많지만, 계산강박증 환자는 일상생활을 방해받을 정도다. 크레이그는 묻는다. "계산에 관한 당신의 기준을 충족시키기 위해 편안하게 들을 수 있는 소리보다 더 크게 음악 소리를 키우는가? 이것이 계산강박증이다."

1880년대 교류 전동기를 발명한 세르비아계 미국인 엔지니어 니콜라 테슬라Nikola Tesla는 3이라는 숫자에 집착했다. 그는 3으로 나눌 수 있는 숫자가 되도록 발걸음 수를 세며 걸었고, 건물에 들어가기 전에 항상 건물을 세 바퀴 돌고 나서 안으로 들어갔다. 호텔에서는 3으로 나눌 수 있는 숫자의 객실에만 투숙했고, 매일 18개의 깨끗한 수건을 요구했으며, 식사할 때 18장의 냅킨을 요구했다. 《강박의 역사 Obsession: A History》(2008)에서 레너드 데이비스Lennard J. Davis는 다른 강박적 광기와 마찬가지로 이런 식의 반복적 일상이 현대에서만 볼 수 있는 현상이 아닐까 추측한다. 말하자면 기계적 처리 과정을 숭배하는 우리 시대의 산물로 보는 것이다. "산업문화가 점점 발달하여 더 완벽한 정확성, 반복성, 표준화, 기계화를 강조하고 그것들에 의존할 때, 그 사회는 정확성, 반복성, 표준화, 기계화 같은 특성을 다른 관점에서 평가할 것이다. 그리고 사회 구성원들은 그러한 특성들을 몸짓으로 표현하고 모방하고 구체적으로 표현하고 내면화하고 과장할 것이다"라고 데이비스는 썼다. 강박적 의식을 치르며 사는 사람들은 한 가지에 집중하는 기계의 강박적 특성을 구체적으로 표현하고 있는 것인지도 모른다.

1972년 텔레비전 시리즈 〈세서미 스트리트〉는 계산강박증이 있는 카운트 백작이라는 새로운 등장인물을 시청자들에게 소개했다. 숫자 세기를 사랑하는 백작 때문에 그의 친구들은 짜증을 내기도 했다. 1974년 방영된 에피소드에서 전화벨 소리를 세는 일에 푹 빠져버린 백작 때문에 어니는 전화를 받지 못했고, 1984년에는 백작이 엘리

베이터 층수 세기에 정신을 팔다 맨 꼭대기 층까지 올라가는 바람에 커밋은 내려야 할 층에서 내리지 못했다. 〈세서미 스트리트〉는 카운트 백작을 등장시켜 글자와 숫자를 강박적으로 반복하는 프로그램의 특징을 스스로 조롱해 웃음을 선사했다. 즉 글자와 숫자를 리듬에 실어 외침으로써 어린 시청자들에게 재미와 교육적 효과를 동시에 선사한 것이다.

카운트 백작의 모델은 드라큘라 백작이었는데, 흡혈귀는 강박적으로 숫자를 세는 습성으로 유명했기 때문이다. 동유럽 전설에 따르면 흡혈귀는 길을 가다가 양귀비나 겨자, 수수 씨앗이 쌓여 있으면 그 자리에 멈춰 서서 씨앗 개수가 몇 개인지 세어봐야만 직성이 풀렸다고 한다. 미국 민간 설화에서는 드라큘라 대신 마녀들의 관심을 분산시킬 수 있는 간단한 방법이 전해지고 있었다. 현관문에 고운 체를 걸어놓으면 마녀는 체에 뚫려 있는 구멍이 몇 개인지 세는 데 정신이 팔려 그 집에 저주를 걸 겨를이 없었다고 한다.

참고 결정장애, 필기강박증, 불결공포증, 사(4)공포증, 십삼(13)공포증

과대망상 MEGALOMANIA

과대망상megalomania(그리스어 mega는 '크다'를 뜻한다)이라는 용어는 흔히 권력욕이나 절대적 지배욕을 의미할 때 쓰인다. 하지만 1866년 프랑스에서 처음 만들어졌을 당시에는 정신 나간 과대망상을 의미했다. 망상은 정신병에서 흔히 볼 수 있는 증상이다. 조현병을

앓는 사람들의 절반, 조울증을 앓는 사람들의 3분의 2는 망상을 경험한다. 그리고 망상은 주로 과잉 활동, 도취, 빠른 말투, 통제가 어려울 정도로 쉴 새 없이 바뀌는 생각, 갑작스러운 기분 변화 같은 조증 상태의 일부로 나타난다.

2018년 오스트리아 인스부르크에서 가족과 함께 스키 휴가를 보내던 영국의 저술가 호레이쇼 클레어Horatio Clare는 자신이 세계를 구하기 위한 국제 스파이 음모에 가담한 영국 해외정보국(M16) 요원이라고 철석같이 믿게 되었다. 그는 호주의 팝스타 카일리 미노그와 결혼하는 것이 자신의 임무 중 하나라고 생각했다. 《무거운 빛Heavy Light》(2020)에서 클레어는 이렇게 썼다. "비교와 관점의 그림자를 없애버리는 빛의 홍수 … 이 빛이 내 안에 가득 차는 것을 느낀다. 이 빛이 지식처럼 느껴지고 권력처럼 느껴지고 의미심장하게 느껴진다. 이 빛은 형체가 있는 것 같다. 다른 사람들이 나를 바라보는 표정으로 미루어보건대 그들에게도 이 빛이 보이는 것 같다. … 이 빛은 활기를 불어넣어 주는 동시에 사람의 진을 뺀다."

19세기에 과대망상에 빠졌던 사람들은 자신을 나폴레옹이나 잔 다르크 혹은 예수 그리스도 같은 인물이라고 생각했다. 2005년 영국의 한 과대망상 환자는 자기가 토니 블레어 총리의 사촌이라고 연구진에게 말했다. 또 다른 환자는 이렇게 말했다. "저는 신神입니다. 저는 우주를 창조했고, 필립 공의 아들입니다. 저는 유명한 DJ이기도 하고, 저에겐 슈퍼맨 같은 힘이 있습니다." 2009년 어떤 환자는 자기가 과학 천재라고 주장하며 이렇게 말했다. "저는 전구에 침을 뱉고 있었습니다. 그 침이 불타올라서 다른 색깔, 다른 형태를 띠면 암 치료제를 발견할 수 있을 것 같아서요." 아주 드물지만, 과대망상이 폭력으로 이어지기도 한다. 백만장자 독지가이자 열광적인 레슬링 팬인 존 듀폰John du Pont은 1996년 필라델피아에서 친구인 데이브 슐츠Dave Schultz를 살해했다. 듀폰은 자신을 달라이 라마, CIA 정보원, 러시아의 마지막 황제 등 다양한 인물로 생각했다.

(참고) 자기우월광, 색정광, 허언증, 부자망상

구매강박증 ONIOMANIA

1892년 프랑스의 정신과 의사 발랑탱 마냥Valentin Magnan은 "팔다"를 뜻하는 그리스어 oninēmi를 따서 구매강박증oniomania이라는 단어를 만들었다. 1909년 독일 정신과 의사 에밀 크레펠린Emil Kraepelin은 정신의학계에 큰 영향을 미친 정신의학 교과서를 집필하면서 이 단어를 집어넣었다. 크레펠린이 "구매광buying mania"이라고 묘사한 이 증상은 이후 충동구매compulsive shopping, 소비중독spendaholism, 쇼핑중독shopaholism, 구매강박증장애compulsive buying disorder 등으로 불렸다. 1990년대에 미국 최초로 이루어진 역학조사 결과, 강박적으로 구매를 하는 사람은 인구의 2~8퍼센트로, 대다수는 상대적으로 소득이 낮은 젊은 여성들이었다. 온라인쇼핑 덕분에 충동구매는 훨씬 더 손쉬워지고 있다.

에이브러햄 링컨의 아내 메리 토드 링컨Mary Todd Lincoln은 구매강박증이 있었다. 링컨의 대통령 재임 기간인 1861년부터 1865년까지 그녀가 백악관에 있는 사적인 용도의 방들과 공적인 공간의 실내 장식을 새로 하는 데 하도 많은 돈을 쏟아붓는 바람에 의회가 그 비용을 대기 위한 법안을 두 건이나 통과시켰을 정도다. 남북전쟁이 한창일 때 메리는 가장 좋아하는 보석상 갤트앤브라더스Galt & Brothers에서 금팔찌, 다이아몬드 반지, 보석이 박힌 브로치, 부채, 찻숟가락 등을 사들이느라 빚이 눈덩이처럼 불어났다. 영부인의 구매강박증을 정신질환의 일종으로 보는 역사학자들도 있다. 그녀는 두통, 감정 기복, 예고 없이 폭발하는 신경질에 시달렸는데, 이는 조울증의 증상일 수도 있었기 때문이다. 그녀의 구매 충동이 슬픔에서 비롯됐을 가능성도 무시할 수 없다. 메리 링컨의 네 아들 중 셋은 그녀보다 앞서 세상을 등졌다. 1862년 12세의 윌리가 사망했을 때 메리는 몇 달간 산송장처럼 살았다.

쇼핑을 하면 공허하고 우울한 감정이 사라질 수 있다. 영화 〈쇼핑중독자의 고백Confessions of a Shopaholic〉(2009)에서 주인공 베키 블룸우드는 고백한다. "쇼핑을 하면 세상이 더 좋아지고, 더 좋은 곳으로 변해 있다. 그런데 그때뿐이다. 그래서 나는 또 쇼핑에 나설 수밖에 없다." 거래의 순간 구매자는 갈망을 드러내는 동시에 충족시킨다. 그 순간 연약한 그녀와 의기양양한 그녀가 아주 잠시 공존한다. 결핍과 소유, 갈망과 만족이 공존한다. 핵심은 물건의 소유가 아니다. 물건을 사는 것이다. 영국의 심리학자 대리언 리더Darian Leader는 수천 파운드를 주고 산 옷들을 쇼핑백과 상자에서 꺼내지도 않은 구매강박증 환자 이야기를 했다. 그녀는 리더에게 이렇게 말했다. 그 옷들은 "내가 꿈꿀 수 있는 사람들을 위한 의상이에요. 아직 드라마에 사용되지 않은 소품용 옷인 셈이죠." 그 옷들이 효력을 유지하려면, 다시 말해 그것들을 구매하던 순간의 환상과 약속을 그대로 간직하려면 포장을 풀지 않은 상태로 두어야만 했다.

(참고) 선물강박증, 도벽, 편집광, 저장강박증

도벽 KLEPTOMANIA

1816년 스위스의 의사 앙드레 마테André Matthey는 물건을 훔치고 싶은 충동—동기도 없고 필요한 것도 아닌데 물건을 훔치고 싶어 하는 성향을 보이는 특이한 병—을 처음으로 도벽klopémanie으로 인정했다. 1830년 이 단어는 영어사전에 올랐다(klepto는 그리스어로 '훔치다'를 뜻한다). 1852년《정신의학저널Journal of Psychological Medicine》에 따르면, 영국의 한 정신병원에서는 입원 중이던 도벽 환자한테 그의 광기를 마음껏 충족시켜도 좋다고 허락했다. 그는 병원에서 포크, 숟가락, 취침용 모자, 손수건, 걸레, 담배 파이프, 치즈 조각 등 다양한 물건을 훔쳐 자기 옷 속에 숨겼다. 그의 광기가 시작되기 전에 의사들은 이렇게 적었다. "이 도벽 환자는 마르고 호리호리한 체형이었다. 하지만 곧 그의 옷들은 품이 점점 넓어지고 그의 몸집은 우람해질 것이다. 그때가 되면 그의 외투, 조끼, 반바지 안감 솔기의 실은 모두 풀려 있을 것이다."

머지않아 도벽은 가난한 미치광이들보다는 부유한 여성들의 병이 되었다. 1861년《랜싯》은 법정까지 가는 도벽은 십중팔구 좀더 부유한 계층의 사람들이 저지른다고 지적했다. "소위 존경을 받는다는 사람들이 딱히 동기도 없이 절도를 저지른 뒤 병적 도벽을 내세워 자신들의 죄를 경감시킨다." 당연한 얘기지만, 훔치는 물건이 훔친 사람에게 전혀 필요치 않은 물건이어야만 병적 도벽이 성립됐다.

1896년 악명 높은 사건이 벌어졌다. 샌프란시스코 차茶 상인의 아내인 37세 여성 엘라 캐슬Ella Castle이 런던의 가게 여섯 군데에서 모피를 훔친 혐의로 기소되었다. 그녀는 스트랜드스트리트에 있는 유럽에서 가장 크고 호화로운 세실 호텔에 아들, 남편과 함께 묵고 있었다. 캐슬 가족이 묵고 있는 방을 급습한 경찰은 그녀가 훔친 흑담비 모피와 친칠라 가죽, 족제비 털로 만든 넥타이, 깃털 목도리, 금시계, 손잡이가 달린 안경, 손거울, 시계, 부채, 거북딱지로 만든 빗을 찾아냈다. 그중 일부는 가격표도 떼지 않은 상태였다. 호텔의 휘장이 양각된 은도금 토스트 받침대도 그들의 짐가방에서 발견됐다.

경찰은 캐슬 부인뿐만 아니라 남편까지 체포했다. 월터 캐슬이 아내의 절도 행각을 몰랐을 리 없다는 판단에서였다. 그는 절도 현장에 대부분 있었고, 훔친 물건들 가운데 상당수가 그의 소지품들 사이에 끼어 있었다. 그러나 의사들은 엘라 캐슬에게 병적 도벽이 있다고 증언했고, 남편에 대한 기소는 기각되었다. 이 사건은 세상을 떠들썩하게 만들었다. 대서양 양쪽에서 사건을 생생히 보도했다. 심지어 아서 코넌 도일Arthur Conan Doyle도 논쟁에 가세했다. 그는 《타임스》에 이런 글을 기고했다. "만약 도덕적 책임에 대해 조금이라도 미심쩍은 점이 있다면, 당연히 그녀에게 유리한 쪽으로 해석해야 한다. 그녀의 성별과 지위는 … 우리에게 두 가지 중 하나를 선택하라고 요구한다.

우리는 그녀를 감옥이 아니라 진료실로 보내야 한다."

판사는 캐슬 부인에게 징역 3개월을 선고했다. 하지만 불과 일주일 후 내무장관의 지시로 조용히 석방된 그녀는 가족과 함께 미국으로 건너갔다. 미국에서 그녀는 '난소의 광기'를 고치기 위해 두 가지 수술을 받았다. 1989년 페미니스트 학자인 일레인 아벨슨Elaine S. Abelson은 당시 의사들이 여성의 생식기관을 도벽의 근원으로 지목했다고 주장했다. 여성의 성생활을 질병이나 이상행동과 결부시킨 것이다. 아벨슨은 이렇게 썼다. "도벽은 사회적으로나 의학적으로나 믿을 만한 진단이 되었는데도 여성은 약한 존재라는 통념을 다시 각인시켰다." 일시적 정신이상을 핑계로 내세우는 좀도둑들이 우후죽순 늘자 도벽이 있는 여성은 보드빌 극장(19세기 후반에서 20세기 초반 사이 연예인들이 노래와 춤을 섞어 공연을 하던 극장—옮긴이)의 기본적인 요소인 '전형적인 캐릭터와 인기 있는 농담거리'가 되었다.

19세기 후반 백화점의 등장을 계기로 그 어느 때보다 충동적인 절도가 쉬워졌다. 부유한 여인들은 이 거대하고 풍요로운 상점을 자유롭게 돌아다니며 눈앞에 진열된 화려한 물건들을 손에 집어 들거나 주머니에 슬쩍했다. 1883년 에밀 졸라Émile Zola는 《여인들의 천국The Ladies' Paradise》에서 이렇게 썼다. "백화점의 유혹은 강렬했다. 백화점이 일으킨 욕망의 미친 물결이 모든 여인을 정신이상자로 만들었다." 졸라는 파리의 백화점을 에로틱한 동화의 나라, 직물과 인간과 돈의 찬란한 결합이라고 묘사했다. 소설의 한 장면에서 여점원들은 도난당한 물건들을 찾기 위해 드 보브스 백작 부인의 몸을 수색한다. "심지어 원피스를 벗고 가슴과 엉덩이까지 검사했다. 미터당 가격이 1000프랑에 달하는 알랑송Alençon 산産 주름장식 12미터는 옷소매 깊은 곳에 숨겨져 있었다. 그 외에도 점원들은 손수건과 부채, 스카프를 하나씩 찾았는데, 그녀가 가슴에 쑤셔 넣어둔 덕분에 하나같이 온기가 느껴졌다. 모두 합해 만 4000프랑어치 레이스였다. 보브스 부인은 억누를 길 없는 거센 충동에 휩싸여 1년 동안 이런 식으로 물건을 훔치고 있었다."

캐슬 사건 이후 클라라 비윅 콜비Clara Bewick Colby는 페미니스트 주간지 《우먼스 시그널The Woman's Signal》에서 도벽이 있는 여자들 가운데 일부는 남편들로부터 경제적 독립성을 너무 적게 부여받았다고 지적했다. 도벽의 전리품이 될 만한 품목들은 대부분 사치품이나 천박한 장신구, 겉은 번지르르하지만 불필요한 것들이었다. 요컨대 아무리 부잣집 여인이라 해도 갖고 싶다고 말하기 창피할 만한 물건들 혹은 터무니없다고 느껴질 가격의 물건들이었다. 콜비는 이 문제를 해결하려면 아내들에게 자율성을 더 많이 주어야 한다고 주장했다. 즉 결혼한 여자는 "정당한 자신의 것을 장악할 자유가 있어야 한다." 그러지 않으면 G 부인 신세가 될 수도 있었다. G 부인은 폴 뒤비송Paul Dubuisson이 《백화점의 도둑들Les Voleuses de Grands Magasins》(1902)을 쓰며 인터뷰한 여성들 가운데 한 명이었다. 그녀의 첫 번째 절도는 새로운 존재의 등장을 알렸다. G 부인은 완전히 딴사람이 되었다고 뒤비송은 썼다. 가정과 남편은 더 이상 G 부인의 일순위 관심사가 아니었다. 그녀의 머릿속엔 한 가지 생각뿐이었다. 다시 백화점에 가서 물건을 슬쩍하는 것. 이처럼 도벽은 가정에 반기를 드는 반항의 한 형태가 되었다.

지크문트 프로이트의 추종자들은 도벽을 여성의 성생활과 강력하게 결부시켰다. 1924년 빌헬름 스테켈Wilhelm Stekel은 도벽의 근원은 항상 성적인 문제에 있다고 주장했다. 도벽이 있는 사람은 "뭔가 금지된 것을 하길" 원하는 사람이라고 그는 썼다. 그들은 "아무도 모르게 뭔가를 손에 쥐고 싶어 한다." 1942년 또 한 명의 프로이트 추종자 프리츠 비텔스Fritz Wittels는 이렇게 말했다. "물건을 훔치는 것은 사실상 도벽 증상자들의 성생활이다."

처음부터 심리학자들은 도벽 증상자들이 도둑질에서 해방감을 찾는다는 점에 주목했다. 1840년 프랑스의 정신과 의사 샤를 크레티앙 앙리 마르크Charles Chrétien Henri Marc는 물건을 훔치는 행위가 행복감과 안도감을 줄 수 있다고 말했다. 2000년 미국정신의학협회의 《정신질환 진단 및 통계 편람》제4판은 도벽 환자의 "절도를 저지르기 전에 치솟는 긴장감"과 "절도를 저지르는 순간의 기쁨, 희열 혹은 안도감"을 묘사했다. 오늘날 흔히 충동조절장애로 분류되는 도벽은 절도의 짜릿함을 둔화시키는 약물이나 물건을 훔쳐야만 완화되는 불안감을 물건을 훔치지 않고 줄여주는 약물로 치료한다. 혐오요법으로 충동을 억제해보려는 도벽 환자들도 있다. 예를 들어 치료사는 도벽 환자에게 고통을 느낄 때까지 숨을 멈추면서 절도 행위를 상상하라고 한다. 또는 들치기 행위를 체포나 투옥의 이미지와 함께 떠올려보라고 한다. 인지행동치료는 절도 패턴을 차단하는 법과 머릿속에서 자꾸만 고개를 드는 다음과 같은 생각들을 없애는 법을 가르친다. "그것들은 훔칠 만한 가치가 있어." "안 들키고 훔칠 수 있을지 궁금해 죽겠네." "우리 가족은 더 좋은 걸 가질 자격이 있어."

스케텔은 헤르만 헤세의 단편 〈아이들의 영혼Kinderseele〉(1919) 을 인용했다. 도벽에 사로잡힌 11세 소년은 학교를 마치고 불안한 상태로 집으로 걸어간다. 그는 마치 죄책감을 느끼는 아이처럼 보인다. "소년에게 두려움이 밀려왔다. 처음엔 가슴에서 목까지 꽉 조여오는 느낌이 들더니 이윽고 숨이 막히고 구역질이 났다." 소년은 불길한 예감에 휩싸이며 집 복도로 들어선다. "오늘은 악마가 마음대로 돌아다닌다." 소년은 생각한다. "무슨 일이 일어날 것 같다." 소년은 아버지의 서재로 들어간다. "내심 나는 옆방에서 아버지가 뒤척이다가 서재로 들어와서 내게 걸린 이 무서운 주문을 풀어주길 바랐다." 하지만 아무도 들어오지 않는다. 소년은 아버지의 서랍을 하나씩 열어보기 시작한다. "범죄자가 된 것 같아서 가슴이 옥죄고 손끝이 차가워진다. 내가 뭘 하려고 하는 건지 나도 아직은 알지 못했다." 소년은 어떤 서랍 안에서 설탕에 조린 흰색 무화과들을 매단 장식용 줄을 발견하고—마치 긴장을 풀려는 듯이—줄에서 무화과 몇 개를 빼내 자기 주머니에 쑤셔 넣는다. 소년은 서랍을 쾅 닫고 두려움과 수치심을 느끼며 방에서 달아난다.

참고 선물강박증, 편집광, 구매강박증, 저장강박증

명칭강박증 ONOMATOMANIA

특정 단어에 집착하는 증상을 명칭강박증이라고 한다. 1885년 프랑스 정신과 의사 장마르탱 샤르코Jean-Martin Charco와 발랑탱 마냥이 '단어'를 뜻하는 그리스어 onomato를 빌려와 명칭강박증 onomatomania이라고 명명했다. 이 장애는 크게 세 가지 형태를 취한다. 잊어버린 특정 단어를 기억해내기 위한 고심, 한 단어를 반복하고 싶은 충동, 위험하다고 느껴지는 단어를 듣거나 말하는 것에 대한 두려움. 《강박관념Imperative Ideas》(1894)에서 대니얼 핵 투크는 젊은 영국 여성 B의 사례를 설명했다. B는 지인 중에 끔찍하게 싫어하는 남자가 있었는데, 그 남자의 이름 철자가 들어간 단어만 들어도 질색할 정도였다. 심지어 남자가 죽은 뒤에도 B는 그 단어를 들으면 손과 팔을 씻곤 했다. 명칭강박증 환자는 특정 단어에 신비한 힘이 있다고 생각한다. 투크는 환자의 익명성을 지켜주고 그녀의 금기사항을 존중하는 의미에서 B를 괴롭히는 단음절어는 밝히지 않았다.

(참고) 회문공포증, 계산강박증, 긴단어공포증, 편집광

방랑벽 DROMOMANIA

1894년 프랑스 의사 에마뉘엘 레지Emmanuel Régis는 떠돌아다니고 싶은 충동에 방랑벽dromomania(dromos는 그리스어로 '달리기'를 뜻한다)이라는 이름을 붙였다. 병적인 관광pathological tourism, 여행벽 wanderlust, 유랑생활vagabondage이라고도 불리는 방랑벽은 19세기의 마지막 수십 년간 프랑스에서 급증한 듯하다. 방랑벽은 이따금 보행성 기억상실증이나 해리성 둔주 같은 의식 상실 상태를 동반했다. 가장 얌전한 형태의 방랑벽은 거리를 돌아다니는 산책자 혹은 도시를

떠도는 방랑자였다.

18세기와 19세기는 장시간 걷는 게 하나의 특기로 여겨진 시대였다. 일례로 1809년 영국의 '유명한 보행자' 캡틴 로버트 바클리Captain Robert Barclay는 쉬지 않고 1000시간 동안 1000마일을 걸어서 1000파운드의 상금을 손에 쥐었다. 그 밖에도 많은 예술가와 철학자들이 산책에서 커다란 기쁨을 느꼈다. 장자크 루소Jean-Jacques Rousseau는 《고백록Les Confessions》(1770)에서 "걷기는 내 아이디어에 영감을 주고 생기를 불어넣는다"라고 말했다. "내 머리는 가만히 있을 때는 잘 돌아가지 않는다. 몸을 움직여야만 머리가 돌아간다." 프리드리히 니체Friedrich Nietzsche는 《방랑자와 그의 그림자Der Wanderer und sein Schatten》(1880)를 쓰는 동안 매일 8시간씩 걸었다. 그는 자기 독자들에게 조언했다. "앉아 있는 시간을 최대한 줄여라. 야외에서 혹은 자유롭게 이동하면서 얻은 생각이 아니면 믿지 말라. 몸의 근육들이 흥분하지 않았을 때 얻은 생각도 믿지 말라. 모든 편견은 오장육부에서 나온다." 루소와 니체는 자연과 교감하기 위한 수단으로 걷기를 선택한 경우였다. 반면 1890년대가 되자 걷기가 마치 전염병처럼 퍼져서 걷는 것을 도저히 멈추지 못하는 사람들이 폭발적으로 늘었다.

방랑벽으로 유명세를 탄 최초의 인물은 장알베르 다다Jean-Albert Dadas라는 보르도 출신의 가스 정비공이었다. 이언 해킹Ian Hacking의 《미치광이 여행자Mad Travellers》(1998)에도 나오는 얘기지만, 다다는 8세 때인 1868년에 나무에서 떨어져 머리를 다쳤다. 그로부터 4년 뒤 다다의 첫 번째 방랑이 시작됐다. 견습공으로 일하던 가스 공장에서 홀연히 종적을 감춘 다다는 인근 소도시에서 발견됐다. 다다는 그곳에서 우산 외판원의 조수로 일하고 있었는데, 자기가 어떻게 거기까지 갔는지 기억하지 못하는 눈치였다. 그는 해리성 둔주에 빠졌다가 어리둥절한 상태로 의식이 돌아오는 일이 평생 반복됐다고 말했다. 그렇게 의식이 돌아오고 나서야 자신이 멀리 떨어진 곳에 와 있다는 것을 깨달았다. 파리의 벤치에서 깨어날 때도 있었고, 알제리에서 접시를 닦고 있거나 프로방스의 들판에서 의식이 돌아올 때도 있었다. 1881년 다다는 벨기에의 소도시 몽스에 위치한 프랑스 육군에서 탈영해 베를린까지 걸어갔다. 거기서 다시 모스크바까지 걸어갔고, 그곳에서 체포되어 콘스탄티노플로 강제 추방됐다. 1886년 보르도로 송환된 다다는 젊은 신경정신병학자 필리프 티시에Philippe Tissié의 치료를 받았다. 티시에가 다다의 기이한 모험을 치료하면서 방랑벽이라는 질환이 널리 알려졌다. 이후 20년에 걸쳐 많은 사례가 확인됐으며, 그중 일부는 군의관이 방랑벽 진단을 내려준 덕분에 사형을 면한 탈영병들이었다.

1906년 피에르 자네는 방랑벽이 있는 51세 남자 'H'의 사례를 설명했다. 걷기 강박이 있는 H는 파리에서 릴까지 225킬로미터를 걷기도 했다. 언젠가 그는 대장정에 나서기 전에 자신의 감정을 이렇게 설명했다. "남들은 모르는 슬픔을 느낍니다. 지루해서 미칠 것 같고, 말로 설명하기 힘든 두려움을 느껴요. … 만사가 우울하고 불안합니다. 모든 게 답답해 보이고, 이 세상도, 그 안에 있는 나도 하등 가치가 없고 하찮게 느껴져요. 그런 상태가 되면 몸을 움직여서 나를 잠에서 깨워야겠다는 생각이 듭니다." 그는 방랑벽을 막아보려고 집 안에서 문을 잠그고 열쇠를 창밖으로 던져버린 적도 있지만, 걷고 싶은 갈망은 그의 의지를 무참히 짓밟았다. "문을 부숴서 열었습니다. 그러곤 밖으로 뛰쳐나갔어요. 그땐 저도 제가 뭘 하고 있는지 몰랐어요. 제가 아는 건 정신이 돌아왔을 때 이미 길 위에 있었다는 것뿐입니다."

자네가 만난 젊은 여성도 가만히 머물러 있지 못하는 강박에 시달렸다. 정신병원에 입원시키면 그녀는 번번이 탈출했다. 자네는 "이 여성은 운동을 하지 않으면 못 견딘다. 그녀는 단 하루의 예외도 없이 공공도로에서 40~50킬로미터를 걸어야만 한다"고 썼다. 그녀는 도로에서 46킬로미터라고 적힌 표지판이 나오고 나서야 비로소 휴식을 취했다. "이따금 마차가 그녀 옆을 지나가기도 한다. 하지만 그녀는 마차에 타기는커녕 말의 빠른 걸음을 따라잡기 위해 뛰어간다." 이러한 "걷기 열풍"은 "무척 생소해 보이지만, 생각보다 흔하게 마주친다. 파리에서는 공공도로로 나가 몇 킬로미터씩 걸을 수 없는 사람들의 경우 자기 집 마당에 시멘트를 깔아놓고 그 위에서 몇 시간씩 걷기도 한다."

일부에서는 걷고 싶은 욕구를 유서 깊은 충동의 부활로 해석하기도 했다. 걷기 열풍은 인간이 유목 생활을 하던 농경 이전의 과거를 떠올리게 했다. 여자 방랑자들을 바라보는 시선은 유독 곱지 않았다. 그들이 여자의 천직인 집안 살림을 거부하는 것처럼 보였기 때문이다. 샬럿 브론테Charlotte Brontë의 《제인 에어Jane Eyre》(1847)에서 화자는 이렇게 말한다. "나도 어떻게 할 도리가 없었다. 가만히 있지 못하는 게 내 천성이었다. 때로는 그 천성 때문에 아픔을 느꼈다."

돌아다니고 싶은 충동을 질병으로 분류하는 것은 집안 살림과 가

정생활을 최고의 덕목으로 여기는 사회에서만 볼 수 있는 특징이었을 수도 있다. 제1차 세계대전 때 여자들은 공장에 불려 나가 일하고 남자들은 전쟁터에 불려 나가 조국을 위해 싸웠는데, 그동안 방랑벽 진단은 점점 줄어들다가 사라졌기 때문이다. 오늘날 우리는 걷기를 다시 찬양하고 있다. 2020년, 코로나19 위기 때 99세의 톰 무어Tom Moore는 100번째 생일을 맞기 전까지 자기 집 마당을 걸어서 100바퀴 돌겠다고 약속했다. 100바퀴 걷기를 완수한 덕분에 그는 영국 국민보건서비스를 위한 기부금으로 3000만 파운드 이상을 모금했으며 그 공로를 인정받아 기사 작위까지 받았다.

참고 편집광

방화광 PYROMANIA

1833년 샤를 크레티앙 앙리 마르크는 불을 지르고 싶은 충동을 방화광pyromania이라고 명명했다(그리스어 pyr는 불을 뜻한다). 마르크는 각자 자기 주인과 마님의 집에 불을 지른 12세부터 16세 사이의 하녀들을 사례로 방화광을 설명했다. 그중 한 하녀가 불을 지른 집은 그녀의 남편이 정부를 만나고 있던 불륜의 현장이었다.

1838년 장에티엔 에스퀴롤은 마르크의 하녀 방화광 목록에 13세 소녀의 사례를 추가했다. 영국 에섹스주의 바킹사이드에 살던 이 소녀는 1833년 10월 자신을 고용한 농부의 침대에 불을 질렀다. 지방 치안판사 앞에 불려간 제인 월스Jane Walls는 방화 동기를 설명했다.

"저는 나쁜 짓을 했다고 생각하지 않습니다. 불이 켜져 있는 양초를 침대 커튼 근처로 가져가면 불이 붙을지 궁금했습니다. 저는 불길의 효과를 목격하고 싶었어요. 그 불길은 숯불이나 땔나무가 벽난로에서 탈 때보다 더 아름다울 거라고 생각했거든요." 그녀는 주인을 향한 악의가 전혀 없었으며, 침대에 불을 지른 사실을 즉각 주인에게 알렸다고 말했다. 사형을 선고받을 수도 있음을 깨닫고 나서야 그녀는 자신의 행동을 후회했다. "모닥불을 붙였다고 교수형을 당할 줄 알았더라면 절대로 그런 짓을 하지 않았을 거예요."

증인으로 나선 농부는 제인 윌스의 정신은 멀쩡해 보이며, 그 증거로 여태껏 농부의 자녀들에게 차분하고 다정한 보모였다고 말했다. 그러나 변호사는 그녀가 지난 2월 열병 때문에 정상이 아니었으며, 9월에는 아버지마저 돌아가셔서 또다시 마음이 불안정하고 정신이 나간 상태였다고 주장했다. 판사는 사형 선고가 가능한 방화죄 대신 그보다 처벌이 약한 경범죄 혐의를 적용했다.

마르크가 만나본 방화광 하녀들은 대부분 지금 하는 일이 행복하지 않다고 털어놨다. 그들에겐 스스로 상황을 통제할 권한이 거의 없었다. 하지만 그들은 난로, 램프, 양초, 화로, 레인지에서 매일 불을 다뤘다. 그리고 그것은 한순간에 하나의 불길을 큰불로 바꾸는 작업이었다. 15세 하녀는 줄곧 옆을 따라다니는 정령이 그녀가 일하는 집을 불태우라고 부추긴다고 했다. 그녀는 고향으로 돌아가고 싶은 마음이 굴뚝같다는 점도 인정했다. 고용주의 집에 두 차례 불을 지른 독일의 14세 하녀는 "견디기 힘든 향수"에 시달렸고, 부모님이 보고 싶어 죽을 지경이었다고 말했다. 그녀는 사형당했다.

19세기에 방화 혐의로 재판받은 사람들 가운데 일부는 불을 지르고 싶은 비정상적 강박에 시달린다고 주장했다. 그러한 호소는 거의 매번 묵살됐다. 한 예로 1858년 뉴욕주립정신병원의 한 직원이 방화광에 사로잡혀 병원 본관과 헛간에 불을 질렀다고 호소했으나 판사는 인정하지 않았다. "광기의 존재를 입증하려면 어떤 행위를 범하고 광기 때문에 그랬다고 핑계를 대야만 하는데, 그러한 핑계는 결코 증거가 될 수 없을 것"이라고 판사는 말했다. 19세기 말 대다수 정신과 의사들도 방화광이 명백한 정신질환이라는 주장에 등을 돌렸다.

방화광 진단은 20세기에 부활했다. 빌헬름 슈테켈 같은 정신분석가들은 불을 지르는 행위 중에는 무의식적 충동과 열망으로만 설명할 수 있는 것들이 있다고 주장했다. 1932년 프로이트는 불길을 성욕의 표출이라고 설명했다. "불이 내뿜는 온기는 성적 흥분 상태에 동반되는 것과 같은 종류의 몰입감을 연상시키고, 불길의 움직임은 발기한 남근의 움직임을 암시한다." 그리고 물을 부어 불을 끄는 행위는 배뇨의 성적 쾌감을 떠올리게 한다고 했다. 방화의 동기는 범죄와 관련된 경우가 많다. 보험금을 타내려고, 채무자를 혼내주려고, 또 다른 범죄를 은폐하려고, 혹은 저항의 방식으로 불을 지른다. 그러나 정신분석가들은 명백해 보이는 동기 때문에 충동이 감춰질 수도 있다고 지적한다. 충동 때문에 범죄 행위가 감춰질 수 있는 것처럼.

1957년 미국 최고법원은 유죄판결에 불복해서 항소를 제기한 토머스 브리스코Thomas Briscoe의 진술을 들었다. 워싱턴 D. C.의 빈집에 불을 지른 기혼남 브리스코는 12세 이후 저지른 100여 차례의 방화에 대해서는 거짓말을 했다고 자백했다. 그는 한밤중에 종종 강렬한 성욕을 느끼며 잠에서 깼는데, 집을 나서서 건물에 불을 질러 경보음을 울리고 소방관들이 불을 끄는 광경을 봐야만 성욕이 해소될 수 있었다고 말했다. 판사는 항소를 받아들였다. 그는 브리스코가 방화광에 시달리고 있을 가능성을 인정하면서 만약 이 사건의 재심이 열린다면 브리스코가 '정신이상을 이유로 한 무죄' 소송을 제기할 수 있다고 판결했다.

미국정신의학협회는 방화광을 충동조절장애로 규정한다. 다만 방화가 반복적이어야 하고 다른 질환으로는 설명이 불가능한 경우에만 방화광 진단을 내릴 수 있다. 또한 불을 지르기 전에는 긴장감이나 흥분을 느끼고, 불을 지른 후에는 안도감이나 쾌감을 느껴야 하며, 방화의 동기가 복수심이나 금전적 이득보다는 불에 대한 매혹이어야 한다. 1951년 놀런 루이스Nolan Lewis와 헬렌 야르넬Helen Yarnell이 고의로 불을 지른 남자들 약 1200명의 기록을 분석한 결과 정신의학에서 말하는 '진정한 방화광'의 정의에 부합하는 사람은 약 4퍼센트에 불과했다. "이 4퍼센트의 범죄자들은 억누를 길 없는 충동의 전형적인 정의를 묘사할 수 있다"고 루이스와 야르넬은 설명했다. "그들은 긴장감, 초조함, 행동하고 싶은 충동, 두통이나 두근거림이나 이명 같은 전환증상이 점점 고조되고, 자신의 정체성이 차츰 비현실적 상태로 빠져드는 순간, 불을 붙인다고 묘사한다."

2001년 익명을 요구한 미국인 여성도 자신의 방화광을 설명하면서 유사한 느낌을 자세히 묘사했다. 그녀는 어린 시절이 힘들었다고 말했다. 10세 때 이복오빠한테 성적 학대를 당했고, 어머니는 알코올 중독과 조울증에 시달렸다. "학교에 갈 나이가 되기도 전에 불이라는 단어가 내 사전에 있었어요." 그녀는 옛 기억을 떠올렸다. "여름이면 항상 집 근처에서 산불이 났기 때문에 불을 피해 대피하는 게 우리 가족한테는 연례행사였죠. 그럴 때면 나는 불타오르는 산을 넋을 잃고 바라봤어요." 그녀는 불에 집착하게 됐다. 불을 붙이고, 불에 대한 책을 읽고, 불에 대한 영화를 보고, 불에 대한 노래를 듣고, 불에 대해 이야기하고, 불 냄새를 맡았다. 그녀는 불의 도약과 광휘, 불이 가진 힘에 압도됐다. 그녀는 공허하거나 불안이 자신을 집어삼키는 기분이 들 때 불을 지른다고 말했다. "버림받은 기분이 들어요. 어쩌면 외롭거나 지루해서일지도 모르겠어요. 가끔 두통이 극심하고 심장이 빨리 뛰고 두 손이 내 의지와 상관없이 제멋대로 움직이고 뭔가가 톡톡 쏘는 것처럼 오른팔이 아파요." 불이 내뿜는 열기와 타닥타닥 타는 소리가 그녀의 불안까지 태워버리는 모양이었다.

1993년 봄 캘리포니아대학교에 다니던 그녀는 캠퍼스에 몇 차례 불을 지르다가 붙잡혀 정신병동에 구금됐다. 그러나 그해 여름 워싱턴 D. C.에서 어느 하원의원의 인턴직을 맡게 되면서 퇴원했다. 그 이후 8년간 그녀는 병원에 33차례 입원했고, 정신병, 우울증, 강박장애, 경계선 성격장애 진단을 받았다. 그녀의 내면세계는 여전히 불타고 있었다. 그녀는 이렇게 썼다. "내 꿈은 전부 불에 관한 것이다. 내가 지른 불, 지르고 싶은 불, 질렀으면 좋았을 불." 그리고 깨어 있는 시간에는 불에 대한 자신의 열망을 계속 좇았다. 그녀는 자기가 지른 불이 꺼지면 슬픔과 비통함을 느끼면서 다시 불을 지르고 싶은 갈망을 느낀다고 말했다.

참고 음주광, 살인편집광, 도벽, 여자색정증, 구매강박증, 발모벽

살인편집광 HOMICIDAL MONOMANIA

1810년 장에티엔 에스퀴롤은 평소에는 멀쩡하다가 억누르기 힘든 살인 충동에 사로잡히는 질환을 살인편집광이라고 정의했다. 이 정의로 인해 정신착란성 자기방어의 가능성이 확장됐다. 즉 제정신으로 보이는 살인자도 이제는 자신이 살인 충동의 희생양이며 특이하고 일시적인 정신이상 때문에 살인을 저질렀으므로 범죄자가 아니라 정신병자에 적용되는 형이 선고돼야 한다고 주장할 수 있게 된 것이다. 1838년 미국의 정신의학자 아이작 레이Isaac Ray는 살인편집광에 사로잡힌 사람은 "생각하는 능력이 마비되고 오로지 맹목적이고 무의식적인 충동에 따라 행동한다. 갓 태어난 아기의 행동처럼, 이 충동에 따른 그들의 행동은 이성과 거의 무관하다"고 썼다. 그는 이 고통을 지닌 개인을 살인죄로 처벌해서는 안 된다고 덧붙였다.

기준이 될 만한 사례가 영국 법정에서 탄생했다. 1843년 스코틀랜드인 대니얼 맥노튼Daniel M'Naghten은 에드워드 드러먼드Edward Drummond라는 공무원을 로버트 필Robert Peel 총리로 착각하고 총으로 쏴 숨지게 했다. 하지만 그는 '살인편집광'을 앓고 있다는 이유로 무죄 판결을 받고, 교수형을 당하는 대신 범죄를 저지른 정신병자들을 수용하는 베들레헴 정신병원으로 보내졌다. 맥노튼은 살인편집광 진단 덕분에 목숨은 부지했지만, 그의 정치적 분노도 역사 속에 묻혀버렸다. 맥노튼은 귀족을 위한 토리당의 집권에 반대한 폭력적 시위자가 아니라 미친 사람으로 역사에 기록되었다.

살인편집광은 살인을 저지르고 나면 제정신으로 돌아오는 경우가 많다고 에스퀴롤은 말했다. "살인을 저지르고 나면 공격이 끝나는 모양이다. 또한 자신을 괴롭혔던 불안과 고통에서 벗어나는 사람도 있는 것 같다. 그들은 마음의 평정을 되찾지만, 후회나 죄책감, 두려움 같은 것은 느끼지 못한다. 그들은 마치 남의 일인 양 무덤덤하게 희생자들을 바라보며, 개중엔 만족감을 느끼고 드러내는 자들도 있다." 살인 행위가 광기를 사라지게 한 것 같았다.

1978년 미셸 푸코Michel Foucault는 에스퀴롤의 정의 때문에 "범죄자가 정신이상자로 둔갑했고, 사람이 저지른 살인의 죗값을 질병이 받게 되었다"고 꼬집었다. 이어서 19세기 정신의학이 "완전히 허구의 실체를 발명했다"고 푸코는 덧붙였다. "정신이상이라는 범죄, 단지 정신이상일 뿐인 범죄, 단지 범죄일 뿐인 정신이상."

1860년대가 되자 살인편집광 진단은 정신의학계에서 인기가 시들해졌다. 하지만 법정에서는 여전히 통했다. 1857년부터 1913년 사이에 런던의 올드베일리에서 열린 살인 재판 가운데 살인편집광을 주장한 사건이 무려 43건이었다. 1895년 런던 동부에서는 13세 소년 로버트 쿰스Robert Coombes가 자기 어머니를 칼로 찔러 살해하는 사건이 발생했다. 재판에서 변호인이 소년의 살인편집광을 주장하자 검사는 코웃음을 쳤다. 검사는 쿰스가 사전에 구입해서 숨겨두었던 칼로 어머니를 살해한 사실을 배심원단에 상기시켰다. 그러나 배심원들은 살인편집광을 인정했고, 쿰스는 유죄 판결을 받았지만 정신이상자로 결론이 났다.

정신장애 범죄자를 수용하는 브로드무어 정신병원으로 이송된 쿰스는 자비로운 배심원들 덕분에 사형을 면한 다른 범죄자들과 함께 갇혔다. 여자 병동(그리고 몇몇 남자 병동)의 수용자 대다수는 자기 아이를 살해한 후 살인편집광이 인정돼 사형을 면한 죄수들이었다. 다들 공황 상태에 빠졌거나 자포자기한 상태에서 살인을 저지른 것으로 보였다. 1912년 30세가 된 쿰스는 정신병원에서 나왔고, 3년 후 갈리폴리 전투에서 들것 나르는 일을 하며 침착한 용기를 발휘한 공로로 무공훈장을 받았다. 그로부터 20년 후 오스트리아의 시골에서 농부로 살던 쿰스는 인근에 사는 11세 소년을 폭력적인 부모로부터 구했다. 설령 예전에는 있었는지 몰라도 그의 살인 충동은 되살아나지 않았다.

참고 도벽, 편집광, 방화광

색정광 EROTOMANIA

원래 색정광erotomania(그리스어로 eros는 열정적인 사랑을 뜻한다)은 상대방이 알아주지 않는 사랑, 즉 짝사랑의 발광과 절망을 가리키는 용어였다. 18세기에 그 의미가 과도한 성욕으로 변하더니 오늘날에는 다른 사람이 자신을 남몰래 사랑하고 있다는 망상을 의미하게 되었다. 색정광은 클레랑보증후군으로 불리기도 한다. 1921년 프랑스의 정신의학자 가시앙 드 클레랑보Gatian de Clérambault는 레아아나 BLeá-Ann B의 사례를 묘사했다. 여성 모자 판매업에 종사하는 54

세의 파리 시민 레아아나 B는 영국의 왕 조지 5세가 자신을 사랑하고 있다고 확신했다. 그녀는 런던에도 여러 번 갔는데, 그때마다 버킹엄궁 정문 밖에 몇 시간씩 서서 왕이 왕실의 커튼을 젖히고 그들끼리만 통하는 암호로 메시지를 보내주길 기다렸다.

색정광의 집착은 초기에 격렬한 흥분에 휩싸였다가 차츰 좌절과 분노로 바뀌곤 한다고 클레랑보는 설명한다. 그는 이 증후군이 희망, 괴로움, 원한의 3단계로 이루어졌다고 말한다. 이 망상은 여자들한테 더 많은 것으로 추정되지만, 폭력으로 끝날 가능성은 남자들이 더 많다. 폭력의 희생자는 상상 속의 연인도 될 수 있고 연애를 방해하는 훼방꾼도 될 수 있었다. 이런 이유로 남자 색정광들은 정신의학자와 경찰의 요주의 인물로 떠오르기 십상이며, 이들의 이야기는 여자들의 이야기보다 기록으로 남아 있을 가능성이 더 많다.

1838년 장에티엔 에스퀴롤은 이 '상상의 병'을 앓고 있는 남자 환자의 사례를 묘사했다. 키가 작고 머리가 검은 프랑스 남부 출신의 36세 사무직 근로자인 이 남자는 파리에 갔다가 어떤 여배우를 보고 뜨거운 욕정에 사로잡혔다. 그는 그녀의 집 밖에서 비가 오나 눈이 오나 그녀를 기다렸고, 무대 출입구 앞을 서성였으며, 그녀가 마차를 타면 걸어서 그 뒤를 쫓아갔다. 한번은 창문을 통해 그녀를 잠깐이라도 볼 수 있을까 싶어서 2륜 마차 지붕 위에 올라간 적도 있었다. 여배우의 남편과 친구들은 그를 막기 위해 모든 수단을 동원했다. 에스퀴롤은 이렇게 썼다. "그들은 이 진절머리 나는 남자에게 입에 담지 못할 욕설도 퍼부어 보고 내쫓아도 보고 헐뜯어도 보고 거칠게도 다뤄보았다." 하지만 그는 단념을 몰랐다. 외려 주변 사람들의 방해 때문에 여배우가 그를 향한 진심을 표현하지 못하고 있다고 확신했다. "그는 욕정의 대상이 무대에 오르는 날마다 극장에 가서 무대 맞은편 네 번째 줄에 앉아 있다가 여배우가 등장하면 그녀의 시선을 끌려고 하얀 손수건을 흔든다." 그러면 그녀가 볼에 홍조를 띠고 초롱초롱한 눈으로 자신을 돌아봤다고 주장했다.

그는 여배우의 남편과 격렬한 언쟁을 벌인 후 정신병원으로 보내졌다. 병원에서 그를 면담한 에스퀴롤은 이 남자가 다른 사안들에 대해서는 지극히 이성적인 사고를 하고 있음을 알게 됐다. 에스퀴롤은 여배우에 관해 논리적으로 그를 설득해보기로 했다. 에스퀴롤이 물었다. "무슨 근거로 그 여배우가 당신을 사랑한다고 생각하십니까? 당신은 매력이라곤 전혀 없잖아요. 그 여배우가 볼 때는 더더욱 매력적이지 않겠죠. 게다가 당신은 미남도 아니고, 지위가 높거나 재산이 많은 것도 아니지 않습니까."

"전부 맞는 말씀입니다." 남자가 대답했다. "하지만 사랑이란 건 논리적으로 설명할 수 있는 게 아닙니다. 더구나 저는 사랑받는 느낌을 수없이 경험해봤습니다. 의심의 여지가 없습니다. 그녀는 저를 사랑합니다."

1850년대 런던에 신설된 영국의 이혼 법정에서는 한 여자 색정광이 자신의 권리를 호소했다. 헨리 로빈슨Henry Robinson이라는 잘나가는 엔지니어가 아내 이저벨라Isabella를 상대로 이혼 소송을 제기한 것은 1858년 여름이었다. 그는 아내가 유명한 의사 에드워드 레인Edward Lane 박사와 불륜을 저질렀다며 그녀의 일기를 증거로 제출했다. 로빈슨 부인의 변호인들은 그들의 의뢰인이 색정광 환자라고 항변했다. 일기장에 적힌 내용은 레인 박사가 자신을 사랑한다는 망상에 빠져 그녀가 지어낸 터무니없는 소설이라고 변호인은 주장했다. 용케 소송은 기각됐지만, 이저벨라 로빈슨의 개인적인 편지를 보면 젊은 의사의 명성에 금이 가는 것을 막으려고 그녀가 거짓말을 했음을 알 수 있다. 그녀는 연인의 목숨을 구해주려고 색정광 행세를 한 것이다.

색정광의 집착은 새끼를 치기도 한다. 2020년 포르투갈의 정신의학자들로 구성된 연구진은 미스터 X의 사례를 소개했다. 51세의 실직자인 미스터 X는 아버지를 여의고 어머니와 단둘이 포르투갈 남부의 작은 마을에서 살고 있었다. 그는 동네 커피숍의 단골손님인 기혼녀 미세스 A가 자기를 사랑한다고 확신했다. 그녀가 신호를 보내고 사랑이 가득한 눈길로 쳐다본다고 그는 말했다. 그는 그녀를 졸졸 쫓아다니기 시작했는데, 그녀는 너무나 귀찮게 구는 그에게 물리적 폭력을 행사하기까지 했다. 그러자 미스터 X는 역시 그를 사랑하는 커피숍 사장 미세스 B가 질투에 눈이 멀어 미세스 A에게 자신에 대해 험담을 한 게 틀림없다고 믿게 되었다. 그는 그따위 근거 없는 험담을 곧이곧대로 믿는 데다 자신과의 사랑을 위해 이혼할 용기도 없는 미세스 A에게 화가 났다.

그로부터 얼마 지나지 않아 미스터 X의 어머니가 병이 들어 요양원에 들어가게 됐을 때, 미스터 X는 커피숍의 또 다른 단골인 미세스 C가 자신에게 푹 빠져 있다고 믿기 시작했다. 그는 데이트를 신청했다가 퇴짜 맞았지만, 그녀가 유부녀이기 때문에 외간 남자를 사랑하는 감정을 인정하기 부끄러워서 거절했을 거라고 해석했다. 미스터 X는 그녀를 스토킹하기 시작했다. 한번은 그녀가 마법을 부리는 바람에 잠도 못 자고 생식기도 쪼그라들었다며 따졌다. 칼을 들이대며 자신에게 건 마법의 주문을 풀라고 위협까지 하자 그녀의 신고를 받은 경찰이 출동했고, 미스터 X는 정신과 병동에 입원해서 항정신성 약물을 처방받았다. 피해망상 증상은 완화됐지만, 그는 여전히 세 여자가 자신을 사랑한다고 확신했다. 그는 자신에겐 오로지 미세스 A 뿐이라고 똑똑히 밝혔다.

색정광들은 그들 자신이 만든 세상에서 산다. 이언 매큐언Ian McEwan의 소설《견딜 수 없는 사랑Enduring Love》(1997)에서 색정광인 어느 주요 등장인물은 또 다른 남자가 남몰래 자기를 사랑하고 있다고 확신한다. 그는 자신의 눈길이 닿는 모든 곳에서 숨겨진 욕망의 메시지를 읽는다. 매큐언은 이렇게 쓴다. "그의 세계는 내면에서 확정된 세계다. 개인의 필요를 위해 만들어진 세계 … 그는 자신의 감정으로 그 세계를 환히 밝혔고, 그 세계는 그가 갖는 모든 감정이 옳다는 확신을 줬다."

참고) 자기우월광, 과대망상, 편집광, 여자 색정광

선물강박증 GIFTOMANIA

1897년 1월 런던. 재봉사 엘리스 브라운은 리젠트 공원 근처 알바 니스트리트에 있는 크라이스트 교회의 헌금 접시에 올려놓았던 1파운드를 돌려달라며 프레더릭 헤틀링Frederick Hetling 목사를 고소했다. 블룸즈버리 지방법원에 출석한 그녀는 애초에 그렇게 큰 금액을 헌금할 의도가 없었으며 아마도 잠깐 정신이 나갔던 모양이라고 말했다. 그녀는 최근에 런던의 또 다른 법원에서 들치기 혐의로 기소당한 미국인 관광객이 병적인 도벽 증상을 주장했다며 이렇게 말했다.

"저는 그 여자의 도벽과 정반대의 병이 있어요. 전 선물강박증이 있어요."

"무슨 강박증이라고요?" 판사가 날카롭게 물었다.

"선물강박증요." 브라운 양이 다시 대답했다.

"무슨 그런 말 같지도 않은…." 베이컨 판사는 그렇게 말하면서 소송을 기각했다.

참고 도벽

여자색정증 NYMPHOMANIA

여성의 채워지지 않는 성욕을 의미하는 여자색정증nymphomania 이라는 단어는 젊은 여자 혹은 신부를 의미하는 그리스어 nymphē 에서 유래했다. 이 개념은 장 바티스트 루이 드 테사크 드 비앵빌Jean Baptiste Louis de Thesacq de Bienville의 《여자색정증Nymphomanie》이 영어로 번역된 이후인 1775년경 영국과 미국에서 받아들여졌다. 역사학자 캐럴 그론먼Carol Groneman에 따르면 18세기 이전에는 여자도 남자만큼 색을 밝혔으며, 여자의 수태 능력도 어느 정도는 그들의 성욕에 달려 있다는 게 일반적인 인식이었다. 그러나 산업화 사회가 되어가면서 여자의 역할은 주로 아내와 어머니로 한정되었고, 복음주의 기독교는 금욕과 도덕적 순결을 여자의 덕목으로 강조했다. 성적인 의도를 조금이라도 드러내면 욕정에 굶주린 여자로 낙인찍힐 수 있었다. 자위행위를 하고 싶거나 혼외정사를 바라는 여자는 말할 것도 없고, 아내가 남편과 좀더 많이(혹은 좀더 만족스럽게) 섹스하길 원해도 과도하게 색을 밝히는 여자로 취급받았다.

1856년 보스턴 포도주 상인의 아내인 24세의 'B 부인'은 자기가 아는 남자들이 나오는 에로틱한 꿈을 계속 꾼다고 허레이쇼 스토러 Horatio Storer 박사에게 말했다. 결혼 7년째인 그녀는 자기보다 나이가 훨씬 많은 남편과 매일 밤 갖던 성관계가 최근에는 어려워졌다고 했다. 스토러는 이렇게 썼다. "남편은 관계가 어려워진 이유를 그녀 쪽에서 찾았지만, 그녀는 오히려 남편이 발기되지 않는 날이 갈수록 많아져서라고 생각한다." 스토러 박사는 여자색정증 진단을 내리면서 B 부인에게 한동안 섹스를 멀리하라고 권했다. 또한 브랜디를 비롯해서 흥분성 음료도 몽땅 멀리하고, 글 쓰는 일(그녀는 소설을 쓰고 있었다)도 자제하고, 붕사액을 솜에 묻혀 음부를 닦으라고 조언했다. 스토러 박사는 성적 환상을 억제하지 않으면 정신병원에 갈 수도 있다고 그녀에게 경고했다.

여자색정증이 기질성 질환이라는 점에는 의사들 사이에 이론의 여지가 없었다. 그러나 생식기 문제인지 뇌의 문제인지는 확실치 않았다. 어쩌면 둘 다 관련이 있을 수 있다고 그들은 추측했다. 여자의 생식기관을 자극하면 그 자극이 척추를 따라 올라가서 뇌를 흥분시킬 수 있으며, 그 반대의 경우도 가능하기 때문이다. 성욕을 주체하지 못하는 여자들이 찾아오면 의사들은 대개 진정제나 냉수욕, 피뽑기 (예를 들면 거머리를 회음부에 올려놓는 방법)를 처방했다. 19세기 후반 일부 의사들은 난소절제, 음핵 또는 음순 절제 같은 외과적 수술을 시도했다.

역사학자 세라 로드리게즈Sarah W. Rodriguez에 따르면 외과적 수술에 신중한 태도를 취하는 의사들도 있었다. 1896년 브루클린의 의사 존 폴락John Polak은 창백하고 수척한 29세 여성 리지 B를 진료했다. 그녀를 폴락의 상담실로 데려온 사람은 아버지 B 씨였다. B 씨는 리지가 지난 10년간 집 안에 틀어박혀 시무룩하게 지내면서 혼자서든 다른 사람 앞에서든 몇 시간씩 계속 자위행위를 한다고 말했다. 그는 의사에게 리지의 음핵을 절제해달라고 부탁하면서 어떤 결과가 나오든 자기가 전부 책임지겠다고 했다. 아버지가 그렇게까지 나오자 폴락은 마지못해 승낙했다. 3개월 후 폴락은 마음이 한결 가벼워졌다. 리지가 "옛날 버릇으로 되돌아갈 마음이 없어 보이고, 예전보다 더 행복해 보이며 정신도 더 맑아졌다"라고 《메디컬 뉴스Medical News》에 전할 수 있었기 때문이다. 폴락은 이 정보의 출처를 구체적으로 밝히지 않았지만, 아마 이번에도 B 씨의 입에서 나온 말이었을 것이다. 자기 딸의 몸에 대한 그의 주장은 너무나도 단호해 보였다.

1920년대와 1930년대에는 여자색정증을 오로지 심리적 장애로만 다뤘다. 과도한 성욕이 정신을 망가트렸다고 본 것이다. 그러나 제2차 세계대전 이후 많은 사람이 대관절 여자색정증이라는 병이 있기는 한 것인지 의문을 제기했다. 《여성의 성적 행동Sexual Behavior in the Human Female》(1953)에서 앨프리드 킨제이Alfred Kinsey는 여자가 자위행위를 하고 성적 상상을 하는 것은 정상이라고 주장했다. 그로 부터 10년 뒤에 앨버트 엘리스Albert Ellis와 에드워드 새거린Edward Sagarin은 다음과 같이 말했다. "흔히 여자색정증이라고 불리는 것은 일반적으로 상대를 가리지 않는 성행위를 가리키는데, 이는 비교적 통제가 잘되는 행위이고, 아마도 상대를 고를 때 매우 까다로운 기준 이 적용될 것이다. 이러한 색정증이 우리 사회의 거의 모든 남자에게 서 발견된다면 정상적인 태도로 받아들여질 것이다." 1960년 피임 약 판매가 허용되면서 여자들의 혼외 성관계는 덜 위험해졌다. 1970 년대 《코스모폴리탄Cosmopolitan》 같은 여성 잡지나 〈딥 스로트Deep Throat〉 같은 포르노 영화에 "행복한 여자색정증 환자들"이 등장했다.

여자색정증은 모호한 개념으로 보이기 시작했다. 여자의 욕망 을 정상이 아니거나 어리석은 짓으로 몰고 가려는 의도가 아닌지 의심됐다. 1970년대에 미국의 성관계 치료사 루스 웨스데이머Ruth Westheimer는 이런 말을 했다. "자기보다 섹스를 훨씬 더 좋아하는 여 자가 있으면 그녀를 색정증이라고 부르는 남자가 수두룩하다."

의학 용어로서 여자색정증, 그리고 진단 자체가 매우 드문 남자 색정증은 '섹스중독sex addiction', '섹스강박장애'sexual compulsive disorder', '성욕과다증hypersexuality' 같은 용어로 바뀌는 추세다. 어느 정도가 과도한 성욕인지 수량화하기는 여전히 어렵다. 수량화를 위 한 척도 가운데 하나는 사람들이 자신이 하는 행동을 자기 자신에게 나 타인에게 해를 끼치는 수준으로 여기느냐 하는 것이다. 2005년 뉴 질랜드에서 32세 남녀 940명을 대상으로 설문조사를 한 결과, 남자의 13퍼센트와 여자의 7퍼센트가 지난해에 "무절제한" 성생활을 했다고 응답했는데, 그중 이러한 행동이 삶에 지장을 초래했다고 생각하는 사람은 남자의 3.9퍼센트와 여자의 1.7퍼센트에 불과했다.

2021년 《정서장애저널Journal of Affective Disorders》에는 정서적 충격을 준 경험과 성욕과다증 사이에서 통계적으로 유의미한 연결고리를 발견했다는 이탈리아의 논문이 실렸다. 논문의 저자들은 강박적 성행위가 우울함과 죄책감에서 비롯된 심리적 고통에 맞서기 위한 잘못된 전략이라고 주장했다. 그리고 이 장애가 여자들보다 남자들 사이에서 훨씬 더 많이 나타난다는 사실을 확인했다. 임상심리학자 리처드 가트너Richard B. Gartner는 이러한 메커니즘이 어린 시절 성적으로 학대당한 적이 있는 남자에게서 어떻게 작용할 수 있는지 설명한다. "그는 성적 쾌락에 대해서 상반된 감정을 느끼고 있을 수 있다. 왜냐하면 육체적 쾌락이 일정 수준에 이르면 트라우마로 남아 있던 학대의 기억이 고개를 들기도 하기 때문이다. … 성적 학대를 당한 남자는 사람과의 접촉을 갈망하는 동시에 두려워한다. 그는 성적 친밀감을 나누는 행위야말로 사랑받는다는 느낌을 받기 위한 최고의 기회라고 생각하지만, 학대를 통해 사랑을 경험한 과거를 기억하고 있다. 성관계를 하며 살기로 한 이상 그는 이 딜레마를 풀어야 한다. 그래서 교제를 위한 성관계가 아니라 수시로, 누구하고든 닥치는 대로 성관계를 가진다." 이 설명은 1890년대 브루클린에서 B 씨가 수술을 통해서 제거하려고 마음먹었던 딸의 강박적 행동, 즉 리지 B의 따분하고 반복적인 자위행위에 적용할 수도 있을 것이다.

(참고) 색정광, 편집광

우울광 LYPEMANIA

1838년 장에티엔 에스퀴롤은 우울광에 빠진 사람을 병적인 슬픔의 희생자라고 썼다. 우울광은 저항하기 힘든 슬픔을 일컫는다. 벤저민 러시가 '비애광tristimania'이라고 부른 정신 상태와 비슷하다. 에스퀴롤의 용어는 비록 인기를 얻지 못했지만, 이 질병에 대한 그의 분석은 현대에 우울증을 이해하는 토대가 되었다. 'W 양'은 에스퀴롤이 만난 환자 가운데 한 명이었다. 1804년 16세의 W는 어릴 적 소꿉친구인 앙기엔 공작이 사망한 후부터 극심한 우울감에 빠졌다. 나폴레옹 보나파르트는 공작이 정부 전복 음모를 꾸미고 있다고 의심해 암살 지시를 내렸다. 공작의 암살 소식에 W의 풍성하던 머리카락은 희끗희끗해졌고 파란 눈동자는 게슴츠레해졌다. 그녀가 말문까지 닫자, 샹티이성에 살던 그녀는 파리의 살페트리에르 정신병원으로 보내졌다. 정신병원에서 W는 침대 베개 받침 위에 앉아서 길고 야윈 다리를 배 쪽으로 끌어당겨 세우고 양 팔꿈치는 무릎 위에 올리고 턱은 오른손에 받쳐 놓은 채 혼잣말을 중얼거리며 창밖을 멍하니 쳐다보곤 했다.

에스퀴롤은 이러한 상태를 그리스 신화에 등장하는 비탄의 화신 리페Lype의 이름을 따 우울광lypemania이라고 불렀다. 리페의 어머니는 불화의 여신 에리스Eris였고, 고뇌의 화신 아코스Akhos와 슬픔의 화신 아니아Ania는 리페와 자매였다.

참고) 음주광, 편집광, 고독공포증

음주광 DIPSOMANIA

음주광dipsomania(dipsa는 그리스어로 갈증을 의미한다)이라는 용어는 1819년 독일 의사 크리스토프 빌헬름 후펠란트Christoph Wilhelm Hufeland가 만들었다. 19세기에 이 용어는 술에 대한 병적인 갈망과 술을 마시고 싶은 감정을 억제하지 못해 발광하는 상태를 가리킬 때 사용했다.

영국의 의사들은 과도한 음주를 일컫는 빅토리아 시대의 용어들(음주벽inebriety, 폭음intemperance, 습관적 만취habitual drunkenness, 술고래sottishness, 과음crapulence) 중에서 음주광을 장려했다. 음주광이라는 단어는 음주 행위에 과학적으로 그럴싸한 설명을 갖다 붙이면서 음주를 도덕적 타락보다는 질병으로 묘사했다. 1882년부터 알코올중독alcoholism이 의학 용어로 사용되기 시작하면서 음주광은 더 구체적인 증상, 즉 간헐적이고 일시적인 만취를 의미하게 되었다. 음주광의 기본은 폭음이었다. 대신 한 번씩 진탕 마시고 나면 다음번에 다시 마시기 전까지 술을 입에도 대지 않는 기간을 두었다. 1892년 영국의 정신과 의사 대니얼 핵 투크는 이 광기의 특징을 다음과 같이 묘사했다. "음주에 대한 억누를 수 없는 강박과 충동이 발작을 일으키듯 엄습한다. 강박과 충동에 지배당하는 동안 환자들은 의지력 상실 상태에 빠져 몹시 괴로워한다."

20세기로 들어서는 시기에 피에르 자네는 어느 30세 여성을 묘사했다. 명문가에서 태어나 훌륭한 교육을 받은 이 여성은 19세 때부터 주기적으로 위스키를 갈망했다. 자네는 그녀의 갈망을 "음주광의 전형적인 형태"라고 불렀다. 시작은 이런 식이다. 술이 자신에게 얼마나 위험한지 아는 그녀는 위스키를 딱 한 모금만 마시기로 한다. 그러나 자기도 모르는 사이에 한 모금이 아니라 한 잔을 벌컥벌컥 마시고 있다. 그런 다음 또 한 잔을 마신다. 그때부터는 멈출 수가 없다. 자네에 따르면 그녀는 "창피하고 비참해서 점점 더 몰래 마시게 됐다." 그녀는 하루에 반병을 마시고 인사불성이 되었다가 술이 깰 때면 깊은 절망감에 몸부림쳤다. "그녀는 자살을 들먹이다가, 다시는 술을 마시지 않겠다는 엄숙한 맹세로 간신히 자신을 다독인다."

그녀는 장기간 폭음하고 난 후 몇 주에서 몇 달간은 물만 마신다고 자네에게 말했다. 하지만 몇 주 혹은 몇 달이 지나면 기분이 또 달라져서 처음엔 서서히 시작하다가 결국엔 "슬픔의 장막이 좌절과 모든 행동에 대한 혐오, 엄청난 권태 등 모든 것을 뒤덮을" 때까지 허겁지겁 술을 들이켰다. 이 상태가 되면 모든 게 진절머리 난다고 그녀는 말했다. "만사가 넌더리 나요. 애써 노력을 기울일 만큼 가치 있는 일 같은 건 전혀 없어요. 심지어 더 이상 화가 나지도 않아요. 화를 낼 만큼 가치 있는 일이 없으니까요. 화를 내는 사람들을 보면 저는 깜짝 놀랍니다. 화를 낼 용기가 있다는 게 놀라울 뿐이에요." 그녀는 행복도 불행도 느끼지 못하며, 바라는 것도 전혀 없다고 했다. "마치 달이 태양을 가리듯 그림자가 제 인생 전체를 야금야금 뒤덮어오는 느낌인데, 이런 느낌이 어떤 건지 짐작도 못 하실 거예요."

그녀는 수시로 지독한 절망감을 느꼈고, 심지어 남편과 아이들에게 전혀 애정을 느끼지 못했다("어떤 것에도 애정을 느끼지 못한다는 게 얼마나 끔찍한지 몰라요!"). 그 지경인

데도 자살하지 않는 자신을 이해할 수 없었다. 그녀가 기댈 거라곤 위스키뿐이었다. 그녀가 말했다. "위스키를 한 잔 마시면 온 세상이 밝아 보이고 사는 게 다시 재미있어져요. 내가 바보 같다는 생각도 더 이상 안 들고요. 보고, 읽고, 말하고, 행동할 수 있게 돼요. 위스키 한 잔이 인생을 살 만한 가치가 있는 것으로 바꾸어놓아요. 위스키 한 잔을 마시면 모든 것이 가치 있게 보여요. 그럴 만한 가치가 없는 것까지도요." 그녀는 술이 주는 희망이 거짓임을 알고 있었다. 술이 깨면 비참한 후유증이 기다린다는 것도 누구보다 잘 알고 있었다. 하지만 때때로 그녀가 감히 원할 수 있는 것은 오로지 술 하나뿐이었다.

(참고) 도벽, 우울광, 색정광, 방화광

외침강박증 KLAZOMANIA

외침강박증klazomania(그리스어로 klazo는 '소리치다'를 뜻한다)이라는 단어는 1925년 헝가리의 정신과 의사 L. 베네덱L. Benedek이 소리를 지르고 싶은 충동을 설명하기 위해 만들었다. 베네덱의 환자 가운데 얌전히 있다가 느닷없이 귀청이 떨어질 만큼 크게 소리를 지르는 사람이 있었다. 자기 의지로는 소리를 지르고픈 충동을 통제할 수 없어 보였다. 그가 내지르는 소리는 단모음들, 철자들, 그리고 동물이 내는 소리였다. 1927년 베네덱의 동료 두 명은 추가로 확인된 또 다른 사례들을 보고했다. 두 의사는 환자들이 소리를 지르는 동안(극도로 불안해했고 얼굴은 벌겋게 달아올랐다) 얼마나 화가 난 것처럼 보이는

지, 나중에 얼마나 미안해하는지에 주목했다. 그들은 버럭버럭 소리를 지르는 내내 의식을 잃는 것 같지는 않았다.

유사한 사례가 1996년에도 있었다. 영국의 정신과 의사 G. D. L. 베이츠G. D. L. Bates는 수시로 덤빌 듯이 소리를 지르는 63세 남자를 진료했다. 환자는 그 이전 2년 동안은 한 달에 한두 번 정도 그런 식으로 소리를 질렀다고 했다. 베이츠는 그의 외침 발작을 직접 관찰했다. 환자는 불안한 모습을 보이다가 목청껏 "으악!" 혹은 "도와줘!" 같은 말을 고통스럽게 외쳤다. 소리를 다 지른 환자는 마치 놀란 사람처럼 몸을 앞으로 쭉 내밀었다. 1990년대 영국 시트콤 〈테드 신부님〉에서 나이 지긋한 아일랜드의 잭 신부도 그렇게 한 번씩 미친 사람처럼 소리를 질러대곤 한다. 비록 그가 즐겨 외치는 말은 "젠장!" "등신!" "술!" "아가씨들!"이지만.

투렛증후군과 비슷해 보이지만, 외침강박은 유전병보다는 뇌 손상에 따른 증후군으로 보는 시각이 더 지배적이다. 베이츠는 자기 환자의 병이 과도한 알코올 섭취 때문에 생겼을 것이라고 추측했다. 그는 일산화탄소에 중독돼도 외침강박이 생길 수 있다고 생각했다. 1920년대에 베네덱과 그의 동료들이 묘사한 외침강박 증상자들은 기면성 뇌염의 생존자들이었다. 기면성 뇌염은 불가사의한 '수면병'이다. 1915년부터 1927년까지 50만 명이 기면성 뇌염으로 목숨을 잃었고, 그보다 더 많은 기면성 뇌염 환자가 파킨슨병을 비롯한 신경질환을 앓았다.

(참고) 필기강박증, 명칭강박증

편집광 MONOMANIA

에드거 앨런 포Edgar Allan Poe는 소설에서 처음으로 편집광 monomania이라는 용어를 썼다. 단편 〈베레니스Berenice〉의 화자는 약혼녀의 치아에 집착하는 편집광 때문에 그녀를 생매장할 때 입 안에서 치아를 파낸다. 화자는 야만적인 분노를 동반한 광기에 사로잡혔다고 말한다. "나는 기이하고도 저항할 수 없는 그 힘에 맞서 몸부림쳤으나 헛수고였다. 세상에는 다양한 것들이 존재하지만 내 머릿속에는 오로지 치아 생각뿐이었다. 나는 광적인 욕망으로 그 치아들을 갈망했다."

1810년경 장에티엔 에스퀴롤은 한 가지 망상 충동에 사로잡힌 사람들을 묘사하기 위해 편집광monomanie이라는 말을 만들었다(라틴어 모노스monos는 한 개, 단 하나, 유일함을 뜻한다). 다른 면에서는 합리적인 사람들이지만, 부분적이고 포착하기 어려운 그들의 광기가 전문가의 눈에는 보일 때가 있다고 에스퀴롤은 말했다. 편집광 진단은 법정에서 온갖 종류의 범죄자를 변호하기 위한 전략이 되었다. 1846년 풍자 신문 《샤리바리Le Charivari》에 실린 오노레 도미에Honoré Daumier의 스케치를 보면 어떤 죄수가 감방 벽에 기댄 채 털썩 주저앉아 있고 그 옆에는 변호사가 서 있다. 낙담한 죄수가 말한다. "강도 혐의가 열두 건이나 돼서 정말 걱정입니다." 사색에 잠긴 변호사가 혼잣말을 한다. "열두 건이라. 더 잘됐군. 편집광이라고 변호해야겠어…"

19세기 중반 언론은 에스퀴롤의 용어가 방화, 살인, 절도, 간통, 만취를 위한 변명으로 전락했다고 조롱했다. 그런데도 편집광은 대중의 상상력을 사로잡았으며, 린지 스튜어트Lindsey Stewart의 연구가 보여주듯이 소설에서 심심하면 등장했다. 에밀리 브론테Emily Bronte의 《폭풍의 언덕Wuthering Heights》(1847)에서 히스클리프는 캐시에 대한 편집광적 사랑 때문에 고발당하고, 허먼 멜빌Herman Melville의 《모비딕Moby-Dick》(1851)에서 에이허브 선장은 고래에게 복수하겠다는 편집광적 욕망에 사로잡혀 있으며, 앤서니 트롤럽Anthony Trollope의 《그는 자기가 옳다는 걸 알았다He Knew He Was Right》(1869)에서 트리벨리언은 아내와 다른 남자와의 우정을 보면서 편집광적 질투를 품는다.

스스로 편집광이 아닌지 의심하는 것은 끔찍한 형태의 자기 회의가 되었다. 매리 엘리자베스 브래든Mary Elizabeth Braddon은 《오들리 부인의 비밀Lady Audley's Secret》(1862)에서 삼촌의 젊은 아내가 살인을 저질렀음을 입증하는 데 집착하는 한 남자를 묘사한다. "그것은 경고였을까, 편집광이었을까?" 그는 자신에게 묻는다. "결국 내가 틀렸다면? 내가 하나하나 연결해서 완성한 이 증거의 고리들이 내 어리석음에 의해 만들어진 것이라면? … 이런, 세상에! 지금껏 그 괴로움이 내 안에 있었다면?" 브래든의 묘사는 실제 형사인 잭 위처Jack Whicher의 경험을 참고했다. 런던 경찰국 소속 잭 위처는 1860년 잉글랜드 남부 윌트셔주의 로드힐하우스에서 벌어진 3세 소년 살인사건의 해결에 매달렸다. 그러나 사건에 지나치게 집착하다가 건강이 악화된 위처는 결국 1864년에 '뇌충혈'로 경찰에서 조기 퇴직했다.

편집광은 점점 신뢰하기 힘든 개념이 되었다. 정상적인 집착과 병적인 집착을 구분하기도 힘들거니와 정신질환이 한 가지 증상으로만 나타나는 경우도 극히 드물기 때문이다. 그러나 도벽과 방화광처럼 몇몇 특수한 편집광은 여전히 병으로 진단받기도 한다. 이런 질환은 보통 강박성 신경증이나 충동조절장애로 분류된다.

편집광이 그토록 매력적인 개념으로 각광받았던 이유는, 사람은 비극적 결함에 의해 무너지기도 한다는 고전문학적 발상에 현대적이고 의학적인 요소가 가미됐기 때문이 아닐까 싶다. 스튜어트는 에스퀴롤의 단어가 심리학 자체를 대중화시켰다고 생각했다. 스튜어트는 이렇게 썼다. "과거엔 신부나 의사의 독점적 영역이었던 정신 건강이 이제 만인의 이야깃거리가 되었으며, 출판문화의 빠른 확산으로 편집광 진단이 절정에 이르면서 안락의자에 앉아 환자를 상대하는 새로운 세대의 의사들이 등장했다." 편집광이라는 개념 덕분에 합리적인 사람들도 광기에 휘말릴 가능성이 열렸다. 모든 걸 바친 사랑에서부터 정신을 갉아먹는 질투, 무의식적 충동, 병적인 걱정에 이르기까지 정신이 멀쩡한 사람이 저지르는 많은 미친 짓을 묘사할 때 에스퀴롤이 만든 이 용어를 갖다붙일 수 있었다.

(참고) 서적수집광, 귀신망상, 피부뜯기강박증, 음주광, 색정광, 살인편집광, 도벽, 우울광, 여자색정증, 구매강박증, 방화광, 모발광, 발모벽

필기강박증 GRAPHOMANIA

문학 용어의 하나인 필기강박증graphomania(graphein은 고대 그

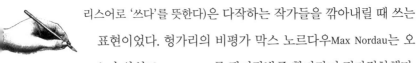

리스어로 '쓰다'를 뜻한다)은 다작하는 작가들을 깎아내릴 때 쓰는 표현이었다. 헝가리의 비평가 막스 노르다우Max Nordau는 오스카 와일드Oscar Wilde를 필기강박증 환자라며 평가절하했다. 노르다우는 《타락Entartung》(1895)에서 와일드를 향한 못마땅한 심정을 여과 없이 드러냈다. "그가 가진 소재라고 해봐야 자신의 병든 정신과 도덕이 전부인데도 끊임없이 글을 쓰고 싶어 한다." 노르다우는 단어가 단어를 낳는 '바보 같은 말장난'에 취해 글을 위한 글을 쓰고 있다며 와일드를 힐난했다. 문학 연구가 레너드 데이비스Lennard J. Davis의 말처럼 와일드의 시대는 단어가 넘쳐나던 세기의 정점이었다. 데이비스는 이렇게 썼다. "디킨스, 발자크, 트롤럽, 졸라, 공쿠르는 물론이고 덜 알려진 많은 작가들까지 작품이 여러 편이고 대작도 있다. 입이 쩍 벌어지고 경외심까지 생길 지경이다. 이 작가들은 소설만 쓰는 게 아니라 언론 기사, 비평, 편지까지 그야말로 쉴 새 없이 글을 쓰고 있다. 마치 글자라는 강박관념에 사로잡힌 사람들 같다."

병적 질환으로서의 강박적 글쓰기는 보통 하이퍼그라피아 hypergraphia라고 부른다. 1974년 미국의 신경학자 스티븐 왁스먼 Stephen Waxman과 노먼 거슈윈드Norman Geschwind가 만든 용어다. 그들은 관찰을 통해 측두엽 간질을 앓는 일부 환자들이 강박적으로 일기나 시를 쓰고 목록을 만들고 명언과 노래 가사를 베끼고 있음을 발견했다. 두 신경학자는 이 환자들의 뇌가 강박적 행동을 재구성한다고 추측했다. 2013년 《뉴 사이언티스트New Scientist》는 간질을 앓는 76세 여성의 사례를 보고했다. 런던 유니버시티칼리지 병원 환자인 그녀는 발작을 억제하는 약을 복용하기 시작하면서 시에 빠져들었다. 평생 문학에는 눈곱만큼도 관심이 없었던 그녀는 매일 열 줄 이상의 시를 썼으며, 누가 방해하기라도 하면 벌컥 화를 냈다.

그녀가 쓴 시는 대부분 이런 식으로 끝났다.

> 찬장을 정리하고 쓰레기를 눈에 안 띄는 곳에 던져버리는 것은
> (당신이 밤에 쓰는 시마저도)
> 도덕적으로 잘못된 짓이야
> 그러니까 이건 내가 갖고 있을래.

의사들은 측두엽에서 일어난 발작 때문에 그녀의 뇌가 언어와 감정의 보상 메커니즘을 재구성했으며, 그 결과 시를 쓰면 신기할 정도로 기분이 좋아지는 새로운 회로가 만들어진 게 아닐까 추측했다.

초자연적 힘을 통해 무의식 상태에서 쓴 글은 섬뜩한 느낌을 주기도 한다. 심령술사와 영매가 무아지경에 빠져서 쉬지 않고 휘갈겨 쓰는 글은 죽은 자가 보내는 메시지처럼 보인다. 스탠리 큐브릭Stanley Kubrick의 영화 〈샤이닝The Shining〉(1980)에서 잭 토랜스는 인적이 끊긴 호텔 방에 앉아서 타자를 치고 있다. 소설이라도 쓰는가 싶지만 실은—아내는 그가 무슨 글을 쓰는지 알자마자 공포에 휩싸인다—"일만 하고 놀지 않으면 우둔한 아이가 된다"라는 문장만 계속 반복해서 덜그럭대며 타이핑을 하는 중이다. 잭은 아무런 생각이 없는 기계 같은 인간이며, 마구 쏟아내는 단어들은 그의 텅 빈 정신을 감추기 위한 눈속임에 불과하다.

(참고) 계산강박증, 명칭강박증

허언증 MYTHOMANIA

1905년 프랑스의 정신과 의사 에르네스트 뒤프레Ernest Dupré는 병적으로 과장하거나 거짓말을 일삼는 성향을 허언증mythomania이라고 묘사했다(그리스어 muthos는 신화를 뜻한다). 진정한 허언증은 목적이 없어 보인다고 뒤프레는 말했다. 허언증 환자는 자기가 하는 거짓말이 진짜라고 믿거나 거짓말이라는 것을 알면서도 멈추지 못한다. 대체로 그들은 환상과 현실 사이를 유연하게 옮겨 다니고, 마치 어린아이처럼 의도적인 거짓말과 공상 사이를 오간다. 허언증은 공상적 거짓말pseudologia fantastica(1891년 안톤 델브뤽Anton Delbruck이 만든 용어) 혹은 병적 거짓말로도 불린다. 의대생 행세를 하고 다닌 어느 하녀에 관한 이야기가 기록으로 남아 있다. 그녀는 오스트리아와 스위스를 돌아다니면서 때로는 가난한 의대생 행세를 했고, 때로는 자기가 루마니아의 공주라고 주장했다. 한 프랑스 남자는 무모한 거짓말을 일삼다가 1993년에 아내와 아이들, 부모를 살해하기까지 했다.

1922년 폴란드의 정신분석가 헬레네 도이치Helene Deutsch는 "병적인 거짓말쟁이는 공상 혹은 상상의 한 조각을 마치 실제로 겪은 일처럼 이야기한다"고 말했다. 그녀의 환자 가운데 한 명은 10대 때 자기보다 나이 많은 남자애한테 성적으로 학대당하고 성관계를 했다고 주장했다. 그러면서 그들의 에로틱한 만남을 묘사한 일기를 도이치에게 보여주었다. 도이치는 그것이 지어낸 이야기라는 것을 알았지만, 그 환자가 계속해서 우기는 이유를 알고 싶었다. 알고 보니 그녀는 3세 무렵 친오빠한테 성폭행을 당한 적이 있었다. 이 환자는 오랫동안 억누르면 살아온 그 사건이 신체적 증상 대신 가공의 이야기를 통해 표출된 경우였다. 1930년대 영국 런던의 주부 앨머 필딩Alma Fielding은 자신에게 초자연적 힘이 있다고 고백하며 '폴터가이스터 현상poltergeist phenomena(이상한 소리가 들리거나 물체가 스스로 움직이고 파괴되는 현상으로 유령이 이런 소란을 피운다고 하여 붙은 이름이다—옮긴이)'을 일으킬 수 있는 것 같다고 주장했다. 헝가리 출신의 유령 사냥꾼 난도르 포도르Nandor Fodor는 앨머 필딩 같은 여성들이 실은 그들의 삶에 대한 은밀한 진실을 전달하기 위해 강박적으로 이야기를 지어낸다고 믿게 되었다.

도이치는 이렇게 썼다. "우리는 공상적 거짓말쟁이들이 상대방의 존경심이나 질투심 등을 불러일으키기 위해 거짓말을 한다고 생각한다." 하지만 그들은 "상대방의 반응은 전혀 안중에 없다. 그들은 그저 의사소통하고 싶은 내면의 욕망을 따르고 있을 뿐"임을 알게 됐다고 도이치는 말했다. 상대방의 존경심 혹은 질투는 반가운 부작용에 불과했다. "그런 면에서 공상적 거짓말쟁이는 세상의 반응에 신경 쓰지 않고 작품을 내놓는 진정한 창의적 작가를 닮았다. 그들은 대중의 입맛에 맞춰 작품을 쓰는 이류 예술가와는 거리가 멀다." 소설가처럼 허언증 환자도 지어낸 이야기를 통해 자신을 벗어나고—혹은 발견하고—싶은 충동을 따른다.

2015년 프랑스의 정신분석가 미셸 베르트랑Michèle Bertrand은 알렉스라는 환자를 만났다. 큰 키에 구부정한 자세를 한 이 젊은이는 자신을 이렇게 소개했다. "선생님, 저는 거짓말쟁이입니다." 그는 학창 시절 이후 줄곧 자신의 난독증을 숨기려고 실제로는 간신히 읽고 쓰기가 가능한 수준이면서도 학식이 높은 사람인 척하며 살았다고 베르트랑에게 말했다. 그는 거짓말이 탄로 날 기미가 보이면 얼른 직장을 그만두거나 연인과 헤어지곤 했다. 불안과 죄책감에 시달리면서도 알렉스는 계속 거짓 이야기를 만들어냈다. 베르트랑은 이렇게 썼다. "이 허언증 환자는 일관된 자신의 이미지를 구축할 수 없는 사람이다. 그는 자기가 누군지 모른다. … 그가 이야기를 지어내는 건 자기가 어떤 사람인지 감추기 위해서가 아니라 … 자기라는 존재를 이루는 내용, 즉 존재의 밀도와 일관성을 얻기 위해서다. 그가 이러한 상황에서 벗어날 수 없는 이유는 자신이 되기로 한 사람처럼 행세하지 않으면 그의 눈에 비친 그는 아무것도 아닌 존재이기 때문이다."

정신분석가 스티븐 그로스Stephen Grosz는 《인생 관찰The Examined Life》(2013)에서 병적인 거짓말 때문에 그를 찾아온 텔레비전 프로듀서 '필립'을 소개한다. 필립은 11~12세 때 영국 정보국 요원이 되기 위한 훈련생으로 뽑혔다고 교장 선생님에게 거짓말을 하면서 허언증이 시작됐다. 최근에는 폐암에 걸렸다고 아내에게 거짓말을 했고, 딸한테는 프랑스어를 할 줄 안다고 거짓말을 했으며, 장인한테는 영국 양궁 국가대표 후보로 뽑힌 적이 있다고 거짓말을 했다. 그는 그로스를 만난 지 얼마 되지도 않았는데 진료비를 내지 않은 이유에 대해서 벌써 거짓말을 늘어놓고 있었다. 그로스는 어린 시절의 기억을 듣고 나서야 비로소 이 환자가 왜 뻔뻔하고 무의미하며 종종 터무니없기까지 한 거짓말을 밥 먹듯 하게 됐는지 이해할 수 있었다. 필립은 3세 무렵 밤에 오줌을 싸는 바람에 잠에서 종종 깼다. 그는 아침에 옷을 갈아입을 때 오줌에 젖어 축축해진 잠옷은 침대 시트 밑에 넣어두곤 했는데, 저녁에 꺼내 보면 세탁이 되어 잘 개켜 있었다. 낮에 그의 어머니가 모른 척 가져가서 빨아 놓았던 것이다. 어머니는 단 한 번도 그에게 이 문제를 언급하지 않았다. 그를 꾸짖거나 아버지에게 알리지도 않았다. 그가 11세 때 어머니가 돌아가셨는데, 그때까지 이 조용한 의식은 계속됐다.

그 후로 필립의 오줌 싸는 버릇은 사라졌지만, 그 대신 병적인 거 짓말이 시작됐을 것이라고 그로스는 추측했다. "그는 앞뒤가 맞지 않는 거짓말을 하고 나서 상대방이 아무 말도 하지 말아주길, 옛날 자신의 어머니처럼 비밀을 함께 간직하는 동반자가 되어주길 바랐다." 그의 거짓말은 남을 속이기 위한 것이 아니라 공모 관계를 형성하기 위한 것이었다. 그에게 거짓말은 "자신이 알던 친밀함을 유지하려는 방법이었다. 달리 말하면 어머니를 꼭 붙들고 보내지 않으려는 방법이었다."

이따금 허언증은 진단 그 자체가 현실을 부정하는 방법으로 쓰이기도 한다. 1915년 아동심리학자인 윌리엄 테니 힐리William Tenney Healy와 메리 테니 힐리Marry Tenney Healy는 병적인 거짓말에 관한 논문을 최초로 발표했다. 이 논문에서 그들은 시카고에서 치료했던 강박적 거짓말쟁이들을 소개했다. '베시 M'이라는 9세 소녀는 몇 명의 남자들에게 성폭행을 당했다고 자신들 돌봐주던 여성에게 털어놓았다. 그 몇 명의 남자들 중에는 그녀의 친아빠와 친오빠도 있었다. 베시의 이야기를 듣자마자 후견인 'S 부인'은 경찰에 신고했고, 경찰은 베시의 아버지와 오빠를 근친상간 혐의로 기소했다. 법정 증언대에 선 베시는 성폭행 당시의 상황을 자세하고 소름 끼치게 묘사했다. 하지만 판사는 베시의 이야기에 사실이 아닌 구석이 있다고 생각했다. 특히 오빠의 "태도"는 "그처럼 무거운 죄를 저지른 사람의 태도라고 하기엔 도무지 어울리지 않았다."

　미성년 범죄 전문가이기도 한 힐리 부부는 재판부의 요청으로 베시를 분석했다. 베시는 5세 때 아일랜드에서 엄마와 몇몇 사촌이 사망한 뒤 남은 가족과 함께 시카고로 이주했다. 이후 4년간 베시는 여러 가정을 전전하며 숙식을 해결했다. 6개월간은 아빠, 오빠와 한 침대를 쓰기도 했다. 베시는 자신이 머물렀던 거의 모든 가정에서 각각 다른 남자들과 성관계가 있었다고 주장했다. 힐리 부부는 성에 대해서 베시가 알고 있는 지식이 그처럼 많다는 데 놀랐다. 하지만 그들은 베시의 후견인 S 부인이 극장이나 영화관에 베시를 데리고 다녔고, 소리 내어 읽는 습관을 장려한 점에 주목했다. 그 과정에서 S 부인은 베시의 마음속에 "극적인 것에 대한 사랑"을 심어준 것 같았다. 외과 의사는 베시의 몸을 검사했지만 처녀막은 이상이 없었다. 힐리 부부는 아빠와 오빠한테 성폭행을 당했다는 베시의 주장이 거짓이라고 결론 내리고 조사 결과를 법정에 제출했다.

　판사가 베시의 아빠와 오빠에 대한 소송을 기각하자 청문회에 참석한 S 부인과 여성들은 격분하며 펄펄 뛰었다. 힐리 부부는 이렇게 썼다. "이 소녀의 첫 번째 이야기가 너무나 그럴듯해서 많은 사람이 아버지의 유죄를 눈곱만큼도 의심하지 않고 있었다."

　애초에 힐리 부부는 별로 얻을 게 없는데도 베시가 거짓말을 할 수밖에 없는 이유를 병적인 거짓말이라는 개념으로 설명했다. 하지만 처녀막의 상태로 여성이나 소녀가 성폭행을 당했는지 여부를 확인하기 어렵다는 사실이 그 후에 밝혀졌다. 2010년 아동 강간 사건을 조사한 결과, 육안으로 확인 가능한 병변이 남아 있는 경우는 피해 아동의 2퍼센트에 불과했다. 2019년 국제 성폭력 전문가들은 "처녀막 검사로 성폭행을 포함해 이전에 있었던 성행위 이력을 판단하는 것은 정확하거나 신뢰할 만한 방법이 못 된다"고 논문에서 밝혔다. S 부인이나 평소에 베시를 아는 여성들한테 베시의 이야기가 사실처럼 들렸다면, 베시가 허언증 환자여서가 아니라 진실을 말하고 있어서였는지도 모른다.

(참고) 색정광, 과대망상, 부자망상

8부

참을 수

없는

두려움

고소공포증 ACROPHOBIA

1887년 높은 곳을 병적으로 두려워하던 이탈리아의 의사 안드레아 베르가Andrea Verga는 고소공포증Acrophobia이라는 용어를 만들었다. 그의 설명에 따르면 고소공포증이 있는 사람은 "사다리를 밟고 올라갈 때 심장이 두근거린다. 사륜 마차 맨 꼭대기에 탈 때, 2층에서 창밖을 내다볼 때도 마음이 편치 않다." 꼭대기를 뜻하는 그리스어 acron을 합쳐 고소공포증이라는 용어를 만든 베르가는 어지러움과 현기증을 주요 증상으로 꼽았다.

높은 곳을 무서워하는 사람은 전 세계 인구의 20퍼센트에 육박한다. 그중 5퍼센트는 말 그대로 극한의 공포를 느낀다. 정신적 외상을 입을 만큼 큰 충격을 받은 경험이 고소공포증을 유발하기도 한다. 앨프리드 히치콕의 영화 〈현기증Vertigo〉에 나오는 탐정은 동료 경찰관의 추락사 순간을 목격한 뒤로 높은 곳을 두려워한다. 그러나 고소공포증이 있는 사람 중에서 〈현기증〉의 탐정처럼 자신이 겪은 충격적인 사건을 떠올릴 수 있는 사람은 7명 가운데 1명 정도다. 실제로 2002년 고소공포증이 있는 11세와 18세를 대상으로 한 연구에서 두 집단 모두 높은 곳에 대한 경험이 이례적으로 적은 것으로 나타났다. 오히려 그들은 높은 곳이 익숙하지 않아서 극심한 공포를 느끼는 듯했다.

1897년 그랜빌 스탠리 홀은 고소공포증 및 "중력과 관계있는" 두려움에 관한 83건의 보고서를 분석했다. 그는 고소공포증이 원시시대부터 있었던 불안감에 뿌리를 두고 있으며, 이 "본능적 느낌"은 "지적 능력보다 까마득히 더 오래됐다"고 추정했다. 홀의 연구 대상 중 많은 이가 높은 곳에 있을 때 "느닷없는 어지러움과 메스꺼움, 떨림, 숨이 턱 막히거나 질식할 것 같은 느낌"을 경험했다. 이런 느낌에 대한 반응은 "몸이 경직되고 얼굴이 창백해지며 주먹을 꽉 움켜쥐고 이를 악물게 된다." 한 가지 이상한 점은, 대다수의 고소공포증 증상자가 뜻하지 않은 추락사를 두려워하지 않는다는 사실이었다. 되레 그들이 두려워하는 것은 "뛰어내리고 싶은 충동" 같았다. 홀은 이렇게 썼다. "거의 모두 이 충동을 느꼈다. 대부분 한순간 탑, 창문, 지붕, 다리, 교회나 극장의 최상층, 벼랑 등에서 아래로 몸을 던지고 싶은 충동을 느낀다." 어떤 사람들은 벼랑에서 뛰어내리지 않으려고, 혹은 자살하지 않으려고 난간이나 구경꾼에게 매달리기도 했다. 한 남자는 "낙하라는 격렬한 쾌감"에 유혹을 느낀다고 인정했다. 어떤 사람들은 허공으로 뛰어드는 "아름다운 느낌"에 끌렸다고 홀은 썼다. 그들은 "입고 있는 옷이나 펼친 양산, 혹은 날개처럼 퍼덕거리는 손이나 팔이 자신들을 떠받쳐줄"지도 모른다고 상상했다.

고소공포증의 배경엔 추락사에 대한 걱정 외에도 뛰어내리거나 날고 싶은 원시적 충동이 있다고 홀은 지적했다. "사람들이 제일 두려워하는 것은 자기 자신이다. 왜냐하면 내면에 도사린 원시적 본능에 대해서 아는 것이라곤 눈곱만큼밖에 없는데 바로 그 본능이 그들의 몸과 마음을 좌지우지할 수 있기 때문이다." 찰스 다윈과 지크문트 프로이트에게 푹 빠져 있던 홀은 공포증에 대해서 새롭게 눈을 뜨기 시작했다. 진화를 위한 적응이 두려움을 만들어내는 줄 알았는데, 개인의 마음 안에 존재하는 갈등에 의해서도 두려움이 생길 수 있음을 확인한 것이다. 어떻게 보면 현기증은 갈망을 표현하는 어지럼증이었다.

소설가 밀란 쿤데라Milan Kundera는《참을 수 없는 존재의 가벼움 Nesnesitelná lehkost bytí》(1980)에서 "현기증이란 무엇인가?"라고 묻는다. "추락에 대한 두려움? 천만에. 현기증은 그것과는 좀 다르다. 현기증은 저 밑에서 우리를 유혹하고 꼬드기는 공허의 목소리이며 추락하고 싶은 갈망이다. 우리는 화들짝 놀라며 그 갈망에 맞서 자기 자신을 방어한다."

심리학자들의 생각은 조금 다르다. 몸의 감각에 지나치게 예민하게 반응하고 그 감각을 완전히 잘못 해석할 때 고소공포증이 나타날 수 있다고 그들은 말한다. 노출치료를 시도하는 의사들은 고소공포증 증상자에게 높은 곳에 올라가 두려움이 수그러들 때까지 기다려보라고 용기를 북돋는다. 그들의 심장은 쿵쾅거리고 아드레날린은 솟구치고 호흡은 가빠진다. 하지만 10~15분이 지나면 심장박동은 진정되고 아드레날린 수치는 떨어지고 호흡은 느려질 것이다. 공포의 증상들이 지나가길 기다림으로써 그들은 높은 곳을 평범한 감정과 관련지어 생각하는 법을 배울 수 있다.

2018년 옥스퍼드대학교에서 고소공포증 증상자 100명을 대상으로 실험을 했다. 우선 높은 곳을 두려워하는 정도를 측정하기 위한 설문지를 작성한 후, 몰입형 가상현실 치료를 받는 그룹 50명과 대조군 50명으로 분류했다. 실험은 약 2주에 걸쳐 30분씩 총 6회 이루어졌다. 헤드폰을 쓴 가상현실 그룹은 가상의 10층짜리 사무실 건물을 1층에서부터 한 층씩 위로 올라가면서 각자 할당된 과제를 수행했다. 누군가는 어떤 층에 있는 나무에서 고양이를 구조했고 누군가는 다른 층의 가장자리 부근에서 실로폰을 연주했다. 누군가는 또 다른 층에서 창문 밖으로 야구공을 던졌다. 이런 식으로 그들은 높은 곳에 머무는 동안 안전하게 보낸 기억을 습득했다.

실험을 마치고 설문지를 작성했을 때 가상현실 그룹에서 고소공포증 증상이 감소한 사람은 70퍼센트 정도였다. 반면 대조군에서 공포증 증상이 감소한 사람은 4퍼센트 미만이었다. 2주 후에 다시 설문지를 작성했을 때 가상현실 그룹에 속한 사람 가운데 3분이 2 이상은 이 실험에서 정한 고소공포증 진입 기준을 충족시키지 못했다. 그들은 더 이상 고소공포증 환자가 아니었다. "이 치료를 통해 거둔 효과는 전문 치료사와 얼굴을 맞대고 최상의 심리학적 개입이 이루어졌을 때와 적어도 비슷하거나 어쩌면 더 나았다"고 결론을 내렸다.

참고 비행공포증, 광장공포증

공수병 HYDROPHOBIA

14세기에 그리스어를 조합한 신조어 '공수병hydrophobia'(hydro는 물을 뜻한다)이 등장해 그동안 광견병 환자가 물을 무서워하는 증상을 가리키는 단어였던 고대 영어 워터피르트네스wæterfyrhtness를 대체했다. 공수병은 광견병에 걸린 동물에게 물리거나 긁혔을 때 생기는 신체 질환이다. 광견병 환자는 물을 마실 때는 물론이고 심지어 물을 마신다는 생각만 해도 후두에 고통스러운 경련이 일어날 수 있다. 일단 공수병 증상—종종 불안, 착란, 마비, 과다 침분비 같은 신경 손상 조짐을 동반한다—이 나타나면 광견병은 십중팔구 치명적 결과로 이어졌다. 광견병이 알려지게 되면서 공수병은 1885년 루이 파스퇴르Louis Pasteur가 백신을 개발하기 전까지 유럽과 미국에 광범위하게 퍼졌다.

1819년에 일어난 영국령 북아메리카 총독 리치먼드 공작의 공수병 사건은 유명하다. 돈 제임스 맥러플린Don James McLaughlin의 논문 〈전염성 정서Infectious Affect〉에 따르면, 공작은 오타와강 부근에 있는 한 야영지에서 공수병에 걸렸다. 발병 첫날 공작은 액체를 삼키지 못했다. 둘째 날은 물만 보면 깜짝깜짝 놀라는 바람에 도저히 씻을 수가 없었다. 셋째 날 진찰을 받기 위해 공작을 태운 카누가 몬트리올로 향했다. 그런데 도중에 공작은 카누에서 벌떡 일어나 밖으로 뛰쳐나가더니 강에서 멀어지기 위해 숲속으로 내달렸다. 부하들이 쫓아와 그를 농가로 데려간 덕분에 기력을 회복했지만, 근처에서 강물 소리가 들리자 그는 온몸을 떨었다. 부하들이 농가 뒤쪽 헛간으로 공작을 데려가 짚단 위에 눕혔는데, 거기서 공작은 숨을 거뒀다.

친구들은 리치먼드 공작이 사냥을 나갔다가 광견병이 있는 여우에게 물렸거나 항상 같은 침대에서 잤던 애견 블러처에게 옮은 것이 아닐까 추측할 뿐이었다. 다만 공작의 목숨을 앗아간 것이 공수병이라는 사실만큼은 확실했다.

그런데 공작이 걸린 병에서 가장 찜찜한 구석은 따로 있었다. 처음에는 물을 마시길 두려워했는데, 나중엔 모든 물을 무서워했다는 점이었다. 물에 대한 두려움이 공작의 상상력까지 침투해 공수병을 정신의 병으로 바꿔놓은 것이다. 맥러플린은 1973년 영국 레스터에서 개에 물린 10세 소녀 해나 스프링소프Hannah Springthorpe도 리치먼드 공작과 똑같은 양상을 보였다고 말한다. 해나는 여러 마리의 개와 고양이가 자기한테 달려드는 환각에 빠졌다. 녀석들은 그녀가 마치 개이기라도 한 듯 턱을 덥석 물었고, 물소리가 무서워서 짖어댔다. 맥러플린은 이렇게 썼다. "간호사의 실수로 민트 차가 조금씩 쏟아지고 있었는데 해나는 그게 살에 닿아서 아파 죽겠다고 비명을 지르고 간호사에게 민트 차가 쏟아지지 않게 해달라고 애원했다."

공수병은 그 자체로 충격적인 개념이었다. 동물로부터 감염되는 공수병은 1859년 다윈의 《종의 기원》이 출간되기 전에 이미 인간과 짐승이 친족 관계임을 암시했다. 맥러플린은 이렇게 썼다. "인간은 여느 동물과 다르다는 환상과 외부의 영향을 받지 않는 완전무결한 존재라는 인식에 공수병은 물음표를 던졌다."

만성적인 두려움과 불길한 예감은 공수병의 특징이었다. 일단 개나 다른 동물에 물리면 누구나 두려움 속에서 환각이 시작되길 기다렸다. 잠복기가 몇 주에서 몇 달 혹은 몇 년까지 지속될 수 있다고 알려져 있었기 때문이다. 잠복기가 이렇게 길다 보니 공수병은 질병인 동시에 이제 막 시작된 광기에 두려움을 느끼는 편집증이 되어버렸다. 어떤 사람들은 물린 기억이 없는데도 공수병 증상을 보였다. 맥러플린은 이런 사람들에게 '자발적 공수병' 진단이 내려졌다고 말한다. 공수병에 관한 글을 읽거나 공수병에 관해 생각하다가 걸렸기 때문에 자발적 공수병은 온전히 심리학적 질병이었다. '물에 대한 두려움'을 의미하던 병명도 '물에 대한 두려움에 대한 두려움'을 의미하게 되었다. 혐오감과 공포감이 합쳐지고, 상상 속의 불안과 신체의 불안이 합쳐진 결과가 자발적 공수병이었다. 1874년 이 편집증은 광견병을 뜻하는 그리스어 lyssa에서 이름을 딴 광견병공포증lyssophobia이라는 이름을 얻었다.

파스퇴르가 개발한 백신은 미생물학의 새로운 시대를 열었다. 이제 광견병은 희귀해졌다. 하지만 공수병은 공포증의 본보기로 자리매김했다. 가장 큰 이유는 공수병이 감정적인 증상과 생리적인 증상 사이의 경계를 흔들었기 때문이다. 18세기와 19세기에 확인된 많은 공포증은 감정적인 증상과 생리적인 증상을 둘 다 갖추고 있었다. 이제는 떨림, 전율, 발한, 비틀거림, 몸서리, 홍조 같은 육체의 증상뿐만 아니라 말로 설명하기 힘든 공포심과 두려운 감정으로도 공포증을 설명할 수 있게 됐다. 공포증은 정신적으로 전염될 때도 있고 유전될 때도 있으며 상처로 인해 생길 때도 있는 것 같았다. 공포증이 과거의 경험 때문에 생기는 건지, 인류의 선사시대부터 시작된 건지, 아니면 몸에서 자연스럽게 생기는 건지 확실치 않은 경우가 대부분이었다.

제임스 조이스James Joyce는 소설 《율리시즈Ulysses》(1922)에서 공수병을 정신적 고통인 동시에 물리적 실체로 묘사한다. 즉 눈에 보이는 동시에 보이지 않는 병으로 묘사한다. 게리오언이라는 개는 "으르렁거리고 불만에 차 있다. 두 눈은 갈증 때문에 충혈되어 있고, 턱에서는 공수병이 질질 흘러나오고 있다." 공수병에 걸린 게리오언의 침은 걸쭉하다.

참고) 물공포증, 개공포증, 불결공포증, 해양공포증

긴단어공포증 HIPPOPOTOMONSTROSESQUIPEDALIOPHOBIA

긴 단어에 대한 두려움을 일컫는 긴단어공포증hippopotomonstrosesquipedaliophobia은 1970년대에 만들어진 것으로 보인다. 이 단어는 조금은 말이 안 된다. Sesquipedaliophobia(적어도 18세기부터 사용된 이 단어는 '철자가 많은'이라는 뜻이다)만으로도 충분한데, 구태여 'hippopoto'(하마hippopotamus를 멋대로 줄인 단어)와 'monstro'(라틴어로 괴물monster을 뜻하는 monstrum에서 유래)를 포함하느라 길어졌다. 이 단어는 규모가 크고 우스꽝스러운 단어가 되기 위해 덩치가 크고 살짝 웃긴 구석이 있는 동물인 하마에게 도움의 손길을 내밀었다. 또한 단어가 묘사하는 공포의 대상인 길고 난해한 단어를 흉내내고, 고색창연한 분위기와 과학적 권위를 풍기려고 그리스어와 라틴어 접두사를 갖다 쓴 공포증에 관한 신조어들을 조롱한다.

긴단어공포증이라는 단어가 맨 처음 기록에 등장한 것은 데니스 쿤

Dennis Coon과 존 미터러John O. Mitterer의 《심리학 개론Introduction to Psychology》(1980) 각주로 보이며, 의도적으로 1964년 영화 〈메리 포핀스Mary Poppins〉를 통해 유명해진 길고 기상천외한 단어 'supercalifragilisticexpialidocious'보다 한 글자 더 길게 만든 것이 아닐까 짐작된다.

참고) 회문공포증, 명칭강박증

두려움결핍증 HYPOPHOBIA

1994년 정신의학자 아이작 마크스와 랜돌프 네스는 비정상적이고 위험할 정도로 두려움이 없는 상태를 묘사하기 위해 두려움결핍증이라는 용어를 사용했다(hypo는 그리스어로 '아래' 혹은 '미만'을 뜻한다). 불안감은 쓸모 있는 감정이라고 그들은 지적한다. 불안감은 우리를 외부의 위협으로부터 보호해주므로 두려움에 영향을 받지 않는 사람은 위험에 취약해질 수 있다는 것이다. 많은 사람이 불안과 관련된 질환을 진단받지만, 위험할 정도로 두려움이 없는 사람도 의외로 많을 수 있다. 한마디로 그들은 도움을 바라지 않는 사람들이다. 불안감이 너무 적은 사람들은 정신과 의사를 찾아가서 두려움이 부족하다고 하소연하지 않는다. 따라서 그들의 질환인 두려움결핍증은 아직도 공식적인 인정을 받지 못했다.

1897년 그랜빌 스탠리 홀은 인간의 진화에서 가장 중요한 감정이 두려움이라고 주장했다. 인간은 '고통을 예감하는' 능력 덕분에 위험을 예측하고 모면할 수 있었다. 마크스와 네스는 고립된 섬에서 두려움이란 걸 모르고 사는 생명체는 달아나거나 싸우거나 숨는 능력을 상실할 수 있다고 재차 강조한다. 만약 인간이 다른 포식동물을 데리고 그 섬에 발을 딛는다면 두려움을 모르는 토착종들은 자기 자신을 보호할 수 없을 것이다. 마크스와 네스는 "Dead as a Dodo(도도새처럼 죽은)라는 관용구가 핵심을 잘 포착한다"고 말한다(도도새는 인도양 모리셔스섬에 서식했던 새로, 섬에 포유류가 없어서 날아다닐 필요가 없었고, 그 결과 비행 능력을 잃었다. 오래전에 멸종됐다—옮긴이).

(참고) 모든 것에 대한 공포증

모든 것에 대한 공포증 PANTOPHOBIA

1929년 정신분석가 빌헬름 슈테켈Wilhelm Stekel은 빈에 사는 19세 학생 '헤르만 G'를 '모든 것에 대한 공포증pantophobia'(그리스어 pan은 '전부'를 뜻한다) 환자라고 묘사했다. 헤르만은 고기를 먹는 것, 강의를 듣는 것, 창문 근처에 서 있는 것이 무섭고, 매춘부 옆을 지나갈 때는 매독에 걸릴까 봐 두려워서 숨을 참는다고 했다. 그중 제일 두려워하는 것은 헤르만 자신이었다. 그는 칼이 눈에 띄는 걸 싫어했는데, 여동생들 가운데 한 명을 찌르고 싶은 유혹을 느낄 것 같아서였다. 자해를 할까 두려워서 방에 혼자 있는 것도 꺼렸다. 슈테켈이 보기에 헤르만의 불안은 여동생 그레텔이 죽었을 때부터 시작된 것 같았다. 그레텔이 죽은 건 헤르만이 12세 때였다. 항상 여동생을 시기했던 헤르만은 그레텔이 아플 때 죽기를 바랐다고 고백했다. 그레텔이 죽고 나서 헤르만이 누군가한테 들은 얘기로는, 언젠가 공원에서 그레텔이 군인들에게 유괴된 적이 있다고 했다. 헤르만은 여동생이 혹시 그때 매독균에 감염돼 죽게 된 게 아닐까 생각했다. 그레텔에 대한 자책감과 그 벌로 자신도 똑같은 운명을 맞이할지 모른다는 두려움이 헤르만을 모든 것에 대한 두려움으로 몰아넣은 것 같다고 슈테켈은 결론지었다.

참고 광장공포증, 두려움결핍증, 불결공포증

비행공포증 AEROPHOBIA

비행공포증Aerophobia(그리스어 aer는 '공기'를 뜻한다)은 원래 광견병 환자들에게 흔히 나타나는 산들바람에 대한 공포를 묘사하는 단어였다. 그러나 지금은 주로 하늘을 나는 것에 대한 두려움을 묘사할 때 사용한다. 많은 사람이 비행 공포를 경험한다. 그중에서도 병적인 수준으로 비행을 두려워하는 사람은 인구의 약 2.5퍼센트로 추정된다. 1982년 보잉사는 모든 사람이 비행공포증을 극복한다면 연간 16억 달러를 더 벌 수 있다고 추산했다. 9/11 테러 발생 1년 후인 2002년 비행공포증은 전체 사망률에도 무시하지 못할 영향을 미쳤다. 비행기보다 자동차 여행을 선택하는 미국인이 크게 늘자 도로에서 일어난 교통사고 사망자도 1,595명이나 늘었다.

비행기 여행의 위험성은 극히 낮다. 2006년 하버드대학교의 연구에 따르면 비행기 사고로 사망할 확률은 1100만 명 중 1명꼴이었고, 도로 사고로 사망할 확률은 5000명 중 1명꼴이었다. 그러나 최근의 심리학 연구가 보여주듯이 우리는 일상다반사로 일어나는 사건보다 가뭄에 콩 나듯 일어나는 사건에 더 주목하는 경향이 있다. 1970년대 인지행동치료의 창시자 에런 벡Aaron T. Beck이 지적한 대로, 불안감은 두려운 사건이 일어날 가능성 때문만이 아니라 그 사건이 얼마나 파괴적이고 피할 수 없는 결과를 초래할 것인지에 관한 우리의 인식에 의해서도 형성된다. 결국 비행공포증이 있는 사람은 자신이 탄 비행기가 추락할 가능성 때문에 불안해하는 게 아니다. 만약 비행기가 추락하면 겪게 될 상상조차 하기 힘든 공포 때문에 불안에 떤다.

줄리언 반스Julian Barnes의 소설 《태양을 응시하다Staring at the Sun》(1986)에는 비행공포증 환자가 등장한다. 반스는 비행기 여행이 불러일으키는 불안한 생각들이 어떤 것인지 생생히 보여준다. 주인공 그레고리는 비행기 추락을 사람이 죽는 최악의 방법이라고 생각한다. 지상을 향해 곤두박질치는 비행기 안에서 당신은 좌석에 묶여 옴짝달싹하지 못한 채 승객들이 질러대는 비명을 듣는다. 당신은 알고 있다. 몇 초 후면 죽게 되리라는 것을, 그리고 그 죽음은 끔찍하며 차마 눈 뜨고 보기 힘들 만큼 처참하리라는 것을. 그레고리는 생각에 잠긴다. "당신은 머리 받침대, 그리고 의자 등받이의 덮개와 함께 죽었다. 당신은 커피잔을 안전하게 놓을 수 있도록 동그랗게 파인 자국이 있는 작은 접이식 플라스틱 식탁과 함께 죽었다. 당신은 머리 위의 짐 선반과 보잘것없는 창문을 가리는 작은 플라스틱 블라인드와 함께 죽었다." 비행기가 지상과 충돌하면서 단단하지 않은 이 문명의 증거들을 박살 내는 순간 당신의 삶은 무의미해질 것이다. 그레고리는 생각한다. "당신은 집에서 죽었다. 하지만 당신 집이 아닌 다른 누군가의 집에서 죽었다. 생면부지인 누군가의 집에서, 낯선 사람들을 잔뜩 초대한 누군가의 집에서 말이다. 어떻게 그런 상황에서 당신의 죽음을 비극적인 죽음이라고 여길 수 있을까? 어떻게 그 죽음을 의미 있는 죽음, 가치 있는 죽음이라고 여길 수 있을까? 그 죽음은 당신을 조롱하는 죽음이다."

비행공포증 증상자들이 제일 두려워하는 것은 비행기 여행을 개인의 힘에 맡길 수밖에 없다는 점이다. 어떤 사람들은 오작동을 일으킨 비행기를 조종사가 제어하지 못할까 봐 걱정이 끊이지 않는다. 어떤 사람들은 공황발작이 일어나서 자제력을 잃을까 봐 두려워한다. 비행 중 겪은 무서운 기억이나 추락 사고와 납치에 관한 기사, 재난영화가 비행공포증을 촉발하기도 한다. 비행기 여행이 미치는 영향에 생리적으로 취약한 사람도 있다. 예를 들어 귓속의 기능에 장애가 있는 사람은 비행 중 현기증을 겪거나 좁은 공간에서 방향감각을 잃을 수 있다. 쉽게 감지되지 않지만 저산소증(산소 부족)은 공황을 일으키기도 한다. 비행공포증 증상자 중 비행기를 타기 전 불안감 완화를 위해 술이나 진정제를 먹는 사람은 5명 중 1명이다.

비행공포증은 행동과 생리학, 인지적 요소를 두루 갖추고 있다. 따라서 대표적인 치료법은 인지행동치료다. 인지행동치료의 첫 단계는 비행을 생각하는 순간 머릿속에 자동 반사적으로 떠오르는 왜곡된 생각들을 분석하는 것이다. 예를 들면 최악의 상황이 일어날 것이라고 상상하는 경향(부정적인 과잉 일반화 과정), 극단적인 두 가지로 나눠 생각하는 경향(모 아니면 도 사고방식), 고통스러운 자각과 내면의 느낌에 지나치게 신경을 쓰는 경향을 말한다. 전문 치료사는 비행기의 작동 원리, 난기류의 원인, 추락 확률 등 비행기 여행에 관한 정보를 제공한다. 그런 다음 증상자에게 여행 가방 꾸리기부터 이륙해서 착륙할 때까지 비행과 관련된 두려움의 서열을 작성한 후 스트레스를 받는 각각의 상황을 하나씩 상상하면서 이완 기법을 활용하라고 조언한다. 치료는 비행공포증 증상자가 실제로든 가상으로든 비행기에 탑승하면서 마무리된다.

두려움 덕분에 지금까지 재앙을 피할 수 있었던 사람들은 자신의 공포증을 미신처럼 떠받든다. 에리카 종Erica Jong의 소설《비행 공포 Fear of Flying》(1973)의 도입부에서 비행기가 이륙하는 순간 이사도라 윙의 손가락과 발가락, 유두는 차갑게 얼어버린다. 뱃속은 요동치고 심장은 비행기 엔진 소리에 맞춰 비명을 지른다. 비행기가 상승하는 동안 그녀는 집중력을 유지하기 위해 사력을 다한다. 그토록 사력을 다하는 이유를 그녀는 이렇게 설명한다. "내가 정신을 집중해야만 … 이 새가 하늘 높이 떠 있을 수 있다는 걸 나는 알게 된다. 이륙에 성공할 때마다 나는 자축한다. 하지만 지나치게 호들갑스러운 축하는 금물. 왜냐하면 이제 됐다고 자신만만해하며 마음을 놓는 순간 비행기가 즉각 추락한다는 것 역시 내 개인적인 종교의 한 부분이기 때문이다." 소설이 끝날 때 그녀는 해방—창의적으로, 성적으로, 감정적으로—을 얻는다. 불안에 떨어야만 비행기가 추락하지 않고 하늘에 떠 있을 수 있다는 망상에서도 자유로워진다.

참고 고소공포증, 광장공포증, 폐소공포증, 구토공포증, 철도여행공포증

사(4)공포증 TETRAPHOBIA

숫자 4(고대 그리스어로 tessares는 4를 뜻한다)에 대한 비이성적인 두려움은 동아시아에서 흔하다. 몇몇 언어(예를 들어 한국어, 표준 중국어, 광둥어, 일본어)에서 숫자 4의 발음이 '죽음'을 의미하는 단어의 발음과 아주 흡사하게 들리기 때문이다.

동아시아에서는 층과 방을 가리키는 숫자에 4자를 건너뛰는 경우가 흔하다. 예컨대 4층, 4호실, 14층, 14호실, 24층, 24호실 등이 없다. 홍콩의 일부 호텔에서는 39층 다음이 50층이다. 한국, 대만, 중국에서 선박이나 항공기의 숫자가 4로 끝나는 경우는 드물며, 전 세계의 중국과 일본 식당에서도 숫자 4를 피하는 경우가 허다하다. 특정 숫자의 조합은 특히 불길하다고 여겨진다. 표준 중국어로 514를 발음하면 "나는 죽고 싶어"처럼 들린다. 748은 "나가 죽어", 74는 "분통 터져 죽겠어" 혹은 "벌써 죽었어"처럼 들린다.

웬만한 사람에겐 숫자 4에 대한 두려움이 가벼운 미신에 불과하지만 어떤 사람들에겐 집착이 된다. 홍콩 여배우 조침Jo Chim은 어렸을 때 아버지의 사공포증을 보면서 재미있어했다. 그러나 나이가 들면서 그녀도 숫자 4의 공포에 빠졌다. 처음에는 극장에서 네 번째 줄을 피하거나 4자가 들어간 전화번호를 피하는 별난 버릇 수준이었다. 그러나 첫 아이를 가질 때 고생을 호되게 하면서 별난 버릇은 공포증으로 바뀌었다. 임신은 너무나 예상 밖이었고 뭔가 불가사의한 힘이 작용한 것처럼 보였기 때문에 그녀는 신의 뜻을 거역하지 않는 게 최상책이라고 느꼈다. 그녀는 블로그에서 그때를 회상한다. "슈퍼마켓은 물리쳐야 할 도전으로 가득했다. 신은 내게 물건을 4개는 사지 말라고 명하셨다. 4번 계산대 사용은 당연히 금지였다. … 나는 구입한 물건들을 계산대에 쏟아놓고 매의 눈으로 훑어봤다. 4든 14든 물건 개수가 4로 떨어질 때마다 심장박동이 빨라지고 손바닥에선 식은땀이 나기 시작했다. 그럴 때는 얼른 껌이든 감자튀김이든 건전지든 손에 잡히는 대로 집어 계산대 위에 올려놓았다. 오로지 전체 개수를 하나 더 늘리기 위해서."

2001년 《영국의학저널》에는 1973년부터 1998년 사이에 미국에서 발생한 전체 사망자를 분석한 결과가 실렸다. 샌디에이고 연구진의 분석 결과 아시아계 미국인은 어느 달의 4일에 심부전으로 사망한 확률이 다른 날들보다 13퍼센트 높았다. 그달 4일에만 정점을 찍고 다음 달에는 그렇지 않은가 봤더니 다음 달 4일에도 사망자는 줄지 않았다. 당시 아시아계 미국인의 40퍼센트 이상이 살던 캘리포니아에서는 사공포증의 영향이 훨씬 더 두드러져서 매달 4일만 되면 심부전으로 인한 사망 건수가 27퍼센트씩 증가했다. 연구진은 캘리포니아에 자리 잡은 중국인과 일본인의 공동체 규모가 사공포증의 위력을 강화한 것으로 추측했다.

연구진은 그들의 논문에 〈버스커빌가의 개 효과: 심리적 스트레스가 사망 시기에 미치는 영향에 관한 자연 실험〉이라는 제목을 붙였다. 두려움이 치명적인 심장마비를 일으킬 수 있다는 생각은 아서 코난 도일이 1902년에 발표한 추리소설 《버스커빌가의 개The Hound of the Baskervilles》의 결말을 떠받치는 아이디어였다고 연구진은 지적했다. 정말로 두려움이 치명적인 심장마비를 일으킬까? 이를 검증하는 건 불가능에 가깝다. 망자가 살아 돌아와서 느낌이 어땠는지 보고할 수는 없으니까. 하지만 사공포증의 영향을 분석한《영국의학저널》의 논문은 두려움이 치명적인 결과를 초래할 수 있다는 가설이 단지 가설이 아닐 수 있음을 확인시켜주는 것으로 보였다.

참고 계산강박증, 십삼(13)공포증

생매장공포증 TAPHEPHOBIA

이탈리아의 정신과 의사 엔리코 모르셀리Enrico Morselli의 환자 한 명은 생매장이 두려워 자기 관에 양초, 음식, 물을 넣어주고 공기구멍을 내달라고 유언장에 명시했다. 모르셀리는 이 환자의 진단명을 위해 생매장공포증taphephobia(그리스어 taphe는 무덤을 뜻한다)이라는 용어를 만들었다. 1891년 모르셀리는 이렇게 썼다. "가사假死 상태에 빠진 사람들에 관한 끔찍한 이야기를 듣거나 읽은 그는 자신에게도 똑같은 일이 일어날까 봐 두려워한다." 그러한 상황은 "피하거나 예방할 수 없다. 특히 의식을 잃었을 때, 의식은 있어도 스스로 거동할 수 없을 때, 살아 있다는 징후나 몸짓, 의사 표현이 전혀 없어서 사망한 것으로 판단됐으나 사실은 아직 살아 있을 때, 그는 자기가 할 수 있는 게 아무것도 없다고 생각한다."

한때 생매장은 실존하는 위험이었다. 얀 본데손Jan Bondeson의 《생매장Buried Alive》(2001)에 나오듯이 처벌의 수단으로 사람들을 생매장하던 때가 있었다. 순결 서약을 어긴 고대 로마의 처녀들, 회개

하길 거부한 중세 이탈리아의 살인자들, 남편을 죽인 19세기 러시아 여성들은 산 채로 묻혔다. 그 외에도 많은 사람이 성급한 사망선고로 인해 본의 아니게 생매장당했다. 18세기에 여러 개의 관을 파내 열어봤더니 시신의 손톱이 쪼개지고 무릎은 찢어지고 팔꿈치는 피투성이였다. 〈무덤 속 시신들의 비명과 물어뜯기에 관한 논문Treatise Concerning the Screaming and Chewing of Corpses in their Graves〉(1734)에서 마이클 랜프트Michael Ranft는 그러한 상처를 초자연적인 현상의 결과로 설명하려 했지만, 대다수는 성급한 매장의 소름 돋는 증거로 보았다.

독일에서는 생매장공포증이 걷잡을 수 없이 퍼졌다. 본데손의 책에도 자세히 설명되어 있다시피 1792년 브런즈윅의 페르디난트 공작이 주문 제작한 관은 창문과 공기 구멍, 안에서 열 수 있는 잠금장치를 갖추고 있었고 수의에 달린 주머니에 관 열쇠를 넣어 두었다. 독일의 어느 목사는 교회 종과 연결된 밧줄을 교회 경내에 묻힌 관에 하나씩 넣어두자고 제안했다. 이후 몇 년 동안 저마다 다른 기능을 장착한 수십 종의 '안심 관'이 제작되었다. 망치를 갖춘 관에서부터 폭죽과 사이렌을 갖춘 관까지 등장했다.

생매장공포증은 19세기에 더 맹위를 떨쳤다. 본데손은 이렇게 썼다. "생매장의 위험은 일상생활에서 가장 무서운 위험 중 하나가 되었고, 유럽 전역의 저자들이 생매장을 주제로 쓴 소책자와 학술논문이 봇물 터지듯 쏟아져 나왔다." 논문 저자들은 강직증과 혼수상태를 사망으로 오해하는 경우가 적지 않다고 주장했다. 생매장되는 사람이 인류의 10분의 1이 넘는다는 주장까지 나왔다.

에드거 앨런 포의 단편소설 〈생매장The Premature Burial〉(1844)은 생매장공포증의 두려움을 상기시켰다. 소설의 화자는 말한다. "나는 관 뚜껑을 비틀어 열려고 몸부림치면서 간헐적으로 사력을 다해 밀었다. 하지만 뚜껑은 꼼짝도 하지 않을 것이다. 종을 당기는 밧줄이 손목에 닿은 것 같았지만 찾을 수가 없었다." 포의 묘사는 이어진다. "축축한 땅에서 올라오는 숨 막히는 유독가스가 … 이 비좁은 집의 단단한 포옹—완벽한 밤의 암흑—깊숙이 가라앉은 바닷속의 침묵—보이지는 않지만 분명히 느껴지는 정복자 벌레의 존재—이런 것들을 … 여전히 고동치는 심장으로 실어 나른다. 가장 대담한 상상력으로도 움찔할 수밖에 없을 정도로 간담이 서늘해지고 견딜 수 없는 공포를 여전히 고동치는 내 심장으로 실어 나른다."

영국에서는 1831~1832년 콜레라가 대유행했을 때 희생자들을 서둘러 땅에 파묻으면서 생매장에 대한 우려가 더 커졌다. 안심 관들이 추가로 제작됐는데, 포도주와 음식을 위한 칸을 설치한 관도 있었다. 자신을 땅에 파묻는 일이 없도록 문서로 확실히 해두는 사람들도 있었다. 다이너마이트를 발명한 알프레드 노벨Alfred Nobel은 자기가 죽으면 피를 모두 빼 정맥을 비운 다음 피가 다 빠져나간 시신을 불태워달라는 기록을 남겼다. 사망 여부를 확인한 후 매장하도록 대책을 마련한 사람도 있었다. 작곡가 프레데리크 쇼팽Frederic Chopin은 매장하기 전에 자기 몸을 절개해 달라는 지시를 남겼다. 동화작가 한스 크리스티안 안데르센 Hans Christian Andersen은 자신은 죽은 게 아니라 잠이 든 거라고 적은 쪽지를 매일 밤 침대 옆에 두고 잤다.

생매장에 대한 두려움은 19세기 말에야 공포증으로 분류됐다. 의학이 발전해 사람의 생사 확인이 더 쉬워져서 생매장 위험이 줄었기 때문이다. 그러나 생매장을 두려워하는 사람들은 여전히 존재한다. 21세기 초, 브라질의 기업가 프레우드 데 멜루Freud de Melo는 환기구, 과일 저장실, 텔레비전, 확성기를 갖춘 지하 납골당을 지었다. 생매장을 당할 뻔한 일도 여전히 일어난다. 2001년 매사추세츠의 어느 장의사는 시신 가방에서 까르륵거리는 소리를 듣는 순간 그가 방금 땅에 묻으려고 했던 39세 여성이 다시 살아나고 있다는 사실을 알아차렸다. 고인이 될 뻔한 그 여성의 사인은 약물 과다 복용이었다.

(참고) 폐소공포증, 어둠공포증

소리공포증 PHONOPHOBIA

2010년 소음에 공포를 느낀다는 12세 소녀가 부모와 함께 말레이시아 파항의 국제 이슬람 병원 이비인후과를 찾았다. 중국의 신년 축하 행사에서 폭죽이 터지는 소리를 듣고 난 뒤로 청각이 예민해졌다는 소녀는 일상적인 소음에도 마치 엄청나게 시끄러운 소리를 들은 것처럼 반응했다. 소녀는 그 느낌을 머릿속에서 강렬한 소리가 울린 뒤에 기분 나쁜 윙윙거림이 들린다고 표현했다. 소녀는 풍선 터지는 소리는 말할 것도 없고 비닐봉지 바스락거리는 소리조차도 견디기 힘들어했다. 작은 소리에도 가슴이 두근거렸고, 몸을 떨었으며, 식은땀을 흘리면서 울기까지 했다. 결국 학교에도 가지 않으려 했고, 사교적인 모임에도 참석하길 꺼렸다.

의사들은 소녀에게 소리에 대한 생리학적 예민함이 없다는 사실을 확인한 후 소리공포증phonophobia(그리스어 phonē는 목소리 혹은 소리를 뜻한다) 진단을 내렸다. 그들은 소녀의 강박적 공포가 무의식적인 자기방어 심리에서 비롯된 것 같다고 추측했다. 즉 예전부터 돌발적인 소음을 위험의 전조라고 느껴 두려워했는데 폭죽 소리에 놀라면서 타고난 두려움이 악화했을 가능성이 크다고 봤다. 이 심리학자들은 매주 2회씩 내담자 교육(소녀와 그 부모를 상대로)과 이완 기법, 노출에 의한 단계적 탈감각치료를 실시했다. 치료를 시작하고 석 달이 지나자 소녀는 가족과 함께 식당에 갈 수 있게 되었고, 6개월 후에는 쉬이 하면서 거품이 이는 소리, 깨지는 소리, 그리고 폭죽 터지는 소리를 참을 수 있게 되었다.

어떤 사람들은 뭔가를 마실 때 나는 후루룩 소리, 음식 씹는 소리, 코 훌쩍이는 소리, 바삭바삭한 포장지 소리를 들으면 극심한 공포와 더불어 분노를 느낀다. 2017년 한 연구에 따르면 이처럼 분노를 자아내는 소리공포증─청각과민증misophonia, 혹은 소리혐오hatred of sounds라고도 불린다─은 전방섬피질anterior insular cortex의 과다 활동이 원인으로 밝혀졌다. 전방섬피질은 우리 뇌에서 감각과 감정을 연결하는 부위다. 코로나19로 인해 각종 제한 조치가 시행된 이후 많은 사람이 예전보다 소음에 훨씬 더 민감해졌다. 2021년 여름 잉글랜드 이스트서섹스 벡스힐에서는 한 주민이 음식을 너무 시끄럽게 먹는다고 이웃에게 따졌다가 격렬한 실랑이가 벌어지는 바람에 경찰이 출동해서 말리는 일까지 있었다.

참고 천둥공포증, 풍선공포증, 냄새공포증, 침묵공포증, 전화공포증

수면공포증 HYPNOPHOBIA

　수면공포증hypnophobia(그리스어로 hypnos는 잠을 뜻한다)은 잠을 병적으로 두려워하는 증상으로, 주로 꿈이나 악몽과 관계가 있다. 1855년 의학 사전에서 처음 확인된 수면공포증은 1984년 웨스 크레이븐Wes Craven의 영화 〈엘름가의 악몽A Nightmare on Elm Street〉에서 생생하게 표현됐다. 10대인 친구들은 잠이 들 때마다 꿈을 꾸는데, 그때마다 꿈에서 아동 살해범과 마주친다. 얼굴이 흉측하게 일그러진 미치광이 아동 살해범은 그들이 꿈을 꾸는 동안 그들을 죽일 수 있는 힘을 갖고 있다. 그래서 영화의 슬로건이 "절대로 잠들지 말 것"이다.

　정신적 외상 환자들은 꿈을 꾸는 게 무서워서 수면공포증에 걸릴 수 있다는 내용이 2021년 《수면의학리뷰Sleep Medicine Reviews》에 실렸다. 밤마다 기억도 나지 않는 꿈을 꾸는 게 마치 자아를 잃어버리는 것처럼 무섭다며 밤새 깨어 있으려고 안간힘을 쓰는 사람들도 소개한다. 그런가 하면 한밤에 심근경색이나 뇌졸중이 와서 죽다 살아난 사람들은 다시 잠이 들면 영영 깨어나지 못할까 봐 잠과 맞서 싸우기도 한다.

(참고) 어둠공포증, 침묵공포증

십삼(13)공포증 TRISKAIDEKAPHOBIA

숫자 13(고대 그리스어로 treiskaideka)에 대한 비이성적인 두려움

은 서양에 널리 퍼져 있다. 북유럽 신화에 등장하는 속임수의 신 로키 Loki 이야기를 십삼공포증의 기원으로 보기도 한다. 발할라Valhalla에서 열두 신을 위한 만찬이 열렸는데, 만찬에 초대받지 못해 화가 난 로키가 막무가내로 만찬에 참석해 식탁의 13번째 자리에 앉아서 지구에 어둠의 저주를 내렸다는 이야기다. 13은 왠지 처치 곤란한 숫자라는 느낌을 준다. 13은 딱 떨어지게 나눌 수 없는 숫자이다. 그리고 우리는 많은 것을 12단위로 분류한다(시간표, 그리스도의 십이사도, 1년 열두 달, 하루 24시간, 황도 12궁, 달걀 한 판).

소설가 스티븐 킹도 십삼공포증이 있다고 고백했다. "13이라는 숫자는 언제나 그 늙고 차가운 손가락으로 내 등을 타고 오르내린다. 나는 글을 쓸 때 페이지 숫자가 13이나 13의 배수에서 끝나면 절대로 작업을 멈추지 않는다. 안전한 숫자에 도달할 때까지 타이핑을 멈추지 않는다." 호텔이나 아파트에는 십삼공포증이 있는 사람들을 위해 숫자 13이 들어가는 방이나 층이 없는 경우가 많다. 항공사는 항공기에 13열을 만들지 않는다. 비슷한 집들이 다닥다닥 붙어 있는 거리의 주소는 12번지에서 12a를 거쳐 14번지로 건너뛴다. 13일의 금요일에는 큰돈이 오가는 금융 거래나 결혼식을 피한다. 2004년 노스캐롤라이나의 '스트레스 관리 센터 및 공포증 연구소Stress Management Center and Phobia Institute'는 미국에서 근로자들이 13일의 금요일에 근무나 비행을 거부해서 발생한 손실이 8억 달러 이상이라고 추산했다(이 연구소의 소장은 이런 현상에 13일의 금요일공포증 paraskevidekatriaphobia이라는 이름을 붙였다. Paraskevi는 현대 그리스어로 '금요일'을 뜻한다).

병원도 예외는 아니어서 일부 병원은 병동이나 병상 번호로 13을 사용하지 않는다. 그러나 영국 서부의 항구도시 브리스틀에 있는 사우스미드 병원은 2014년 신축 병동인 브루넬관을 개관할 때 이 미신을 무시하기로 했다. 2015년부터 2017년 사이에 이 병원의 의사 두 명은 신축 병동의 중환자실 병상에 누워 있는 환자들의 치료 결과를 비교했다. 13번 병상의 환자들과 14번부터 24번 병상을 거쳐 간 환자들의 사망률을 비교한 결과, 통계적으로 유의미한 차이를 발견하지 못했다. 굳이 따지자면 오히려 13번 병상을 거쳐 간 환자들의 생존율이 살짝 더 높았다. 이 비교 결과는 〈중환자실 13번 병상을 이용한 환자들의 생존 가능성은 줄지 않는다〉라는 제목으로 2018년 《중환자치료저널Journal of Critical Care》에 실렸다.

두 의사가 내린 결론은 낙관적이었다. "우리는 이 결과를 토대로 십삼공포증이 있는 환자와 그들의 가족, 그리고 의료진이 안심할 수 있기를 기대하고, 병동과 병상에 번호를 매길 때 미신적인 접근보다는 더 합리적인 접근이 이루어지길 희망한다."

⟮참고⟯ 계산강박증, 사(4)공포증

어둠공포증 NYCTOPHOBIA

밤을 뜻하는 그리스어 nyx에서 이름을 딴 어둠공포증nyctophobia은 어둠에 대한 비정상적 두려움을 말한다. 프로이트에 따르면 어둠에 대한 두려움은 고독에 대한 두려움과 더불어 우리가 경험하는 최초의 두려움이다. 그는 어둠이 무서워서 옆방에 전화를 걸었다는 어떤 아이 얘기를 전한다. "아줌마, 저한테 말 좀 걸어주세요. 무서워요." 여인이 물었다. "하지만 그런다고 너한테 좋은 게 있을까? 넌 나를 볼 수가 없잖니!" 아이가 대답했다. "누군가 말을 해주면 주변이 좀 밝아지는 것 같아서요." 사실 아이는 어둠이 아니라 혼자 있는 게 두려웠던 거라고 프로이트는 추측했다. "어둠 속에서 느끼는 갈망은 어둠에 대한 공포로 바뀐다."

태어날 때 어둠을 무서워하는 사람은 없다. 우리는 세상에 나오기 전에 이미 자궁 안에서 몇 달간 눈을 감은 채 지냈기 때문에 어둠이 낯설지 않다. 우리가 어둠을 두려워하기 시작하는 시기는 대체로 4세 무렵부터다. 2001년 네덜란드 초등학교 학생들을 조사했더니 밤이 무섭다는 학생들은 73퍼센트였으며, 그중에서 7세~9세 아이들이 85퍼센트를 차지했다. 부모들은 자녀가 밤을 무서워하는 정도를 훨씬 낮게 잡고 있었다. 자기 자녀가 밤을 무서워한다고 답한 학부모는 34퍼센트에 불과했다.

어둠에 대한 두려움은 대개 간접적으로 표현된다. 아이가 자러 가기까지 그저 뜸을 들이는 것뿐이라고 생각하거나 잠자리에 드는 시간에 혼자 있기를 싫어하는 것뿐이라고 생각할 수 있다. 도둑이나 유령, 괴물 이야기를 꺼내거나 밤에 울거나 누군가 다른 사람의 이불 밑으로 슬며시 기어든다면, 그것이 아이가 불안감을 드러내는 유일한 신호일지 모른다. 어른들 사이에도 어둠공포증이 생각보다 훨씬 더 널리 퍼져 있을 수 있다. 다만 어른의 어둠공포증은 불면증이나 일반적인 불안 증세로 잘못 해석될 때가 많다. 2012년 영국 성인을 대상으로 실시한 조사에서 응답자의 40퍼센트는 캄캄한 집 안에서 돌아다니는 게 무섭다고 답했고, 10퍼센트는 설령 화장실에 갈 일이 있어도 밤에는 침대를 벗어나지 않는다고 답했다. 엘리자베스 1세는 어둠을 너무나 무서워한 나머지 매일 밤 시녀와 왕실 침대를 같이 썼다.

어둠에 대한 공포는 선천적이고 실용적이다. 인간의 야간 시력은 형편없는 수준이다. 그래서 어두울 때는 공격에 더 쉽게 노출되고 운동 능력이 떨어지며 움직임도 느려진다. 어둠 속에서 잠을 깨면 우리 눈은 빛이 부족한 환경에 적응하려고 안간힘을 쓰며, 마치 어둠이 구체적인 모습을 드러내기라도 한다는 듯 어슴푸레한 형체를 갖춘 모습을 포착한다. 1897년 그랜빌 스탠리 홀은 "아이들은 어스름한 여명에, 혹은 심지어 칠흑 같은 어둠 속에서도 보기 위하여 눈을 부릅뜬다. 마치 어둠이란 게 느낄 수 있거나 볼 수 있는 것이라도 되는 듯 어둠이 구체적 모습을 드러낼 때까지 눈을 크게 뜬다"고 썼다. 집 안에 있는 "작은 어둠"은 "답답하게 숨을 조여오고" 바깥에 있는 "거대한 어둠"은 우리를 집어삼킬 것 같아서 어둠이 두려운 건지도 모른다고 홀은 썼다. 1949년 정신분석가 조르주 드브뢰George Devereux는 야간 시력을 상실하면 자아는 가장 중요한 협력자인 물리적 현실을 빼앗긴다고 주장했다. "어둠에 대한 두려움은 일면 본능적인 힘에 압도당하는 것에 대한 자아의 두려움을 보여주는 측면도 있다"라고 드브뢰는 썼다. 우리는 시력을 빼앗긴 빈자리를 비논리적인 두려움과 욕망으로 채우고 있는지도 모른다.

벤저민 러시는 어둠공포증 치료를 위해 간단한 처방을 내놓았다. 1786년 그는 이렇게 썼다. "어릴 때부터 제대로 된 교육을 하면 어둠 때문에 생기는 두려움은 손쉽게 극복할 수 있을 것이다. 자녀들이 잠자리에 들 때 촛불을 켜려 하거나 잠이 들 때까지 옆에 누군가를 붙잡아 놓으려 하거든 단호히 거절하라." 요즘 심리학자들이라면 밤을 겁내는 자녀들을 안심시키기 위해 어둠을 무서워하는 등장인물이 두려움을 극복하는 내용의 책을 읽어주거나 불안감을 더는 데 도움을 주는 게임(그림자로 벽에 동물 형태 만들기, 안대로 눈을 가린 채 보물찾기)을 알려주라고 권할 것이다. 아이들에게 침대에 누워 잠이 들 때까지의 모든 과정을 그들의 영웅이 인도해주고 있다고 상상하게 함으로써 스스로 두려움을 달래는 법을 가르칠 수도 있다. "형사 가제트가 임무 수행을 도와줘서 고맙다는 표시로 너한테 훈장을 준 다음 널 다시 안으로 데려가서 네가 입고 있던 비밀 요원 복장을 벗기고 널 재우는 거야. 넌 잠이 들고."

1980년 이스라엘의 심리학자 데이비드 키퍼David A. Kipper는 두 명의 어둠공포증 환자를 탈감각 요법으로 치료했다고 보고했다. 한 사람은 무서운 악몽에 시달리던 21세 남자로, 이스라엘 군대에서 복무하는 동안 충격적인 사건을 겪은 뒤 트라우마가 생겼다. 또 다른 환자는 13세 소녀로, 5년째 어둠공포증에 시달리고 있었으나 그녀가 가진 무서운 기억이라고 해봐야 12세 때 옆집에 도둑이 든 소리를 들었던 게 전부였다. 두 사람 모두 어두운 방에는 머물지 않았고 해가 진 뒤에는 외출하지 않았다. 남자는 낮에만 잠을 잤고, 소녀는 밤에 잘 때 불을 켜놓고 누군가 옆에 있어 달라고 한사코 고집을 부렸다.

키퍼는 전직 군인을 어두운 거리로 데려갔다. 키퍼는 긴장을 풀라고 남자를 다독인 뒤 그와 나란히 걷다가 10미터쯤 앞으로 먼저 걸어가서 그가 따라오길 기다렸다. 남자가 따라오면 키퍼는 몇 발짝 더 걸어가서 남자에게 다시 따라오라고 했다. 남자가 수백 미터 떨어져 있는 키퍼에게 적응하자 키퍼는 남자의 시야에서 벗어나 미리 계획한 장소에 숨어서 남자가 자신을 찾아오길 기다렸다. 몇 주에 걸쳐 이 과정을 되풀이한 끝에 마침내 남자는 어둠 속에서 혼자 걸을 수 있게 되었다. 키퍼는 13세 소녀도 규칙적인 일상을 반복시킨 결과 공포증이 치료됐다는 걸 알게 되었다. 다만 이 소녀에겐 침실에서 안심할 수 있도록 추가적인 치료가 필요했다. 처음엔 빛이 들어올 수 있도록 방문을 약간 열어놓아도 좋다고 허락했고, 그다음부터 매일 밤 방문을 조금씩 더 닫게 했다.

어둠은 오래전부터 범죄나 선동, 성범죄 같은 불법적인 활동을 은폐하는 데 이용되었으며, 무지와 죄악을 상징했다.《어둠의 재발견 Rethinking Darkness》(2020)에서 팀 에덴서Tim Edensor는 식민주의자들과 선교사들이 앞다퉈 '암흑의 대륙' 아프리카를 문명화하던 시기에 계몽주의 시대 과학자와 철학자들이 어둠이라는 혼돈을 몰아내는 일에 어떻게 앞장섰는지 설명한다. 기독교 저작물에서 빛은 구원의 상징이다. 사도 바울은 에페소인들에게 말한다. "너희가 전에는 어둠이더니, 이제는 주 안에서 빛이라. 빛의 자녀들처럼 행하라." 행동심리학자 존 B. 왓슨John B. Watson은 어린 시절 보모가 밤에 대한 두려움을 심어줬다고 말했다. 악마가 그를 낚아채 지옥으로 데려가려고 어둠 속에 숨어 기다리고 있으니 조심하라고 경고했다는 것이다.

에덴서는 어둠이 명예를 회복할 때가 왔다고 생각한다. 전기로 눈이 부신 세상에서 밤은 안식처가 될 수 있다. 어둑한 동굴과 방에서는 사생활과 은밀한 관계가 가능하고, 감시의 눈길도 벗어날 수 있다. 그랜빌 스탠리 홀은 두려움에 관한 논문에서 어둠이 지닌 창조력을 칭송했다. "어둠이 없다면, 혹은 귀를 닫을 수 없듯 눈을 감을 수 없다면, 혹은 소음을 볼 수 없듯이 눈이 밤을 볼 수 없다면 과연 상상력이란 게 존재할 수 있을까. 어둠은 위대한 학교다." 자연 저술가 존 톨매지John Tallmadge는 우리가 어둠 속에서 상상만 하는 게 아니라 더 강렬하게 느끼고 듣고 맛보고 냄새도 맡는다고 말한다. 어둠 속에서 몸은 "긴장을 풀고 눈을 뜨고 숨을 쉬고 바깥세상으로 관심을 확장한다. 식물이 뿌리와 함께 흙을 더듬어 들어가고, 잎과 함께 바람의 길을 찾아가듯이." 우리는 어둠의 소중함을 잊지 말아야 한다.

(참고) 수면공포증, 고독공포증, 해양공포증, 숲공포증

일공포증 ERGOPHOBIA

1905년 《영국의학저널》에서 스탠퍼드셔의 외과 의사 윌리엄 더닛 스팬턴William Dunnett Spanton은 일(그리스어로 ergon)을 두려워하는 일공포증을 질환으로 인정했다. 스팬턴은 일공포증을 급속히 확산시킨 주범으로 1897년의 근로자보상법Workmen's Compensation Act을 지목했다. 직장에서 일을 하다가 다친 근로자에게 유급 휴가를 보장하도록 한 법안이었다. 담배를 태우고 축구 경기를 시청하고 늦게까지 밖에서 놀기 좋아하며, 손가락을 찧는 등 가벼운 부상에도 몇 주씩 병가를 내는 사람이 바로 일공포증 환자라고 스팬턴은 말했다. 언

론은 스팬턴이 말하고자 하는 바를 이해했다. 일간지 《볼티모어 선 Baltimore Sun》은 일공포증을 '게으름의 새로운 이름'이라고 불렀고, 런던의 주간지 《바이스탠더The Bystander》는 1905년 6월에 이런 시를 실었다.

> 아침에 살짝 피곤함을 느끼는 당신
> 침대에서 일어날 마음이 없네
> 어차피 눈을 뜰 생각도 없는 당신
> 방문을 두드리기도 슬슬 귀찮네
>
> 바닥에 등을 대고 눕는 것 말고는
> 자기에게 맞는 일이 없다고 느끼는 당신
> 이런 증상이 있다면 병이 있다는 증거
> 당신은 일공포증 환자라네

(참고) 선물강박증, 철도공포증

질식공포증 PNIGOPHOBIA

질식공포증 환자(그리스어 pnigo는 '질식'을 뜻한다)는 알약이나 액체 혹은 음식이 목에 걸릴까 봐 두려워한다. 대부분 질식을 목격하거나 직접 경험하고 나서 하루아침에 질식공포증이 생긴다.

1994년 미국의 정신생리학자 리처드 맥널리Richard McNally는 25건의 질식공포증 사례를 검토했다. 자동차 여행 도중 감자튀김이 목에 걸린 8세 소녀는 그후 석 달 동안 고형 음식물을 거부해서 체중이 3.6킬로그램이나 빠졌다. 10세 소년은 스테이플러 철침이 목에 걸린 이후 4.5킬로그램 줄었고, 9세 소녀는 팝콘이 목에 걸린 이후 6킬로그램 이상 줄었다. 이 소녀는 질식하는 악몽에 시달렸고, 칫솔모가 목에 걸릴까 봐 양치질을 거부했으며, 흔들리는 치아가 목에 걸릴까 봐 머리가 기울지 않도록 베개에 받쳐놓고 잤다. 어느 26세 여성은 1970년대에 동남아시아의 한 식당에서 총격전에 휘말리는 일을 겪고 난 뒤 질식공포증이 생겼다. 이제는 공공장소에서 음식을 먹으려고 할 때마다 목구멍이 조여든다고 그녀는 말했다.

맥널리가 직접 치료한 환자는 존이라는 30세 남자였다. 존은 16세 때 생선 조각이 목에 걸린 다음부터 질식공포증이 생겼다. 그 일이 있기 2년 전에는 핫도그가 목에 걸린 친구가 죽었다. 존은 가능한 한 고형 음식물을 피했다. 특히 목구멍에 머리카락이 걸린 것처럼 간질간질한 느낌을 싫어했다. 그리고 몇 년 동안 뭘 먹든 꼭꼭 씹어먹었다. 그의 증세는 몇 년에 걸쳐 악화와 호전을 반복했으며, 불안하거나 우울할 때는 신경이 더 날카로워졌다. 82킬로그램이던 그의 체중은 맥널리를 찾아왔을 때 63킬로그램으로 줄어 있었다.

존은 맥널리의 관리를 받으며 음식물 씹는 횟수를 줄이려고 노력했다. 맥널리는 존 옆에서 함께 식사하며 씹는 횟수를 조절하도록 도왔다. 열심히 노력(10단계에 걸쳐)한 결과 존은 한 입마다 90회였던 씹는 횟수를 20회로 줄였다. 맥널리는 두려워하는 음식에 조금씩 도전해보라고 존을 설득했다. 그 결과 처음엔 빵(치료 1, 2회차)으로 시작해서 나중엔 베이컨과 상추, 토마토 샌드위치(치료 6회차)까지 먹을 수 있게 되었다. 6개월 후 추적 검사에서 존은 햄버거와 맞붙을 수 있게 되었다고 전했다.

기록으로 남아 있는 질식공포증 사례는 대부분 이와 같은 점진적 노출 요법으로 치료에 성공했다고 맥널리는 말했다. 가끔은 항불안제를 병행하기도 했다. 1992년 스웨덴의 심리학자 라르스괴란 외스트는 액체를 마실 수 없는 68세 여성에게 인지치료를 시도했다. 그녀는 탈수 증세를 막기 위해 비스킷을 차에 담갔다 꺼내 먹고 있었다. 액체를 직접 마시면 호흡기관에서 새어 나와 질식하게 될까 봐 두려워했다. 그녀는 기침으로는 목에 걸린 액체를 제거할 수 없으며, 그 사이 잠시라도 산소가 끊기면 죽게 될 거라고 믿었다. 우선 외스트는 30초 이상 산소가 끊기면 사람이 죽을 수 있다는 그녀의 생각이 틀렸음을 알려주기 위해 숨을 참는 시간을 조금씩 늘려보라고 했다. 다음 단계는 기침을 내뱉어 종이로 만든 관에 들어 있는 볼펜을 실린더로 밀어 넣는 것이었다. 이게 성공하면 기침으로 호흡기관에 있는 물을 배출해보라고 했다. "이 치료를 통해 그녀는 오해를 없애고 질식공포증에서 벗어났다." 생리 기능에 관한 잘못된 믿음을 바로 잡아준 것이 그녀를 두려움에서 벗어나게 해준 것 같았다.

(참고) 폐소공포증, 구토공포증, 치과공포증, 팝콘공포증

천둥공포증 BRONTOPHOBIA

1870년대 뉴욕에서 조지 밀러 비어드는 천둥과 번개가 요란하게 칠 때마다 두려움에 떠는 환자들을 치료하고 있었다. 〈신경쇠약에 관한 실제적 논문A Practical Treatise on Nervous Exhaustion〉(1880)에서 비어드는 그들의 증상을 천둥공포증brontophobia(천둥을 뜻하는 그리스어 bronte에서 유래)이라고 명명하고, 종종 번개공포증astrophobia(번개를 뜻하는 그리스어 astrape에서 유래)을 동반한다고 덧붙였다. 천둥공포증은 오래전부터 있었다. 우르릉거리는 천둥소리가 들리면 초대 로마 황제 아우구스투스 카이사르Augustus Caesar와 3대 황제 칼리굴라 Caligula는 부리나케 침대 밑이나 지하 금고에 몸을 숨겼다. 1897년 그랜빌 스탠리 홀은 자신의 대표적인 연구에서 천둥공포증을 모든 공포증 가운데 가장 흔한 공포증의 하나로 꼽았다. 홀은 이렇게 썼다. "감정을 지배하는 소리의 힘, 마음속의 형상을 눈으로도 그토록 잘 볼 수 있게 해주는 소리의 힘은 그 어디에도 없을 것이다."

비어드의 환자들은 두려움이 극심하면 두통, 마비, 메스꺼움, 구토, 설사 같은 증상이 나타나고 이따금 경련도 일어났다. 어떤 여성 환자는 여름이면 항상 구름을 주시하면서 폭풍이 올까 봐 불안에 떨었다. 비어드는 이렇게 썼다. "그러는 자신이 진짜 바보 같고 어처구니없다는 것을 그녀도 알고 있다. 자기 입으로도 바보 같다고 말한다. 하지만 빠져나갈 방법이 없다고 단언한다." 그녀는 할머니의 천둥공포증을 물려받았다고 했다. 심지어 그녀가 갓난아기일 때 요람에 누워서도 천둥, 번개에 공포 반응을 보였다는 얘기를 어머니한테 들었

다고 했다. 한 성직자는 아내를 데리고 비어드를 찾아왔다. 그는 아내
가 6년째 천둥공포증에 시달리고 있다며, "폭풍우가 다가오면 문과
창문을 전부 닫고 실내를 어둡게 해야 하는데, 가족들이 겪는 불편이
크다고 하소연했다."

1975년 뉴욕시의 행동치료 전문가 배리 루베트킨Barry Lubetkin은
천둥공포증으로 고생하는 45세 여성을 치료했다. 그녀는 늘 폭풍우
에 대비해 경계 태세를 취하고 있으며 천둥소리가 들리면 벌벌 떨며
지하실로 숨는다고 했다. 이제 그녀의 천둥공포증은 자동차에서 들리
는 폭발음이나 풍선 터지는 소리, 저공 비행하는 항공기의 굉음 같은
돌발적인 소음으로까지 확대된 상태였다. 그녀는 뉴욕의 여름 폭풍우
가 무서워 두 명의 심리치료사로부터 치료를 받았으나 효과가 없자
아예 뉴욕을 떠날까 고민 중이었다. 어린 시절을 전시의 유럽에서 보
낸 그녀는 천둥에 대한 두려움이 그때부터 시작됐다고 루베트킨에게
말했다. 당시 그녀는 폭탄이 터질 때마다 공포를 느꼈다고 했다.

루베트킨은 환자들에게 이완 기법을 가르치고 있었다. 그는 반구
형 천장이 있는 천문관으로 그녀를 데려갔다. 그곳에서 그는 영사 기
사에게 천둥, 번개 치는 장면을 모아둔 3분짜리 영화를 틀어달라고
부탁했다. 그녀는 긴장을 풀고 이완된 상태에서 영화를 봤다. 그리고
그날 그 영화를 총 여덟 번 반복해서 봤다. 그날 이후 그녀는 천문관
에 일곱 차례 더 방문했고, 그때마다 첫날처럼 3분짜리 영화를 반복
해서 봤다. 그 후 그녀는 공포증 증상이 개선됐다고 루베트킨에게 말
했다. 천둥을 걱정하며 보내는 시간도 줄었다고 했다. 심지어 한 번은
누군가의 집을 방문하고 있을 때 폭풍우가 몰아쳤는데, 그 집 맨 위

층에 그대로 머물러 있어도 무서움을 못 느낄 것 같았다고 했다. 풍선
터지는 소리나 비행기가 날아가는 소리를 들어도 더 이상 불안해하
지 않았다.

1978년 심리학자 안드레 리델Andrée Liddell과 모린 라이언스
Maureen Lyons는 천둥공포증과 번개공포증이 있는 여성 열 명의 진
료 기록을 분석했다. 여성들의 연령대는 23세부터 66세까지였고, 그
들 모두 15년에 걸쳐 런던의 미들섹스 병원에서 치료받은 환자들이
었다. 그들은 끊임없이 폭풍우를 걱정했다. 수시로 하늘을 쳐다보면
서 먹구름이 있는지 확인했다. 라디오의 날씨 정보에 귀를 기울이거
나 신문의 일기예보를 확인했고, 기상청에 전화를 걸어 최신 날씨 정
보를 물어봤다. 천둥이 치면 두 손으로 급히 귀를 막고 담요와 베개
밑으로 뛰어들거나 집안의 안전한 곳으로 쏜살같이 달려갔다. 두 명
은 계단 아래 마룻바닥에 누웠고, 두 명은 계단실 아래의 공간에 숨었
다. 그들은 몸을 떨거나 비명을 지르거나 울거나 느닷없이 오싹한 기
분에 휩싸였다.

유산이나 불행한 재혼, 부모나 남편의 죽음 같은 힘든 일을 겪고
나서 천둥공포증이 생겼다는 사람들도 있었다. 세 사람은 제2차 세계
대전 기간에 폭격이 무서웠다고 했다. 또 다른 여성은 베트남에서 영
국으로 이주하자마자 공포증이 생겼는데, 그녀도 베트남에 있을 때
폭격이 두려웠다고 했다. 하지만 천둥과 직접 연관된 충격적인 사건
을 기억하는 사람은 거의 없었다. 리델과 라이언스는 천둥공포증이
1971년에 실험적인 심리학자 마틴 셀리그먼Martin Seligman이 얘기한
준비된 공포prepared fear의 하나일 가능성이 크다는 결론을 내렸다.

〈공포증과 준비Phobias and Preparedness〉라는 영향력 있는 논문에서 셀리그먼은 인간은 진화하면서 어떤 연관성들을 다른 연관성들보다 훨씬 더 쉽게 학습하고 기억하게 됐다고 주장했다. 천둥에 대한 두려움은 높은 곳 혹은 어둠에 대한 두려움과 마찬가지로 상황에 맞게 적응하고 발전하는 성향이 있으며, 이러한 성향은 과거에 인류가 잘 써먹었을 뿐만 아니라 지금도 여전히 많은 사람에게 잠재한다고 셀리그먼은 말했다.

하지만 셀리그먼은 생물학적으로 준비된 공포라 할지라도 경험에 의해 활성화되지 않으면 공포증으로 발전하지 않는다고 생각했다. 미들섹스 병원의 두 심리학자는 환자들한테서 정신적 외상의 증거를 찾지 못했다고 주장했지만, 환자 10명 중 4명은 폭격과 연관된 무시무시한 일화들을 언급했고 그중 한 명은 폭격 때문에 "자지러지게 놀랐다"고 말했다. 1960년대와 1970년대에 런던에서 살던 성인이라면 대부분 1940년의 런던 대공습과 1944~1945년의 '폭명탄' 공격(독일군이 런던에 투하한 최초의 로켓 추진 폭탄. 히틀러가 자랑한 신무기로 곤충 울음소리 같은 기이한 소리를 냈다—옮긴이)을 기억하고 있었을 것이다. 대공습과 폭명탄 공격으로 발생한 희생자가 4만 명이 넘었다. 어쩌면 미들섹스의 두 심리학자는 당시의 폭격이 일상에 가까웠기 때문에 정신적 외상을 남길 정도의 충격적인 사건으로 여기지 않았을 수도 있다. 하지만 유럽에서 폭격을 겪고 미국으로 건너간 루베트킨의 환자처럼, 천둥공포증에 시달렸던 미들섹스 병원의 환자들 가운데 일부는 우르릉 쾅쾅거리는 천둥소리를 들을 때마다 폭격으로 인해 런던 하늘이 갈기갈기 찢기고 집마다 벽들이 흔들리고 창문이

산산조각이 나고 거리에 큰 구멍이 파이고 불의의 공습으로 사람들이 불구가 되거나 목숨을 잃었던 순간들이 어제 일처럼 다시 떠올랐을 수도 있다.

(참고) 풍선공포증, 소리공포증

침묵공포증 SEDATEPHOBIA

갈수록 세상이 시끄러워지면서 침묵공포증sedatephobia(라틴어 sedatus는 '진정하다'라는 뜻이다), 즉 침묵에 대한 두려움도 점점 더 확산하고 있다. 도시에 사는 사람들은 배경 소음에 익숙하다. 바삐 오가는 거리의 사람들, 빵빵거리며 경적을 울려대는 차들, 전화로 문자를 보내는 소리, 윙윙거리며 냉장고 돌아가는 소리, 디지털 기기에서 나오는 음악 소리와 수다가 뒤섞인 알아듣기 힘든 잡음이 항상 우리 곁에 있다. 이쯤 되면 침묵이 오히려 불안감을 조성하고 견디기 힘들다는 불평이 나오는 것도 무리는 아니다. 소음이 없는 방에서 잠을 자려다가 겁을 먹는 사람들도 있고, 시골길의 평화로움을 못 견뎌 안달을 부리는 사람들도 있다.

2012년 호주 찰스스튜어트대학교 강사인 브루스 펠Bruce Fell은 다수의 학생이 침묵을 견디느라 안간힘을 쓴다는 조사 결과를 발표했다. 그는 6년에 걸쳐 580명의 학생에게 침묵에 관한 설문지 작성을 부탁했다. 한 학생은 이렇게 썼다. "처음엔 도서관에서 이 설문지를 작성하기 시작했다. 하지만 몇 분 지나지 않아 아이팟을 가지러 내 방으로 돌아갈 수밖에 없었다. 도서관이 쥐 죽은 듯 조용해서 영 집중이 되지 않았다!" 펠은 학생들이 어린 시절 집에서 끊임없이 흘러나오던 텔레비전 소음에 길들어졌으며, 새로운 과학기술 덕분에 정적을 차단하기가 그 어느 때보다 쉬워졌다고 생각했다. 어느 학부생은 자기 가족이 운영하는 농장에 가면 헤드폰으로 음악을 듣지 않고는 근처의 댐까지 걸어가기조차 힘들다고 말했다. 펠은 학생들에게 책을 읽거나 걷거나 혹은 그냥 정적 속에 앉아서 한 시간을 보내달라고 부탁했다. 대부분 힘들게 한 시간을 버텼다. 한 학생은 "소음이 별로 없으니까 마음이 불편했다. 사실 불길한 예감이 들었다"라고 말했다. 이 학생에게 침묵은 불길한 멈춤, 긴장 상태, 위험의 전주곡이었다.

2013년 다양한 소리가 생쥐의 뇌에 어떤 영향을 미치는지 알아보기 위한 실험을 했다. 연구팀은 생쥐를 네 그룹으로 나누고 1그룹의 쥐들에겐 하루에 두 시간씩 백색소음을, 2그룹에는 새끼 생쥐의 울음소리를, 3그룹에는 모차르트의 피아노 음악을 들려줬으며, 4그룹의 쥐들은 정적 속에 방치했다. 그 나머지 시간에 쥐들은 실험실의 주변 소음을 들었다. 연구팀은 정적 속에 방치한 쥐들이 다른 그룹의 쥐들보다 더 많은 뇌세포를 발달시켰다는 사실을 발견하고 평소와 다른 정적이 경보음 역할을 한다는 가설을 세웠다. 정적은 일종의 '좋은 스트레스'였다. 쥐들은 정적 속에서—불안함을 느꼈던 호주의 대학생들처럼—신경을 곤두세운 채 소음을 기다리고 있었다. 이 뇌과학자들은 다음과 같이 썼다. "비정상적인 정적이 끌어낸 경계 태세가 앞으로 일어날 인지 시험에 대비해 신경 발생을 자극하는지도 모른다." 신경질적 집중 상태를 낳아 쥐들의 신경을 확장한 것은 낯선 정적이었다.

참고 수면공포증, 휴대전화부재공포증, 어둠공포증, 소리공포증

폐소공포증 CLAUSTROPHOBIA

전 세계 인구의 5~10퍼센트는 작은 방이나 벽장, 동굴, 엘리베이터, 지하 저장고, 비행기, 터널, 마스크, 자기공명영상장치(MRI) 스캐너 안에 있을 때 공포감에 사로잡힐 수 있다. 심지어 목을 꽉 조이는 넥타이 때문에 공포를 느끼는 사람도 있다. 비좁은 공간에 대한 공포증은 1870년대에 이탈리아 의사 안티고노 라기Antigono Raggi가 발견했다. 라기는 어느 유명 화가의 사례를 언급했다. 이 화가는 자기 작품을 전시한 비좁은 화랑에서 심한 공황에 빠지자 출입문을 향해 돌진했다. 출입문이 열리지 않자 그는 창문에서 뛰어내려 지붕과 지붕 사이를 폴짝폴짝 건너뛰어서 마침내 땅에 발을 디뎠다. 라기는 이 질환을 갇힘공포증clithrophobia(빗장을 뜻하는 그리스어 kleithron에서 유래)이라고 불렀다. 그러다가 1879년 영국 출신의 프랑스 의사 벵자맹 발Benjamin Ball이 폐소공포증(비좁은 공간을 뜻하는 라틴어 claustrum에서 유래)이라고 다시 명명했다.

발이 만난 폐소공포증 환자 중에 젊은 군인이 있었다. 그의 폐소공포증은 복도에서 시작됐다. 그는 혼자 복도에 있을 때 양쪽 벽이 자신을 향해 점점 더 가까이 다가오고 있다는 상상을 하기 시작했다. 벽 사이에 끼일 것 같아서 겁이 난 그는 들판을 향해 밖으로 정신없이 뛰

쳐나갔다. 또 다른 환자는 파리 생자크 탑의 구불구불한 계단을 오르다가 공황 상태에 빠졌다. 두 남자 모두 집에 있을 때는 출입문을 활짝 열어놓는다고 말했다. 공포가 엄습한다 싶으면 재빨리 밖으로 달아나기 위해서였다.

발은 폐소공포증이 "언뜻 광장공포증이나 열린 공간에 대한 두려움과 달라 보이지만 사실은 비슷하며," 두 남자 모두 "원인을 알 수 없는 우울증 혹은 격렬하게 흥분하는 광기와 밀접한 관계"가 있다고 말했다. 1920년대 런던 동부의 보건소장이자 의사인 프레더릭 알렉산더Frederick Alexander는 폐소공포증이 "자기성찰의 질환, 즉 내면을 들여다보면서 생각의 흐름을 지켜보는 질환"이라고 말했다. 함정에 빠졌다는 느낌에 먼저 사로잡힌 뒤, 그 느낌이 육체의 두려움으로 발전한다는 것이다.

폐소공포증은 매우 광범위하게 퍼져 있다. 게다가 어릴 때부터 증상이 나타난다. 이런 이유로 많은 심리학자가 폐소공포증을 인류의 진화 과정에서 나타난 생존 방식의 흔적으로 이해한다. 1993년 캐나다의 스탠리 래크먼Stanley Rachman과 스티븐 테일러Steven Taylor는 속박에 대한 공포 직전에 오는 질식에 대한 공포가 폐소공포증의 주요소임을 입증했다. 폐소공포증은 불안감에 과잉 반응하는 사람들 사이에 더 널리 퍼져 있으며, 무서운 경험이 기폭제로 작용한다는 사실도 그들의 연구로 밝혀졌다. 1963년 서독의 심리학자 안드레아스 플뢰거Andreas Ploeger는 광산 도시 랭에데의 무너진 광산에 14일간 매몰됐다 구조된 남자 열 명의 미래를 추적한 결과, 11년이 지난 1974년 10명의 생존자 중 6명이 좁은 공간에 대한 공포증을 겪는 것으로 나타났다.

제1차 세계대전 때 에든버러에서 가까운 크레이그록하트 병원에서는 선구적인 정신의학자 윌리엄 리버스William H. R. Rivers가 폐소공포증에 시달리는 젊은 군의관을 진료했다. 젊은 군의관은 말을 더듬는 습관과 비좁은 공간에 대한 두려움이 있었다. 전쟁 전 그는 어느 정신분석가로부터 그의 습관과 두려움의 근원에 분명히 성적 트라우마와 관련된 억눌린 기억이 있을 거라는 얘기를 들었다. 하지만 아무리 생각해봐도 성적 트라우마와 관련된 사건이 떠오르지 않았다. 그때 전쟁이 터졌고, 그는 치료를 중단한 채 영국 육군 의무부대에 입대했다

리버스는 이 젊은 군의관의 폐소공포증이 서부전선에서 더 심해졌다는 사실을 알게 됐다. 리버스는 이렇게 썼다. "서부전선에 도착한 순간 그는 이제부터 참호 안에서 먹고 자고 싸워야 한다는 사실을 알게 됐다. 그러자 곧바로 좁디좁은 그 공간이 걱정되기 시작했다. 특히 유사시에 참호 밖으로 나갈 수 없을까 봐 더 걱정스러웠다. 그의 두려움은 첫날부터 참호 안에서 고개를 들었다. 삽의 용도를 묻자 그를 묻어야 할 일이 생겼을 때 필요하다는 답을 들었기 때문이었다." 그는 참호 안에서 눈을 붙이는 대신 밤새 그 주변을 서성거렸다. 머지않아 탈진해 쓰러진 그는 전쟁신경증 진단을 받고 집으로 돌아왔다.

리버스는 젊은 군의관에게 참호와 관련된 악몽을 분석해보자고 제안했다. 리버스는 꿈이 억압의 결과라는 지크문트 프로이트와 그 추종자들의 주장에는 동의하지만, 오로지 성적인 측면에서만 꿈을 해석하는 데는 동의할 수 없다고 말했다. 젊은 군의관의 폐소공포증

은 성적 트라우마가 아닌 다른 기억에서 원인을 찾아야 할 것 같았다. 며칠 후 젊은 군의관은 스코틀랜드에서 보냈던 어린 시절의 사건 하나를 기억에서 끄집어냈다. 서너 살 무렵 그는 넝마주이 노인을 찾아가 몇 가지 쓸모없는 물건을 팔고 반 페니짜리 동전을 받았던 일이 있었다. 거래가 끝나고 노인의 아파트를 나서던 그는 어둡고 좁은 통로에 갇히게 됐다. 갈색 개 한 마리가 으르렁거리며 그의 앞을 가로막고 있었기 때문이다. 그는 다시 아파트로 들어가려고 문손잡이를 향해 손을 뻗어봤으나 키가 작아 닿지 않았고, 그 순간 말도 못 하게 무서웠다고 리버스에게 말했다. 그의 기억에 남아 있는 넝마주이 노인의 이름은 '매켄'이었다.

리버스는 젊은 군의관의 기억이 사실인지 확인하기 위해 그의 부모를 만났다. 그의 부모는 실제로 동네에 매켄이라는 이름의 넝마주이 노인이 살았다고 했다. 하지만 그들의 아들이 그 노인의 아파트를 찾아간 적이 있었는지는 기억하지 못했다.

이 기억을 다시 떠올림으로써 젊은 군의관의 폐소공포증은 치료된 듯했다. 그는 자신이 호전됐다고 확신했다. "그는 병원 지하실에 자기를 가둬달라고 했다. 나는 당연히 거절했다. 그가 호전됐는지 확인하기 위해 그런 모험을 할 수는 없었다." 런던으로 돌아온 젊은 군의관은 사람들로 꽉 들어찬 극장 한복판에 앉아 있어도 아무렇지 않았다. 지하철을 타고 다녀도 전혀 불안하지 않았다. 불과 얼마 전이었다면 그는 이러한 상황에서 공포에 질려 아무것도 하지 못했을 것이다. 1917년 리버스가 작성한 기록에 따르면 젊은 군의관은 여전히 말을 더듬었고 끔찍한 악몽에도 시달렸다. 하지만 폐소공포증은 사라졌다. 이로써 그가 느끼던 불안감의 근원에는 넝마주인 노인의 아파트 복도에서 겪었던 일이 깔려 있었다는 게 증명된 듯했다.

리버스는 젊은 군의관 사례를 통해 억눌린 기억들이 신경성 질환의 원인이 될 수 있음을 확인했다. 제1차 세계대전 초기에 의사들은 전쟁신경증의 물리적 원인을 찾는 데만 골몰했다고 리버스는 말했다. "그러나 전쟁이 진행되면서 물리적 개념은 설 자리를 잃고 있다. 폭발을 비롯해 전쟁에서 겪는 물리적 참사는 대부분 오랫동안 억눌려 있던 정신적 요소들을 분출시키는 기폭제 역할로 끝나는 것 같다." 전쟁에서 겪는 충격이 오래전부터 병사의 무의식 속에 박혀 있던 심리적 갈등을 밖으로 드러냈다고 리버스는 생각했다. 1917년 말 리버스는 이 개념을 토대로 시인 시그프리드 서순Siegfried Sassoon을 치료했다.

1918년에 발표한 시 〈반격Counte-Attack〉에서 서순은 서부전선의 한 병사가 느끼는 숨 막히는 공포를 묘사했다.

> 그는 쭈그려 앉은 채 움찔했다.
> 걷잡을 수 없는 공포와 현기증을 느낀다.
> 도망치고 싶은 생각뿐이다.
> 목을 죄는 공포를 견딜 수 없고
> 잔인하게 학살당한 죽은 자의 몸짓,
> 공포에 질린 몸짓도 견디기 힘들다.

이 병사는 전우들의 시신과 함께 갇혀 있다. 숨 막히는 참호 안에서 자신도 마치 시신이 된 듯 갇혀 있다.

(참고) 비행공포증, 광장공포증, 어둠공포증, 철도공포증, 생매장공포증

해양공포증 THALASSOPHOBIA

바다를 뜻하는 그리스어 thalassa에 어원을 둔 해양공포증
thalassophobia은 호수나 바다처럼 많은 물이 모여 있는 곳에 대한 극
심한 두려움을 가리킨다. 바다를 두려워하는 것은 지극히 정상이다.
바다는 위험한 곳이기 때문이다. 조류에 휩쓸릴 수도 있고 해일이나
폭풍우에 휩쓸릴 수도 있으며 해파리에 찔리거나 상어 밥이 될 수도
있다. 〈포세이돈 어드벤처The Poseidon Adventure〉(1972), 〈죠스Jaws〉
(1975), 〈타이타닉Titanic〉(1997) 같은 영화나 심해에 사는 괴물에 대한
많은 신화가 바다에 대한 두려움을 묘사하고 있다. 그리스인들은 스
킬라Scylla, 카리브디스Charybdis, 히드라Hydra를 두려워했고, 고대 스
칸디나비아인들에겐 크라켄Kraken이, 일본인들에게는 갓파Kappa가
공포의 대상이었다. 아이슬란드와 켈트족 뱃사람은 셀키Selkies, 페
루인은 야쿠마마Yacumama, 폴리네이사인은 타니와Taniwha를 조심
하라는 경고를 들었다. 이러한 괴물들은 심해에서 솟구쳐 올라 우리
를 집어삼킨다. H. P. 러브크래프트H. P. Lovecraft의 단편소설 〈데이곤
Dagon〉(1919)에서 조난당한 화자는 말한다. "그것이 암흑의 바다 위로
서서히 모습을 드러냈다. 그리스 신화에 나오는 외눈박이 거인 폴리
페모스를 닮은 거대하고 혐오스러운 그것이 악몽에 등장하는 엄청나

게 큰 괴물처럼 돌진했다."

2020년 《해양과학저널Journal of Marine Science》에서 생물학자들은 해양공포증이 지구에 위협이 되고 있다고 경고했다. 그들은 해양공포증이 심해를 보존하려는 노력에 찬물을 끼얹는다고 주장한다. 초심해대hadal zone는 수심 6000미터 아래에 있는 구역으로, 그리스 지하세계의 지배자 하데스Hades의 이름을 땄다. 이 초심해대가 저인망 어업과 채굴, 플라스틱, 하수와 방사능폐기물 등의 무단 투기로 심한 몸살을 앓고 있다. 해양생물학자들은 텔레비전 다큐멘터리 프로그램들이 심해의 기이함과 신비를 부풀린 탓에 보살핌이 필요한 바다 풍경이 우리에게서 점점 멀어지고 있다고 주장한다. 예를 들어 BBC 〈아름다운 바다Blue Planet〉 시리즈의 심해를 다룬 에피소드에서 동물학자이자 방송인인 데이비드 애튼버러David Attenborough는 "낯선" 세계, "영원한 어둠의 바다", "끝없이 이어지는 암흑", "정상적인 시간의 법칙 너머"에 기묘한 생물들이 서식하는 "거대하고 시커먼 공간"이 존재한다고 묘사했다. 이 불길하고 "잘못된" 묘사를 듣고 있으면 "생소하고 육체적 고통을 요구하며 쉽게 접근을 허락하지 않는 다른 세상"이 떠오른다고 생물학자들은 말한다. 심해생물은 괴물이 아니라고 그들은 주장한다. 도끼고기hatchetfish, 귀신고기fangtooth, 용고기dragonfish가 괴물처럼 보이는 이유는 단지 캄캄하거나 희미한 빛이 전부인 곳에서 생존하기 위해 큰 눈이나 턱, 이빨 같은 특성을 진화시켰기 때문이다. 게다가 저 아래에는 이들보다 더 귀엽고 섬세한 종들도 산다. 다리가 붉은 새우와 투명한 분홍꼼치는 심해의 으스름 속에서 깜박거리며, 솜털 같은 바다나리는 해저의 어둠 속에서 살랑 살랑 흔들리며 움직인다. 물로 가득한 이 동화의 나라를 지키기 위해 최선의 노력을 기울여야 한다고 해양생물학자들은 힘주어 말한다. 바다는 지구에서 가장 클 뿐만 아니라 어쩌면 가장 중요한 서식지이기 때문이다.

(참고) 목욕공포증, 물공포증, 해조류공포증, 공수병, 카약공포증, 어둠공포증

해조류공포증 FYKIAPHOBIA

1970년 미국의 정신과 의사 찰스 사노프Charles A. Sarnof는 해조류를 두려워하는 2세 여자아이 잰Jan을 치료했다고 보고했다. 이 두려움은 해조류를 뜻하는 그리스어 phykos에서 이름을 따 해조류공포증fykiaphobia이라고 불린다.

잰은 해조류공포증이 생긴 직후부터 곁에 엄마가 없으면 힘들어하는 반응을 보였다. 밤에 울면서 잠에서 깼고 베이비시터와 둘이 있을 때는 공황 증세도 보였다. 온 가족이 바닷가의 할머니 집에서 머물던 어느 오후, 해변에서 '초록색 물체'를 본 잰은 안절부절 못하더니 아빠한테 업어 달라고 손을 뻗었다.

다음날 바닷가에서 또 해조류를 본 잰은 겁먹은 눈으로 엄마를 돌아봤다. "저게 뭐야?" 잰의 손가락은 미끈거리고 뒤엉킨 덩굴 모양의 물체를 가리키고 있었다. "해초라는 거야." 엄마는 해초 한 조각을 집어 잰에게 내밀었다. "시금치, 상추, 풀, 그런 거랑

비슷한 거야."

그러자 잰은 겁을 먹고 움찔하더니 해초가 파도에 휩쓸려가도록 바다에 버려달라고 엄마에게 간청했다. 그날 오후 할머니 집 마당의 아기용 미니 풀장에서 놀던 잰은 물속에서 풀 몇 가닥이 눈에 띄자 비명을 질러 도움을 요청했다.

그날 저녁 엄마와 아빠가 외식을 위해 외출한 사이 잰은 잠에서 여러 차례 깼고, 발작적으로 울면서 발버둥을 쳤다. 할머니가 달래러 왔을 때 아이는 꿈속에서 초록색 물체에 닿지 않으려고 자기 발을 물 밖으로 빼내는 중이었다고 말했다.

다음날 엄마와 아빠는 잰을 데리고 사노프를 찾아갔다. 잰은 울먹이면서 몸을 떨었다. "해초가 무서워요." 잰이 사노프에게 말했다.

"그게 왜 무서울까?" 사노프가 물었다. "해초가 잰을 다치게 할 거 같아서 무섭니?"

"아뇨." 잰이 대답했다. "엄마를 다치게 할 거 같아서 무서워요."

해초 때문에 잰의 엄마가 다치는 일이야 없겠지만, 잰은 그런 상상을 할 수도 있다는 생각이 사노프의 머리를 스쳤다. 그는 잰을 해초라고 생각해보라고 했다.

"네." 잰이 대답했다.

"엄마한테 화날 때가 있니?"

"네. 엄마가 가버릴 때요."

사노프는 엄마한테 화가 나는 건 당연한 거라고 아이에게 말했다. 그럴 땐 엄마 때문에 화가 난다고 솔직하게 말해도 엄마가 화내지 않을 거라고 안심시켰다. 그런 다음 엄마한테는 아이가 걱정하고 있는 것이 무엇인지 대화를 나눠보길 권했다. 얼마 후 잰의 부모는 아이가 더 이상 해초를 무서워하지 않는다는 소식을 전해왔다.

　모든 공포증은 어린 시절에 가장 흔하게 나타난다. 하지만 대개는 잠깐 머물다가 사라진다. 그냥 내버려 뒀어도 잰의 해조류공포증은 머지않아 사라졌을 것이다. 그러나 사노프는 이틀 만에 생긴 잰의 해조류공포증을 통해 아이를 괴롭히고 있는 것이 무엇인지 알아냈으며, 아울러 아이가 커가는 과정에서 상징과 공포증이 어떤 역할을 하는지 되돌아볼 수 있었다. 사노프가 보기에는 엄마를 향한 잰의 적의가 해조류에 투영된 것 같았다. 그렇다고 해조류공포증을 반드시 잰의 불안감이 강화됐다는 증거로만 볼 수는 없다고 사노프는 말했다. 오히려 잰이 자신의 괴로움을 상징적으로 표현할 수 있는 발육 단계에 들어섰다는 증거로 해석할 수 있었다. 잰은 분노를 몸으로 표현하는 대신 외부의 물체로 대체할 줄 알게 된 것이다. 감정을 물체로 대체하는 능력은 인간의 발달에서 본질적인 부분이라고 사노프는 말했다. "상징은 신경증적 증상의 토대이자 문화와 문명의 토대이다."

　사노프는 스위스의 심리학자 장 피아제Jean Piaget의 주장에 주목했다. 피아제는 생후 약 15개월부터 상징 놀이를 하는 능력이 생긴다고 주장했다. 이때부터 유아는 물체를 이용해 다른 무언가 혹은 다른 누군가를 표현할 수 있다. 말을 안 듣는다고 인형을 혼내는 것은 상징 놀이의 한 예다. 피아제가 밝혀낸 바에 따르면 2차 상징화 능력은 2세에서 4세 사이에 발달했다. 이 시기엔 딱히 의식하지 않아도 위협적인 생각과 감정이 외부의 물체로 대체되었으며, 애초에 그 생각과 감정을 일으킨 걱정거리는 억눌렀다. 그러나 유아는 이 걱정거리를 깊이 억누르지 못하고 얕은 곳에 묻어둔다. 그래서 사노프의 해조류공포증 해석을 잰이 그처럼 쉽게 인정하고 받아들일 수 있었던 것이다. 반면 어른의 경우엔 공포증의 근원을 찾기가 훨씬 어렵다.

1972년 사노프의 동료 분석가 오토 레닉Otto Renik은 잰의 해조류공포증에 대해서 다른 의견을 제시했다. 레닉은 잰이 해초를 피해 달아난 이유가 엄마가 아니라 잰 자신에게 위험한 물체라고 생각했기 때문이라고 보았다. 잰은 해초와 자신을 동일시하며 해초에 분노를 투여했다. 그러나 동시에 나쁜 감정에서 해방됐음을 느끼기 위해 해초와 자신을 분리하기도 했다. 이는 공포의 대상에 두 가지 상반된 충동, 즉 동일시와 거부, 표현과 부정, 금지된 감정의 표출과 금지된 감정 때문에 받게 될 처벌에 대한 두려움이 담겨 있다는 증거였다. 하지만 레닉은 단순하고 이해하기 쉽게 잰의 공포증에 접근한 점에 대해서는 사노프를 칭찬했다. 더러는 부정확하거나 불완전한 해석이 환자의 문제를 해결하는 데 결정적인 효과를 발휘할 때가 있으니까.

(참고) 인형공포증, 해양공포증

회문공포증 AIBOHPHOBIA

회문(앞에서부터 읽으나 뒤에서부터 읽으나 똑같이 읽히는 단어)에 대한 과도한 두려움을 뜻하는 이 장난기 가득한 용어 회문공포증 aibohphobia은 리버풀 출신의 포크 가수이자 컴퓨터과학자인 스탠 켈리부틀Stan Kelly-Bootle의 《악마의 DP 사전 The Devil's DP Dictionary》

(1981)에서 처음 등장한 것으로 보인다. 이 공포증은 증거 자료가 남아 있는 심리 질환은 아니지만, Aibohphobia라는 단어 자체는 뒤에서부터 읽어도 똑같이 읽히는 회문이다.

참고 긴단어공포증, 명칭강박증

참고문헌

서문

American Psychiatric Association, *Diagnostic and Statistical Manual 5* (Washington DC, 2013).

Stephen T. Asma, 'Monsters on the Brain: An Evolutionary Epistemology of Horror', *Social Research,* Vol. 81, No. 4 (2014).

George Miller Beard, *A Practical Treatise on Nervous Exhaustion (Neurasthenia): Its Symptoms, Nature, Sequences, Treatment* (New York, 1880).

Joanna Bourke, *Fear: A Cultural History* (London, 2005).

S. E. Cassin, J. H. Riskind, and N. A. Rector, 'Phobias', in V. S. Ramachandran (ed.), *Encyclopedia of Human Behaviour* (Amsterdam, 2012).

Graham C. L. Davey (ed.), *Phobias: A Handbook of Theory, Research and Treatment* (Chichester and New York, 1997).

William W. Eaton, O. Joseph Bienvenu, and Beyon Miloyan, 'Specific Phobias', *The Lancet Psychiatry,* Vol. 5, No. 8 (2018).

Jean-Étienne Esquirol, *Mental Maladies: A Treatise on Insanity,* trans. E. K. Hunt (London, 1845).

Hilary Evans and Robert Bartholomew, *Outbreak! The Encyclopedia of Extraordinary Social Behavior* (San Antonio, Texas, 2009).

Sigmund Freud, *New Introductory Lectures on Psychoanalysis,* trans. James Strachey (London, 1933).

G. Stanley Hall, 'A Study of Fears', *American Journal of Psychology,* Vol. 8, No. 2 (1897).

—. 'A Synthetic Genetic Study of Fear: Part 1', *American Journal of Psychology,* Vol. 25, No. 2 (1914).

—. 'A Synthetic Genetic Study of Fear: Part 2', *American Journal of Psychology,* Vol. 25, No. 3 (1914).

Pierre Janet, 'On the Pathogenesis of Some Impulsions', *Journal of Abnormal Psychology,* Vol. 1, No. 1 (1906).

Jeffrey A. Lockwood, *The Infested Mind: Why Humans Fear, Love and Loathe Insects* (Oxford, 2013).

Richard J. McNally, 'The Legacy of Seligman's "Phobias and Preparedness" (1971)', *Behavior Therapy,* Vol. 47, No. 5 (2015).

Isaac M. Marks and Randolph M. Nesse, 'Fear and Fitness: An Evolutionary Analysis of Anxiety Disorders', *Ethology and Sociobiology,* Vol. 15, No. 5 (1994).

Benjamin Rush, 'On the Different Species of Phobia' and 'On the Different Species of Mania', *Columbian Magazine* (1786).

—. *Medical Inquiries and Observations Upon Diseases of the Mind* (Philadelphia, 1812).

Martin E. P. Seligman, 'Phobias and Preparedness', *Behavioural Therapy,* Vol. 2 (1971).

Mick Smith and Joyce Davidson, '"It Makes My Skin Crawl...", The Embodiment of Disgust in Phobias of "Nature"', *Body & Society,* Vol. 12, No. 1 (2006).

David Trotter, *The Uses of Phobia: Essays on Literature and Film* (Malden, Massachusetts, 2010).

K. J. Wardenaar et al., 'The Cross-National Epidemiology of Specific Phobia in the World Mental Health Surveys', *Psychological Medicine,* Vol. 47, No. 10 (2017).

Fritz Wittels, 'The Contribution of Benjamin Rush to Psychiatry', *Bulletin of the History of Medicine,* Vol. 20, No. 2 (1946).

1부   나는 살아 있는 것들이 무서워

개공포증 CYNOPHOBIA

Emma Brazell, 'China to Recognise Dogs as Pets and Not Food', *Metro* (London), 10 April 2020.

S. E. Cassin, J. H. Riskind and N. A. Rector, 'Phobias', in V. S. Ramachandran (ed.), *Encyclopedia of Human Behavior* (Amsterdam, 2012).

L. Kevin Chapman, Sarah J. Kertz, Megan M. Zurlage and Janet Woodruff-Borden, 'A Confirmatory Factor Analysis of Specific Phobia Domains in African American and Caucasian American Young Adults', *Journal of Anxiety*

Disorders, Vol. 22, No. 2 (2008).

Benoit Denizet-Lewis, 'The People Who Are Scared of Dogs', *Pacific Standard,* 24 July 2014.

J. Gilchrist, J. J. Sacks, D. White and M.-J. Kresnow, 'Dog Bites: Still a Problem?', *Injury Prevention,* Vol. 14, No. 5 (2008).

Marian L. MacDonald, 'Multiple Impact Behaviour Therapy in Child's Dog Phobia', *Journal of Behavior Therapy and Experimental Psychiatry,* Vol. 6, No. 4 (1975).

Julia McKinnell, 'Big (Bad) Dogs', *Maclean's,* Vol. 120, No. 34 (2007).

Solomon Northup, *Twelve Years a Slave* (New York, 1853).

Timothy O. Rentz et al., 'Active Imaginal Exposure: Examination of a New Behavioral Treatment for Cynophobia (Dog Phobia)', *Behaviour Research and Therapy,* Vol. 41, No. 11 (2003).

Shontel Stewart, 'Man's Best Friend? How Dogs Have Been Used to Oppress African Americans', *Michigan Journal of Race and Law,* Vol. 25 (2020).

거미공포증 ARACHNOPHOBIA

Karl Abraham, 'The Spider as a Dream Symbol' (1922), *Selected Papers on Psychoanalysis* (New York, 1953).

S. Binks, D. Chan and N. Medford, 'Abolition of Lifelong Specific Phobia: A Novel Therapeutic Consequence of Left Mesial Temporal Lobectomy', *Neurocase,* Vol. 21, No. 1 (2015).

Charlie Brooker, 'Forget Religious Fanatics: The Biggest Threat We Face Today has Eight Legs and is Hiding Behind My Telly', *Guardian,* 3 September 2007.

Graham C. L. Davey, 'The "Disgusting" Spider: The Role of Disease and Illness in the Perpetuation of the Fear of Spiders', *Society and Animals,* Vol. 2, No. 1 (1994).

—. 'Arachnophobia . the "Disgusting' Spider", *Psychology Today,* 7 July 2014.

Graham C. L. Davey et al., 'A Cross-Cultural Study of Animal Fears', *Behaviour Research and Therapy,* Vol. 36, Nos 7.8 (1998).

Jenny Diski, *What I Don't Know About Animals* (London, 2010).

Tim Flannery, 'Queens of the Web', *New York Review of Books,* 1 May 2008.

Jeffrey A. Lockwood, *The Infested Mind: Why Humans Fear, Love and Loathe Insects* (Oxford, 2013).

Claire Charlotte McKechnie, 'Spiders, Horror, and Animal Others in Late Victorian Empire Fiction', *Journal of Victorian Culture,* Vol. 17, No. 4 (2012).

Paul Siegel, 'The Less You See: How We Can Unconsciously Reduce Fear',

Psychology Today, 27 August 2018.

Mick Smith, Joyce Davidson and Victoria L. Henderson, 'Geographies, Spiders, Sartre and "Magical Geographies": The Emotional Transformation of Space', *Transactions of the Institute of British Geographers,* Vol. 37, No. 1 (2012).

Marieke Soeter and Merel Kindt, 'An Abrupt Transformation of Phobic Behavior After a Post-Retrieval Amnesic Agent', *Biological Psychiatry,* Vol. 78, No. 12 (2015).

George W. Wood, *Glimpses into Petland* (London, 1863).

고양이공포증 AILUROPHOBIA

H. L. Freeman and D. C. Kendrick, 'A Case of Cat Phobia: Treatment by a Method Derived from Experimental Psychology', in H. J. Eysenck (ed.), *Experiments in Behaviour Therapy: Readings in Modern Methods of Treatments of Mental Disorders Derived from Learning Theory* (Oxford, 1964).

G. Stanley Hall, 'A Synthetic Genetic Study of Fear: Part 2', *American Journal of Psychology,* Vol. 25, No. 3 (1914).

Don James McLaughlin, 'Infectious Affect: The Phobic Imagination in American Literature', PhD dissertation, University of Pennsylvania, Philadelphia (2017).

Silas Weir Mitchell, 'Of Ailurophobia and the Power to be Conscious of the Cat as Near, When Unseen and Unheard', *Transactions of the Association of American Physicians,* Vol. 20 (1905).

곤충공포증 ENTOMOPHOBIA

Anon., 'Celebrities' Secret Phobias Revealed', *Economic Times,* 7 July 2008.

Steve Coll, 'The Spy Who Said Too Much', *New Yorker,* 1 April 2013.

Millais Culpin, 'Phobias: With the History of a Typical Case', *The Lancet,* 23 September 1922.

Dani Fitzgerald, 'New Castle Native Who Served Prison Time for Blowing Whistle on "Enhanced Interrogation Techniques" Shares Story with Slippery Rock Crowd', *Beaver County Times,* 1 March 2018.

Aurel Kolnai, *On Disgust,* edited by Carolyn Korsmeyer and Barry Smith (Chicago, 2004).

Julia Kristeva, *Powers of Horror: An Essay on Abjection,* trans. Leon Roudiez (New York, 1982).

Jeffrey A. Lockwood, *The Infested Mind: Why Humans Fear, Love and Loathe Insects* (Oxford, 2013).

William I. Miller, *The Anatomy of Disgust* (Cambridge, Massachusetts, 1997).

M. Schaller and L. A. Duncan, 'The Behavioral Immune System: Its Evolution and Social Psychological Implications', in J. P. Forgas, M. G. Haselton and W. von Hippel (eds), *Evolution and the Social Mind: Evolutionary Psychology and Social Cognition* (New York, 2007).

Mick Smith and Joyce Davidson, '"It Makes My Skin Crawl ..." The Embodiment of Disgust in Phobias of "Nature"', *Body & Society,* Vol. 12, No. 1 (2006).

US Senate Select Committee on Intelligence, *Committee Study of the Central Intelligence Agency's Detention and Interrogation Program* (Washington DC, 9 December 2014).

동물공포증 ZOOPHOBIA

Graham C. L. Davey et al., 'A Cross-Cultural Study of Animal Fears', *Behaviour Research and Therapy,* Vol. 36 (1998).

Jakub Polák, Silvie Rádlová et al., 'Scary and Nasty Beasts: Self-Reported Fear and Disgust of Common Phobic Animals', *British Journal of Psychology,* 11 June 2019.

Vincent Taschereau-Dumouchel et al., 'Towards an Unconscious Neural Reinforcement Intervention for Common Fears', *Proceedings of the National Academy of Sciences of the United States of America,* Vol. 114, No. 13 (2018).

말/발굽동물공포증 HIPPOPHOBIA

Harold P. Blum, 'Little Hans: A Centennial Review and Reconsideration', *Journal of the American Psychoanalytic Association,* 1 September 2007.

Franco Borgogno, 'An "Invisible Man"? Little Hans Updated', *American Imago,* Vol. 65, No. 1 (Spring 2008).

Sigmund Freud, 'Analysis of a Phobia of a Five-Year-Old Boy', *Standard Edition of the Complete Psychological Works of Sigmund Freud, Vol X: The Cases of 'Little Hans' and the Rat Man* (1909), trans. James Strachey (London, 1953—74).

Julia Kristeva, *Powers of Horror: An Essay on Abjection,* trans. Leon Roudiez (New York, 1982).

Francis Rizzo, 'Memoirs of an Invisible Man', *Opera News,* 5 February 1972.

Jerome C. Wakefield, 'Max Graf's 'Reminiscences of Professor Sigmund Freud' Revisited: New Evidence from the Freud Archives', *Psychoanalytic Quarterly,* Vol. 76, No. 1 (2007).

뱀공포증 OPHIDIOPHOBIA

Stephen T. Asma, 'Monsters on the Brain: An Evolutionary Epistemology of Horror', *Social Research,* Vol. 81, No. 4 (2014).

Charles Darwin, *The Expression of the Emotions in Man and Animals* (London, 1872).

G. Stanley Hall, 'A Synthetic Genetic Study of Fear: Part 2', *American Journal of Psychology,* Vol. 25, No. 3 (1914).

Lynne A. Isbell, 'Snakes as Agents of Evolutionary Change in Primate Brains', *Journal of Human Evolution,* Vol. 51 (2006).

—. *The Fruit, the Tree, and the Serpent: Why We See So Well* (Harvard, Massachusetts, 2009).

Arne Öhman and Susan Mineka, 'Fears, Phobias, and Preparedness: Towards an Evolved Module of Fear and Fear Learning', *Psychological Review,* Vol. 108, No. 3 (2001).

—. 'The Malicious Serpent: Snakes as a Prototypical Stimulus for an Evolved Module of Fear', *Current Directions in Psychology,* Vol. 12, No. 1 (2003).

Arne Öhman, 'Phobia and Human Evolution', in Larry R. Squire (ed.), *Encyclopedia of Neuroscience* (London, 2009).

양서류공포증 BATRACHOPHOBIA

Bruce A. Thyer and George C. Curtis, 'The Repeated Pretest-Posttest Single-Subject Experiment: a New Design for Empirical Clinical Practice', *Journal of Behaviour Therapy and Experimental Psychiatry,* Vol. 14, No. 4 (1983).

John Locke, *An Essay Concerning Human Understanding* (London, 1690).

Marta Vidal, 'Portuguese Shopkeepers Using Ceramic Frogs to "Scare Away" Roma', *Al Jazeera,* 4 February 2019.

조류공포증 ORNITHOPHOBIA

Dell Catherall, 'Birdwoman: Or My Fear of Feathers', *Globe and Mail,* 20 March 2015.

Adam Phillips, *On Kissing, Tickling, and Being Bored: Psychoanalytic Essays on the Unexamined Life* (London, 1998).

S. Pink, '1D Crisis as Birds Flock to US Gigs: Exclusive Niall Pigeon Phobia Flap', *Sun,* 30 March 2012.

진드기공포증 ACAROPHOBIA

Luis Buñuel, *My Last Breath* (London, 1994).

324

Jeffrey A. Lockwood, *The Infested Mind: Why Humans Fear, Love and Loathe Insects* (Oxford, 2013).

William G. Waldron, 'The Entomologist and Illusions of Parasitosis', *California Medicine*, Vol. 117 (1972).

P. Weinstein and D. Delaney, 'Psychiatry and Insects: Phobias and Delusions of Insect Infestations in Humans', in J. L. Capinera (ed.), *Encyclopedia of Etymology* (Heidelberg, 2008).

쥐공포증 MUSOPHOBIA

Sigmund Freud, 'Notes Upon a Case of Obsessional Neurosis', *The Standard Edition of the Complete Psychological Works of Sigmund Freud, Vol X: The Cases of 'Little Hans' and the Rat Man* (1909), trans. James Strachey (London, 1953—74).

George Orwell, *Nineteen Eighty-Four* (London, 1949).

D. J. Taylor, *Orwell: The Life* (London, 2003).

2부 아름답고 역겨운 몸

구토공포증 EMETOPHOBIA

Marcel A. van den Hout and Iris M. Engelhard, 'How Does EMDR Work?', *Journal of Experimental Psychopathology*, Vol. 3, No. 5 (2012).

Ad de Jongh, 'Treatment of a Woman with Emetophobia: A Trauma Focused Approach', *Mental Illness*, Vol. 4, No. 1 (2012).

Alexandra Keyes, Helen R. Gilpin and David Veale, 'Phenomenology, Epidemiology, Co-Morbidity and Treatment of a Specific Phobia of Vomiting: A Systematic Review of an Understudied Disorder', *Clinical Psychology Review*, Vol. 60, Nos 15.31 (2018).

David Veale, Philip Murphy, Neil Ellison, Natalie Kanakam and Ana Costa, 'Autobiographical Memories of Vomiting in People with a Specific Phobia of Vomiting (Emetophobia)', *Journal of Behavior Therapy and Experimental Psychiatry*, Vol. 44, No. 1 (2013).

냄새공포증 OSMOPHOBIA

Duika L. Burges Watson, Miglena Campbell, Claire Hopkins, Barry Smith, Chris Kelly and Vincent Deary, 'Altered Smell and Taste: Anosmia, Parosmia and the Impact of Long Covid-19', *PLOS ONE*, 24 September 2021.

Ahmad Chitsaz, Abbas Ghorbani, Masoumed Dashti, Mohsen Khosravi and
Mohammedreza Kianmehr, 'The Prevalence of Osmophobia in Migrainous
and Episodic Tension Type Headaches', *Advanced Biomedical Research,* Vol. 6,
No. 44 (2017).

노화공포증 GERASCOPHOBIA

J. M. Barrie, *Peter Pan, or The Boy Who Wouldn't Grow Up* (London, 1904).
Laurencia Perales-Blum, Myrthala Juarez-Trevino and Daniela Escobedo-
Belloc, 'Severe Growing-Up Phobia, a Condition Explained in a 14-Year-Old
Boy', *Case Reports in Psychiatry* (2014).
Oscar Wilde, *The Picture of Dorian Gray* (London, 1891).

소구망상 MICROMANIA

Anon., 'Micromania', *Yorkshire Evening Post,* 22 September 1920.
Lewis Carroll, *Alice's Adventures in Wonderland* (London, 1865).
Osman Farooq and Edward J. Fine, 'Alice in Wonderland Syndrome: A
Historical and Medical Review', *Pediatric Neurology,* Vol. 77 (2017).
Caro W. Lippman, 'Certain Hallucinations Peculiar to Migraine', *Journal of
Nervous and Mental Disease,* Vol. 116, No. 4 (1952).
H. Power, Leonard William Sedgwick and Robert Gray Mayne, *The New Sydenham
Society Lexicon of Medicine and the Allied Sciences* (London, 1879).

손발톱뜯기강박증 ONYCHOTILLOMANIA

Evan A. Rieder and Antonella Tosti, 'Onychotillomania: An Underrecognized
Disorder', *Journal of the American Academy of Dermatology,* Vol. 75, No. 6 (2016).
Ivar Snorrason and Douglas W. Woods, 'Nail Picking Disorder
(Onychotillomania): A Case Report', *Journal of Anxiety Disorders,* Vol. 28, No. 2
(2014).

임신공포증 TOKOPHOBIA

Kristina Hofberg and Ian Brockington, 'Tokophobia: An Unreasoning Dread of
Childbirth', *British Journal of Psychiatry,* Vol. 176, No. 1 (2000).
Laura Jacobs, 'The Devil Inside: Watching *Rosemary's Baby* in the Age of
#MeToo', *Vanity Fair,* 31 May 2018.
Ashley Lauretta, 'Too Afraid to Have a Baby', *The Atlantic,* 29 June 2016.
Maeve A. O'Connell, Patricia Leahy-Warren, Ali S. Khashan, Louise C.
Kenny and Sinéad M. O'Neill, 'Worldwide Prevalence of Tocophobia in

Pregnant Women: Systematic Review and Meta-Analysis', *Acta Obstetricia et Gynecologica Scandinavica,* 30 March 2017.

P. Slade, K. Balling, K. Sheen and G. Houghton, 'Establishing a Valid Construct of Fear of Childbirth: Findings from In-Depth Interviews with Women and Midwives', *BMC Pregnancy and Childbirth,* Vol. 19 (2019).

치과공포증 ODONTOPHOBIA

Dina Gordon, Richard G. Heimberg, Marison I. Tellez and Amid I. Ismail, 'A Critical Review of Approaches to the Treatment of Dental Anxiety in Adults', *Journal of Anxiety Disorders,* Vol. 27, No. 4 (2013).

Isaac M. Marks and Randolph M. Nesse, 'Fear and Fitness: An Evolutionary Analysis of Anxiety Disorders', *Ethology and Sociobiology,* Vol. 15, No. 5 (1994).

Rosa de Stefano, 'Psychological Factors in Dental Patient Care: Odontophobia', *Medicina,* Vol. 55, No. 10 (2019).

피부뜯기강박증 DERMATILLOMANIA

Michael B. Brodin, 'Neurotic Excoriations', *Journal of the American Academy of Dermatology,* Vol. 63, No. 2 (2010).

Celal Calikusu and Ozlem Tecer, 'Skin Picking: Clinical Aspects', in Elias Aboujaoude and Lorrin M. Koran (eds), *Impulse Control Disorders* (Cambridge, 2010).

Jon E. Grant and Marc N. Potenza, *The Oxford Handbook of Impulse Control Disorders* (Oxford, 2011).

Jon E. Grant and Samuel R. Chamberlain, 'Prevalence of Skin Picking (Excoriation) Disorder', *Journal of Psychiatric Research,* Vol. 130 (2020).

G. E. Jagger and W. R. Sterner, 'Excoriation: What Counsellors Need to Know about Skin Picking Disorder', *Journal of Mental Health Counseling,* Vol. 38, No. 4 (2016).

G. M. Mackee, 'Neurotic Excoriations', *Archives of Dermatology and Syphilology,* Vol. 1, No. 256 (1920)

혈액-주사-상처공포증 BLOOD-INJECTION-INJURY PHOBIA

H. Stefan Bracha, O. Joseph Bienvenu and William W. Eaton, 'Testing the Paleolithic-Human-Warfare Hypothesis of Blood-Injection Phobia in the Baltimore ECA Follow-up Study — Towards a More Etiologically-Based Conceptualization for DSM-V', *Journal of Affective Disorders,* Vol. 97, Nos 1.3 (2007).

Josh M. Cisler, Bunmi O. Olatunji and Jeffrey M. Lohr, 'Disgust, Fear, and the Anxiety Disorders: A Critical Review', *Clinical Psychological Review,* Vol. 29, No. 1 (2009).

James G. Hamilton, 'Needle Phobia: A Neglected Diagnosis', *Journal of Family Practice,* Vol. 41, No. 2 (1995).

L. Öst and K Hellstrom, 'Blood-Injury-Injection Phobia' in Graham C. Davey (ed.), *Phobias: A Handbook of Theory, Research and Treatment* (Chichester and New York, 1997).

John Sanford, 'Blood, Sweat and Fears: A Common Phobia's Odd Pathophysiology', *Stanford Medicine* (Spring 2013).

3부 물건에 대한 이유 모를 공포

단추공포증 KOUMPOUNOPHOBIA

Anon., 'Button Phobia is Ruining My Life', *Metro* (London), 20 April 2008.

Chris Hall, 'Can Anything Cure My Lifelong Fear of Cotton Wool?', *Guardian,* 10 November 2019.

Anne Jolis, 'Steve Jobs's Button Phobia Has Shaped the World', *Spectator,* 22 November 2014.

Kateri McRae, Bethany G. Ciesielski, Sean C. Pereira and James J. Gross, 'Case Study: A Quantitative Report of Early Attention, Fear, Disgust, and Avoidance in Specific Phobia for Buttons', *Cognitive and Behavioral Practice,* 18 September 2021.

Lissette M. Saavedra and Wendy K. Silverman, 'Case Study: Disgust and a Specific Phobia of Buttons', *Journal of the American Academy of Child and Adolescent Psychiatry,* Vol. 41 (2002).

달걀공포증 OVOPHOBIA

Oriana Fallaci, *The Egotists: Sixteen Surprising Interviews* (Chicago, 1963).

Casey McCittrick, *Hitchcock's Appetites: The Corpulent Plots of Desire and Dread* (London, 2016).

물공포증 AQUAPHOBIA

Kevin Dawson, 'Parting the Waters of Bondage: African Americans' Aquatic Heritage', *International Journal of Aquatic Research and Education,* Vol. 11, No. 1 (2018).

J. Graham and E. A. Graffan, 'Fear of Water in Children and Adults: Etiology and Familial Effects', *Behaviour Research and Therapy,* Vol. 35, No. 2 (1997).

Carol Irwin et al., 'The Legacy of Fear: Is Fear Impacting Fatal and Non-Fatal Drowning of African American Children?', *Journal of Black Studies,* Vol. 42, No. 4 (2011).

Stanley J. Rachman, *Fear and Courage: A Psychological Perspective* (San Francisco, 1978).

숲공포증 XYLOPHOBIA

David Alegre Lorenz, 'Fear and Loathing on the Eastern Front: Soviet Forests and the Memory of Western Europeans in the German Military Forces, 1941—1944', *Journal of Modern European History,* Vol. 19, No. 1 (2021).

인형공포증 PEDIOPHOBIA

Ernst Jentsch, 'On the Psychology of the Uncanny', (1906), trans. Roy Sellars, in Jo Collins and John Jervis (eds), *Uncanny Modernity* (London, 2008).

Rachana Pole and G. K. Vankar, 'Doll Phobia . Single Session Therapy', *Archives of Indian Psychiatry,* Vol. 13 (2013).

Leo Rangell, 'The Analysis of a Doll Phobia', *International Journal of Psycho-Analysis,* Vol. 33 (1952).

Laura Spinney, 'Spooked? Locating the Uncanny Valley', *New Scientist,* 29 October 2016.

Kate Summerscale, *The Queen of Whale Cay: The Extraordinary Life of 'Joe' Carstairs, the Fastest Woman on Water* (London, 1997).

철도공포증 SIDERODROMOPHOBIA

George Miller Beard, *A Practical Treatise on Nervous Exhaustion (Neurasthenia): Its Symptoms, Nature, Sequences, Treatment* (New York, 1880).

Sigmund Freud, *Three Essays on the Theory of Sexuality,* trans. James Strachey (London, 1949).

Laura Marcus, *Dreams of Modernity: Psychoanalysis, Literature, Cinema* (Cambridge, England, 2014).

Malcolm Alexander Morris, *The Book of Health* (London, 1884).

Peter L. Rudnytsky, *Reading Psychoanalysis: Freud, Rank, Ferenczi, Groddeck* (Cornell, Ithaca, 2002).

팝콘공포증 POPCORN PHOBIA

College of Curiosity, 'Popcorn (Maizophobia)', *Pantophobia,* Episode 5, 28 March 2016.

Mary Douglas, *Purity and Danger: An Analysis of the Concept of Pollution and Taboo* (London, 1966).

풍선공포증 GLOBOPHOBIA

Anon., '7 Korean Celebrities Terrifying Fears with Super Uncommon Phobias', koreaboo.com, 27 January 2018.

Ken Lombardi, 'Oprah Winfrey Reveals Her Phobia of Balloons', *CBS News,* 10 September 2013.

4부 너무 멀지도 가깝지도 않은, 타인

고독공포증 MONOPHOBIA

George Miller Beard, *A Practical Treatise on Nervous Exhaustion (Neurasthenia): Its Symptoms, Nature, Sequences, Treatment* (New York, 1880).

G. Stanley Hall, 'A Study of Fears', *American Journal of Psychology,* Vol. 8, No. 2 (1897).

공중화장실공포증 PUBLIC URINATION PHOBIA

Mark Hay, 'How People Deal with Having Shy Bladder Syndrome', *Vice,* 31 May 2018.

Kenley L. J. Kuoch, Denny Meyer, David W. Austin and Simon R. Knowles, 'A Systematic Review of Paruresis: Clinical Implications and Future Directions', *Journal of Psychosomatic Research,* Vol. 98 (2017).

광장공포증 AGORAPHOBIA

J. H. Boyd and T. Crump, 'Westphal's Agoraphobia', *Journal of Anxiety Disorders,* Vol. 5, No. 1 (1991).

Paul Carter, *Repressed Spaces: The Poetics of Agoraphobia* (London, 2002).

CNN Transcripts, 'Larry King Live: Interview with Macaulay Culkin', 27 May 2004.

Allan Compton, 'The Psychoanalytic View of Phobias Part I: Freud's Theories of Phobias and Anxiety', *Psychoanalytic Quarterly* (1992).

Helene Deutsch, 'The Genesis of Agoraphobia', *International Journal of*

Psychoanalysis, Vol. 10 (1929).

Sigmund Freud, *New Introductory Lectures on Psychoanalysis,* trans. James Strachey (London, 1933).

Joshua Holmes, 'Building Bridges and Breaking Bridges: Modernity and Agoraphobia', *Opticon* 1826, Vol. 1, No. 1 (2006).

Klaus Kuch and Richard P. Swinson, 'What Westphal Really Said', *Canadian Journal of Psychiatry,* Vol. 37, No. 2 (1992).

John Lanchester, 'Diary', *London Review of Books,* 30 August 1990.

Maureen C. McHugh, 'A Feminist Approach to Agoraphobia', in *Lectures on the Psychology of Women,* 3rd edn (New York, 1994).

Kathryn Milun, *Pathologies of Modern Space: Empty Space, Urban Anxiety, and the Recovery of the Public Self* (Abingdon, 2007).

Robert Seidenberg and Karen DeCrow, *Women Who Marry Houses: Panic and Protest in Agoraphobia* (New York, 1983).

Mabel Loomis Todd (ed.), *Letters of Emily Dickinson* (Boston, 1894).

David Trotter, 'Platz Angst', *London Review of Books,* 24 July 2003.

—. *The Uses of Phobia: Essays on Literature and Film* (Malden, Massachusetts, 2010).

Anthony Vidler, *Warped Space: Art, Architecture and Anxiety in Modern Culture* (Cambridge, Massachusetts, 2000).

Alex Williams, 'Generation Agoraphobia', *New York Times,* 16 October 2020.

동성애공포증 HOMOPHOBIA

Lige Clarke and Jack Nichols, 'He-Man Horse-Shit', *Screw,* 23 May 1969.

William Grimes, 'George Weinberg Dies at 86', *New York Times,* 22 March 2017.

Gregory M. Herek, 'Beyond "Homophobia": Thinking About Sexual Prejudice and Stigma in the Twenty-First Century', *Sexuality Research and Social Policy,* Vol. 1, No. 2 (2004).

Amanda Hess, 'How "-Phobic" Became a Weapon in the Identity Wars', *New York Times,* 20 January 2016.

Celia Kitzinger, 'Heteropatriarchal Language: the Case against "Homophobia"', *Gossip,* Vol. 5 (c.1986—88).

George Weinberg, 'Homophobia: Don't Ban the Word — Put it in the Index of Mental Disorders', *Huffington Post,* 12 June 2012.

—. *Society and the Healthy Homosexual* (New York, 1972).

Daniel Wickberg, 'Homophobia: On the Cultural History of an Idea', *Critical Inquiry,* Vol. 27, No. 1 (Autumn 2000).

발표공포증 GLOSSOPHOBIA

Cicero, 'De Oratore', in *Cicero on Oratory and Orators,* trans. and ed. J. S. Watson (Carbondale, Illinois, 1970).

Karen Kangas Dwyer and Marlina M. Davidson, 'Is Public Speaking Really More Feared Than Death?' *Communication Research Reports,* Vol. 29, No. 2 (2012).

John Lahr, 'Petrified: The Horrors of Stage Fright', *New Yorker,* 28 August 2006.

D. L. Rowland and J. J. D. M. van Lankveld, 'Anxiety and Performance in Sex, Sport, and Stage: Identifying Common Ground', *Frontiers in Psychology,* Vol. 10 (2019).

Kenneth Savitsky and Thomas Gilovich, 'The Illusion of Transparency and the Alleviation of Speech Anxiety', *Journal of Experimental Social Psychology,* Vol. 39, No. 6 (2003).

Jerry Seinfeld, *I'm Telling You for the Last Time,* HBO, 9 August 1998.

비웃음공포증 GELOTOPHOBIA

Neelam Arjan Hiranandani and Xiao Dong Yue, 'Humour Styles, Gelotophobia and Self-Esteem Among Chinese and Indian University Students', *Asian Journal of Social Psychology,* Vol. 17, No. 4 (2014).

Graham Keeley, 'Britain has a Bad Case of Paranoia, Humour and Laughter Symposium is Told', *The Times,* 8 July 2009.

R. Proyer, W. Ruch et al., 'Breaking Ground in Cross-Cultural Research on the Fear of Being Laughed At: A Multi-National Study Involving 73 Countries', *International Journal of Humor Research,* Vol. 22, Nos 1.2 (2009).

Willibald Ruch, 'Fearing Humor? Gelotophobia: The Fear of Being Laughed at, Introduction and Overview', *International Journal of Humor Research,* Vol. 22, Nos 1.2 (2009).

Grace Sanders, 'Fearing Laughter', *Psychologist,* 9 April 2021.

Michael Titze, 'Gelotophobia: The Fear of Being Laughed At', *International Journal of Humor Research,* Vol. 22, Nos. 1.2 (2009).

사회공포증 SOCIAL PHOBIA

George Miller Beard, *A Practical Treatise on Nervous Exhaustion (Neurasthenia): Its Symptoms, Nature, Sequences, Treatment* (New York, 1880).

Xinyin Chen, Kenneth H. Rubin and Boshu Li, 'Social and School Adjustment of Shy and Aggressive Children in China', *Development and Psychopathology,* Vol. 7, No. 2 (1995).

Pierre Janet, *Obsessions and Psychasthenia* (Paris, 1903).

Christopher Lane, *Shyness: How Normal Behavior Became a Sickness* (New Haven, 2007).

Helen Saul, *Phobias: Fighting the Fear* (London, 2001).

외국인혐오증 XENOPHOBIA

David M. Amodio, 'The Neuroscience of Prejudice and Stereotyping', *Neuroscience,* Vol. 15 (2014).

Joanna Bourke, *Fear: A Cultural History* (London, 2005).

Amanda Hess, 'How "-Phobic" Became a Weapon in the Identity Wars', *New York Times,* 20 January 2016.

Joost Abraham Mauritis Meerloo, *Aftermath of Peace: Psychological Essays* (New York, 1946).

Mark Schaller, 'The Behavioural Immune System and the Psychology of Human Sociality', *Philosophical Transactions of the Royal Society of Biological Sciences,* 12 December 2011.

자기우월광 EGOMANIA

Max Nordau, *Degeneration,* trans. Howard Fertig (London, 1895).

W. S. Walker, *Poetical Works* (London, 1852).

적면공포증 ERYTHROPHOBIA

Mark Axelrod, *Notions of the Feminine: Literary Essays from Dostoevsky to Lacan* (New York, 2015).

Edmund Bergler, 'A New Approach to the Therapy of Erythrophobia', *Psychoanalytic Quarterly,* Vol. 13, No. 1 (1944).

http://chronicblushinghelp.com (Q&A with Enrique Jadresic)

W. Ray Crozier, *Blushing and the Social Emotions: The Self Unmasked* (London, 2006).

—. 'The Puzzle of Blushing', *Psychologist,* Vol. 23 (2010).

Charles Darwin, *The Expression of the Emotions in Man and Animals* (London, 1872).

Alexander L. Gerlach, Karin Gruber, Frank H. Wilhelm and Walton T. Roth, 'Blushing and Physiological Arousability in Social Phobia', *Journal of Abnormal Psychology,* Vol. 2, Nos. 247.58 (2001).

G. Stanley Hall, 'A Synthetic Genetic Study of Fear: Part 1', *American Journal of Psychology,* Vol. 25, No. 2 (1914).

Leo Tolstoy, *Anna Karenina,* trans. Louise and Aylmer Maude (Oxford, 1980).

전화공포증 TELEPHONOPHOBIA

Anon., 'Gossip', *Merthyr Express,* 8 November 1913.

Australian Associated Press, 'Queen Mary Fears Phones', *Sun* (Sydney), 12 March 1953.

Daisy Buchanan, 'Wondering Why That Millennial Won't Take Your Phone Call? Here's Why', *Guardian,* 26 August 2016.

Sigmund Freud, *Civilisation and its Discontents* (London, 1930).

Robert Graves, *Goodbye to All That* (London, 1929).

Rob Stott, 'Telephonophobia: It's a Real Thing', *Now Associations,* 11 October 2013.

David Trotter, *The Uses of Phobia: Essays on Literature and Film* (Malden, Massachusetts, 2010).

John Zilcosky, *Kafka's Travels: Exoticism, Colonialism and the Traffic of Writing* (London, 2004).

휴대전화부재공포증 NOMOPHOBIA

Nicola Luigi Bragazzi and Giovanni del Puente, 'A Proposal for Including Nomophobia in the New DSM-V', *Psychology Research and Behavior Management,* Vol. 16, No. 7 (2014).

Amber Case, 'The Cell Phone and its Technosocial Sites of Engagement', PhD dissertation, Lewis and Clark College, 2007.

Russell B. Clayton, Glenn Leshner and Anthony Almond, 'The Extended iSelf: The Impact of iPhone Cognition, Emotion, and Physiology', *Journal of Computer-Mediated Communication,* Vol. 20, No. 2 (2015).

Charlie D'Agata, 'Nomophobia: Fear of Being Without Your Cell Phone', *CBS News,* 3 April 2008.

Keith Griffith, 'Cambridge Dictionary Reveals Its Word of the Year: Nomophobia', *Daily Mail,* 30 December 2018.

Chuong Hock Ting and Yoke Yong Chen, 'Smartphone Addiction', in Ceclia A. Essau and Paul H. Delfabbro (eds), *Adolescent Addiction: Epidemiology, Assessment, and Treatment, 2nd Edition* (Cambridge, Massachusetts, 2020).

5부 불안과 갈망을 일으키는 감촉

깃털공포증 PTERONOPHOBIA

G. Stanley Hall, 'A Study of Fears', *American Journal of Psychology,* Vol. 8, No. 2 (1897).

동물털공포증 DORAPHOBIA

G. Stanley Hall, 'A Study of Fears', *American Journal of Psychology,* Vol. 8, No. 2 (1897).

Helen Thomson, 'Baby Used in Notorious Fear Experiment is Lost No More', *New Scientist,* 1 October 2014.

John B. Watson and Rosalie Rayner, 'Conditioned Emotional Reactions', *Journal of Experimental Psychology,* Vol. 3, No. 1 (1920).

모발광 TRICHOMANIA

Charles Baudelaire, *Le Spleen de Paris,* trans. Cat Nilan (Paris, 1999).

Robert Graves, *The Common Asphodel* (London, 1949).

Richard von Krafft-Ebing, *Psychopathia Sexualis: A Clinical-Forensic Study,* trans. Charles Gilbert Chaddock (London, 1894).

목욕공포증 ABLUTOPHOBIA

G. Stanley Hall, 'A Study of Fears', *American Journal of Psychology,* Vol. 8, No. 2 (1897).

Stephen Zdatny, 'The French Hygiene Offensive of the 1950s: A Critical Moment in the History of Manners', *The Journal of Modern History,* Vol. 84, No. 4 (2012).

발모벽 TRICHOTILLOMANIA

Bridget Bradley, and Stefan Ecks, 'Disentangling Family Life and Hair Pulling', *Medical Anthropology,* Vol. 10 (2018).

Hemali Chhapia, 'Ordinary Jains into Extreme Penance: Every Hair Pulled Out', *Times of India,* 19 August 2012.

Francois Henri Hallopeau, 'Alopecia par Grattage (Trichomania ou Trichotillomania)', *Annales de Dermatologie et Syphilologie,* Vol. 10 (1889).

Pierre Janet, 'On the Pathogenesis of Some Impulsions', *Journal of Abnormal Psychology,* Vol. 1, No. 1 (1906).

Miri Keren, Adi Ron-Miara, Ruth Feldman and Samuel Tyano, 'Some Reflections on Infancy-Onset Trichotillomania', *Psychoanalytic Study of Childhood,* Vol. 61 (2006).

Jemima Khan, 'Beautiful Women Who Tear Out Their Hair', *The Times* (London), 22 February 2009.

Daniela G. Sampaio and Jon E. Grant, 'Body-Focused Repetitive Behaviors and the Dermatology Patient', *Clinical Dermatology,* Vol. 36, No. 6 (2018).

S. Swedo and J. Rapoport, 'Trichotillomania', *Journal of Child Psychology and Psychiatry and Allied Disciplines,* Vol. 32 (1991).

불결공포증 MYTHOMANIA

Michèle Bertrand, 'Pathological Lying and Splitting of the Ego', *Revue Française de Psychanalyse,* Vol. 79, No. 1 (2015).

Emmanuel Carrère, *The Adversary: A True Story of Monstrous Deception* (London, 2001).

Helene Deutsch, 'On the Pathological Lie (Pseudologia Phantastica)', in *The Therapeutic Process, the Self, and Female Psychology* (New York, 1999).

Charles C. Dike, Madelson Baranoski and Ezra E.H. Griffith, 'Pathological Lying Revisited', *Journal of the American Academy of Psychiatry and Law,* Vol. 33 (2005).

William Healy and Mary Tenney Healy, 'Pathological Lying, Accusation, and Swindling', *Criminal Science Monographs No. 1* (1915).

Stephen Grosz, *The Examined Life: How We Lose and Find Ourselves* (London, 2013).

Andrew Hull, 'Pseudologia Fantastica: What is Known and What Needs To Be Known', *Forensic Scholars Today,* Vol. 3, No. 4 (2018).

Ranit Mishori, Hope Ferdowsian, Karen Naimer, Muriel Volpellier and Thomas McHale, 'The Little Tissue that Couldn't . Dispelling Myths about the Hymen's Role in Determining Sexual History and Assault', *Reproductive Health,* Vol. 16 (2019).

Kate Summerscale, *The Haunting of Alma Fielding* (London, 2020).

솜공포증 BAMBAKOMALLOPHOBIA

Chris Hall, 'Can Anything Cure My Lifelong Fear of Cotton Wool?', *Guardian,* 10 November 2019.

Mario Maj et al. (eds), *Phobias* (Hoboken, New Jersey, 2004).

Crystal Ponti, 'Investigating My Lifelong Phobia of Cotton Balls', *The Cut,* 19 July 2017.

Lawrence Scott, private communication, November 2021.

수염공포증 POGONOPHOBIA

Valerie A. Curtis, 'Dirt, Disgust and Disease: A Natural History of Hygiene', *Journal of Epidemiological Community Health,* Vol. 61, No. 8 (2007).

Roald Dahl, *The Twits* (London, 1980).

Sam Jones, 'Disney Lifts Beard Ban for Workers', *Guardian,* 24 January 2012.

Ed Lowther, 'A History of Beards in the Workplace', *BBC News,* 14 August 2013.

Danielle Sheridan, 'Why Roald Dahl Bristled at the Sight of Beards', *The Times* (London), 12 September 2015.

David A. Smith and James M. Willson, 'Affairs Abroad', *Covenanter,* Vol. 7 (1851).

Alun Withey, *Concerning Beards: Facial Hair, Health and Practice in England 1650— 1900* (London, 2021).

접촉강박증 HAPHEMANIA

Fred Penzel, 'Compulsion to Touch Things in OCD Cases', https://beyondocd. org/expert-perspectives/articles/a-touching-story\

Melissa C. Water, 'Reach Out and Touch It . Haphemania . OCD', Tourette Canada, 20 July 2019, https://tourette.ca/reach-out-and-touch-it-haphemania-ocd/

접촉공포증 HAPHEPHOBIA

E. Weill and M. Lannois, *Note Sur un Cas D'Haphéphobie* (Lyon, 1892).

환공포증 TRYPOPHOBIA

Jennifer Abbasi, 'Is Trypophobia a Real Phobia?', *Popular Science,* 25 July 2011.

Anon., 'Living with Trypophobia: a Fear of Honeycomb-Like Patterns', USNews. com, 30 October 2017.

Chrissie Giles, 'Why Do Holes Horrify Me?', *Mosaic,* Wellcome, 12 November 2019.

Tom R. Kupfer and An T. D. Le, 'Disgusting Clusters: Trypophobia as an Overgeneralised Disease Avoidance Response', *Cognition and Emotion,* Vol. 32, No. 4 (2018).

Juan Carlos Martinez-Aguayo et al., 'Trypophobia: What Do We Know So Far? A Case Report and Comprehensive Review of the Literature', *Frontiers in Psychiatry,* Vol. 9 (2018).

Ali Szubiak, 'Kendall Jenner Suffers From "Really Bad" Trypophobia', *Popcrush,* 18 August 2016.

6부   시대의 징후, 집단 유행

광대공포증 COULROPHOBIA

Anon., 'No More Clowning Around . It's Too Scary', *Nursing Standard,* Vol. 22,

No. 19 (2008).

Katie Gibbons, 'To Help Child Patients, Send in the Clowns', *The Times,* 17 December 2020.

Stephen King, *It* (New York, 1986).

Andrew McConnell Stott, 'Clowns on the Verge of a Nervous Breakdown: The Memoirs of Joseph Grimaldi', *Journal for Early Modern Cultural Studies,* Vol. 12, No. 4 (2012).

Craig Marine, 'Johnny Depp', *San Francisco Examiner,* 17 November 1999.

Linda Rodriguez McRobbie, 'The History and Psychology of Clowns Being Scary', *Smithsonian Magazine,* 31 July 2013.

Benjamin Radford, *Bad Clowns* (Albuquerque, New Mexico, 2016).

귀신망상 DEMONOMANIA

Jean-Étienne Esquirol, *Mental Maladies: A Treatise on Insanity,* trans. E. K. Hunt (London, 1845).

Hilary Evans and Robert Bartholomew, *Outbreak! The Encyclopedia of Extraordinary Social Behavior* (San Antonio, Texas, 2009).

Ruth Harris, 'Possession on the Borders: The "Mal de Morzine" in Nineteenth-Century France', *Journal of Modern History,* Vol. 69, No. 3 (1997).

Catherine-Laurence Maire, *Les Possédées de Morzine 1857—1873* (Paris, 1981).

Allen S. Weiss, 'Narcissistic Machines and Erotic Prostheses', in Richard Allen and Malcolm Turvey (eds), *Camera Obscura, Camera Lucida* (Amsterdam, 2003).

무도광 CHOREOMANIA

Robert Bartholomew, 'Rethinking the Dancing Mania', *Skeptical Inquirer,* Vol. 24, No. 4 (2000).

Hilary Evans and Robert Bartholomew, *Outbreak! The Encyclopedia of Extraordinary Social Behavior* (San Antonio, Texas, 2009).

Kelina Gotman, *Choreomania: Dance and Disorder* (Oxford, 2018).

J. F. C. Hecker, *The Black Death and the Dancing Mania,* trans. B. G. Babington (London, 1894).

부자망상 PLUTOMANIA

Nick D'Alton, 'The American Planet', *American History,* Vol. 40, No. 4 (2005).

Edwin Lawrence Godkin, 'Who Will Pay the Bills of Socialism?' *The Forum,* Vol. 17 (1894).

Thomas Urquhart, 'Ekskybalauron' (1652), *Tracts of the Learned and Celebrated Antiquarian Sir Thomas Urquhart of Cromarty* (Edinburgh, 1774).

비틀스광 BEATLEMANIA

Garry Berman, *We're Going to See the Beatles!: An Oral History of Beatlemania as Told by the Fans Who Were There* (Santa Monica, California, 2008).

Barbara Ehrenreich, Elizabeth Hess, and Gloria Jacobs, 'Beatlemania: A Sexually Defiant Consumer Subculture?', in Ken Gelder and Sarah Thornton (eds), *The Subcultures Reader* (London, 1997).

Lisa A. Lewis, *The Adoring Audience: Fan Culture and Popular Media* (London and New York, 1992).

Dorian Lynskey, 'Beatlemania: "The Screamers" and Other Tales of Fandom', *Guardian,* 29 September 2013.

Nicolette Rohr, 'Yeah Yeah Yeah: The Sixties Screamscape of Beatlemania', *Journal of Popular Music Studies,* 28 June 2017.

Julia Sneeringer, 'Meeting the Beatles: What Beatlemania Can Tell Us About West Germany in the 1960s', *The Sixties: A Journal of History, Politics and Culture,* Vol. 6, No. 2 (2013).

Shayna Thiel-Stern, *From the Dancehall to Facebook: Teen Girls, Mass Media, and Moral Panic in the United States, 1905-2010* (Amherst, Massachusetts, 2014).

서적수집광 BIBLIOMANIA

Nicholas A. Basbanes, *A Gentle Madness: Bibliophiles, Bibliomanes, and the Eternal Passion for Books* (New York, 1995).

Philip Connell, 'Bibliomania: Book Collecting, Cultural Politics, and the Rise of Literary Heritage in Romantic Britain', *Representations,* No. 71 (2000).

Jeremy B. Dibbell, 'Not Wisely', *Fine Books and Collections,* February 2009.

Thomas Frognall Dibdin, *Bibliomania, or Book Madness: A Bibliographical Romance* (London, 1876).

—. *Reminiscences of a Literary Life* (London, 1836).

Isaac D'Israeli, 'Of Erudition and Philosophy', *Literary Miscellanies* (London, 1801).

Gustave Flaubert, 'Bibliomanie', *Le Colibri,* 12 February 1837.

Holbrook Jackson, *The Anatomy of Bibliomania* (London, 1930).

C. G. Roland, 'Bibliomania', *Journal of the American Medical Association,* Vol. 212, No. 1 (1970).

웃음광 LAUGHING MANIA

Robert E. Bartholomew and Bob Rickard, *Mass Hysteria in Schools: A Worldwide History Since 1566* (McFarland, California, 2014).

Hilary Evans and Robert Bartholomew, *Outbreak! The Encyclopedia of Extraordinary Social Behavior* (San Antonio, Texas, 2009).

Suzanne O'Sullivan, 'The Healthy Child Who Wouldn't Wake Up: The Strange Truth of "Mystery" Illnesses', *Guardian,* 12 April 2021.

—. *The Sleeping Beauties: And Other Stories of Mystery Illness* (London, 2021).

저장강박증 SYLLOGOMANIA

Charles Dickens, *Bleak House* (London, 1853).

E. L. Doctorow, *Homer and Langley* (London, 2009).

Erich Fromm, *Man for Himself: An Inquiry into the Psychology of Ethics* (New York, 1947).

Randy O. Frost and Gail Steketee, *Stuff: Compulsive Hoarding and the Meaning of Things* (New York, 2010).

Nikolai Gogol, *Dead Souls,* trans. Richard Pevear (London, 1997).

Scott Herring, *The Hoarders: Material Deviance in Modern American Culture* (Chicago, 2014).

Allan V. Horwitz, *Creating Mental Illness* (Chicago, 2002).

Janet Malcolm, *The Silent Woman: Sylvia Plath and Ted Hughes* (New York, 1993).

Kenneth J. Weiss, 'Hoarding, Hermitage, and the Law: Why We Love the Collyer Brothers', *Journal of the American Academy of Psychiatry and the Law,* Vol. 38, No. 2 (2010).

카약공포증 KAYAK PHOBIA

Ivan Lind Christensen and Søren Rud, 'Arctic Neurasthenia — the Case of Greenlandic Kayak Fear 1864—1940', *Social History of Medicine,* Vol. 26, No. 3 (2013).

Zachary Gussow, 'A Preliminary Report of Kayak-Angst Among the Eskimo of West Greenland: A Study in Sensory Deprivation', *International Journal of Social Psychiatry,* Vol. 9 (1963).

Klaus Georg Hansen, 'Kayak Dizziness: Historical Reflections About a Greenlandic Predicament', I FOLK, *Journal of the Danish Ethnographic Society,* Vol. 37 (1996).

튤립광 TULIPOMANIA

Hilary Evans and Robert Bartholomew, *Outbreak! The Encyclopedia of Extraordinary Social Behavior* (San Antonio, Texas, 2009).

Anne Goldgar, *Tulipmania: Money, Honor, and Knowledge in the Dutch Golden Age* (Chicago, 2007).

Charles Mackay, *Extraordinary Popular Delusions and the Madness of Crowds* (London, 1841).

7부 멈출 수 없는 강박적 광기

결정장애 ABOULOMANIA

William A. Hammond, *A Treatise on Insanity in Its Medical Relations* (New York, 1883).

Pierre Janet, 'The Fear of Action', trans. Lydiard H. Horton, *The Journal of Abnormal Psychology and Social Psychology,* Vol. 10, No. 1 (1921).

Ralph W. Reed, 'An Analysis of an Obsessive Doubt with a Paranoid Trend', *Psychoanalytic Review,* Vol. 3, No. 4 (1916).

계산강박증 ARITHMOMANIA

George Frederick Abbott, *Macedonian Folklore* (London, 1903).

Nikki Rayne Craig, 'The Facets of Arithmomania', www.theodysseyonline.com/facets-arithmomania, 28 June 2016.

Lennard J. Davis, *Obsession: A History* (Chicago, 2008).

Gilbert King, 'The Rise and Fall of Nikola Tesla and his Tower', *Smithsonian,* 4 February 2013.

Sesame Street, Episodes 539 (22 November 1973) and 1970 (23 November 1984).

Daniel Hack Tuke, 'Imperative Ideas', *Brain,* Vol. 17 (1894).

과대망상 MEGALOMANIA

Horatio Clare, Heavy *Light: A Journey Through Madness, Mania and Healing* (London, 2021)

Rebecca Knowles, Simon McCarthy-Jones and Georgina Rowse, 'Grandiose Delusions: A Review and Theoretical Integration of Cognitive and Affective Perspectives', *Clinical Psychology Review,* Vol. 31, No. 4 (2011).

구매강박증 ONIOMANIA

Jean Harvey Baker, *Mary Todd Lincoln: A Biography* (New York, 1987).

Bernardo Dell'Osso, Andrea Allen and A. Carlo Altamura, 'Impulsive-Compulsive Buying Disorder: Clinical Overview', *Australian and New Zealand Journal of Psychiatry,* Vol. 42, No. 4 (2008).

Darian Leader, *Strictly Bipolar* (London, 2013).

도벽 KLEPTOMANIA

Elaine A. Abelson, 'The Invention of Kleptomania', *Signs,* Vol. 15, No. 1 (1989).

Anon., 'Homicidal Monomania', *Journal of Psychological Medicine and Mental Pathology,* Vol. 5, No. 20, 1 October 1852.

Anon., 'Kleptomania', *The Lancet,* 16 November 1861.

Clara Bewick Colby, 'Kleptomania and the Wife's Income', *Woman's Signal,* 31 December 1896.

Jenny Diski, 'The Secret Shopper', *London Review of Books,* 26 September 2011.

Paul Dubuisson, Les Voleuses de Grands Magasins (Paris, 1902)

Ronald A. Fullerton and Girish N. Punj, 'Shoplifting as Moral Insanity: Historical Perspectives on Kleptomania', *Journal of Macromarketing,* Vol. 24, No. 1 (2004).

Carolynn S. Kohn, 'Conceptualisation and Treatment of Kleptomania Behaviors Using Cognitive and Behavioral Strategies', *International Journal of Behavioral Consultation and Therapy,* Vol. 2, No. 4 (2006).

Thomas Lenz and Rachel MagShamhrain, 'Inventing Diseases: Kleptomania, Agoraphobia and Resistance to Modernity', *Society,* Vol. 49 (2012).

Wilhelm Stekel, *Peculiarities of Behaviour: Wandering Mania, Dipsomania, Cleptomania, Pyromania and Allied Impulsive Acts,* trans. James S. Van Teslaar (New York, 1924).

—. 'The Sexual Root of Kleptomania', *Journal of Criminal Law and Criminology,* Vol. 2, No. 2 (1911).

Émile Zola, *The Ladies' Paradise,* trans. Brian Nelson (Oxford, 1995).

명칭강박증 ONOMATOMANIA

Daniel Hack Tuke, 'Imperative Ideas', *Brain,* Vol. 17 (1894).

방랑벽 DROMOMANIA

Charlotte Brontë, *Jane Eyre* (London, 1847).

Ian Hacking, *Mad Travellers: Reflections on the Reality of Transient Mental Illness* (Charlottesville, Virginia, 1998).

Sabrina Imbler, 'When Doctors Thought "Wanderlust" was a Psychological Condition', *Atlas Obscura,* 15 April 2019.

Pierre Janet, 'On the Pathogenesis of Some Impulsions', *Journal of Abnormal Psychology,* Vol. 1, No. 1 (1906).

Sarah Mombert, 'Writing Dromomania in the Romantic Era: Nerval, Collins and Charlotte Brontë', in Klaus Benesch and Francois Specq (eds), *Walking and the Aesthetics of Modernity: Pedestrian Mobility in Literature and the Arts* (New York, 2016).

G. Nicholson, *The Lost Art of Walking: The History, Science, Philosophy, Literature, Theory and Practice of Pedestrianism* (Chelmsford, Essex, 2011).

Emmanuel Régis, *A Practical Manual of Mental Medicine,* trans. H. M. Bannister (New York, 1894).

Rebecca Solnit, *Wanderlust: A History of Walking* (New York, 2000).

Wilhelm Stekel, *Peculiarities of Behaviour: Wandering Mania, Dipsomania, Cleptomania, Pyromania and Allied Impulsive Acts,* trans. James S. Van Teslaar (New York, 1924).

방화광 PYROMANIA

American Psychiatric Association, *Diagnostic and Statistical Manual 5* (Washington DC, 2013).

Jonathan Andrews, 'From Stack-Firing to Pyromania: Medico-Legal Concepts of Insane Arson in British, US and European Contexts, c.1800—1913', *History of Psychiatry,* Vol. 21 (2010).

Lydia Dalhuisen, 'Pyromania in Court: Legal Insanity versus Culpability in Western Europe and the Netherlands (1800—1950)', *International Journal of Law and Psychiatry,* Vol. 58 (2008).

Jean-Étienne Esquirol, *Mental Maladies: A Treatise on Insanity,* trans. E. K. Hunt (London, 1845).

Sigmund Freud, 'The Acquisition of Power over Fire', *International Journal of Psychoanalysis,* Vol. 13 (1932).

Jeffrey L. Geller, Jonathon Eden and Rosa Lynn Pinkus, 'A Historical Appraisal of America's Experience with "Pyromania" . a Diagnosis in Search of a Disorder', *International Journal of Law and Psychiatry,* Vol. 9 (1986).

J. E. Grant, N. Thomarios and B. L. Odlaug, 'Pyromania', in George Koob (ed.), *Encyclopedia of Behavioural Neuroscience* (Vancouver, 2010).

Nolan D. C. Lewis and Helen Yarnell, *Pathological Fire-Setting (Pyromania)* (New York, 1951).

Wilhelm Stekel, *Peculiarities of Behaviour: Wandering Mania, Dipsomania, Cleptomania, Pyromania and Allied Impulsive Acts,* trans. James S. Van Teslaar (New York, 1924).

Sarah Wheaton, 'Memoirs of a Compulsive Firesetter', published online on 1 August 2001 at ps.psychiatryonline.org/doi/full/10.1176/appi.ps.52.8.1035.

살인편집광 HOMICIDAL MONOMANIA

J. P. Eigen, 'Delusion in the Courtroom: The Role of Partial Insanity in Early Forensic Testimony', *Medical History,* Vol. 35 (1991).

Jean-Étienne Esquirol, *Mental Maladies: A Treatise on Insanity,* trans. E. K. Hunt (London, 1845).

Michel Foucault, *Madness and Civilisation: A History of Insanity in the Age of Reason* (London, 1967).

Jan Goldstein, 'Professional Knowledge and Professional Self-Interest: The Rise and Fall of Monomania in 19th-Century France', *International Journal of Law and Psychiatry,* Vol. 21, No. 4 (1998).

David W. Jones, 'Moral Insanity and Psychological Disorder: The Hybrid Roots of Psychiatry', *History of Psychiatry,* Vol. 28, No. 3 (2017).

R. Smith, *Trial by Medicine: Insanity and Responsibility in Victorian Trials* (Edinburgh, 1981).

Kate Summerscale, *The Wicked Boy: The Mystery of a Victorian Child Murderer* (London, 2016).

색정광 EROTOMANIA

G. E. Berrios and N. Kennedy, 'Erotomania: A Conceptual History', *History of Psychiatry,* Vol. 52, No. 4 (2002).

Jean-Étienne Esquirol, *Mental Maladies: A Treatise on Insanity,* trans. E. K. Hunt (London, 1845).

Ian McEwan, *Enduring Love* (London, 1997).

Maria Teresa Tavares Rodriguez, Tomaz Valadas and Lucilla Eduarda Abrantes Bravo, 'De Clerambault's Syndrome Revisited: A Case Report of Erotomania in a Male', *BMC Psychiatry,* Vol. 20, No. 516 (2020).

Kate Summerscale, *Mrs Robinson's Disgrace: The Private Diary of a Victorian Lady* (London, 2012).

선물강박증 GIFTOMANIA

Anon., 'Suffering from "Giftomania"', *Daily News* (London), 22 January 1897.

여자색정증 NYMPHOMANIA

Lilybeth Fontanesi et al., 'Hypersexuality and Trauma: A Mediation and Moderation Model From Psychopathology to Problematic Sexual Behavior', *Journal of Affective Disorders*, Vol. 281 (2021).

R. B. Gartner, *Betrayed as Boys: Psychodynamic Treatment of Sexually Abused Men* (New York, 1999).

J. R. Giugliano, 'Sex Addiction as a Mental Health Diagnosis: Coming Together or Coming Apart?', *Sexologies*, Vol. 22, No. 3 (2013).

Carol Groneman, *Nymphomania: A History* (New York, 2001).

—. 'Nymphomania: The Historical Construction of Female Sexuality', *Signs*, Vol. 19, No. 2 (1994).

Barry Reay, Nina Attwood and Claire Gooder, *Sex Addiction: A Critical History* (Cambridge, England, 2015).

Sarah W. Rodriguez, 'Rethinking the History of Female Circumcision and Clitoridectomy: American Medicine and Female Sexuality in the Late Nineteenth Century', *Journal of the History of Medicine and Allied Sciences*, Vol. 63, No. 3 (2008).

Keren Skegg, Shyamala Nada-Raja, Nigel Dickson and Charlotte Paul, 'Perceived "Out of Control" Sexual Behavior in a Cohort of Young Adults from the Dunedin Multidisciplinary Health and Development Study', *Archives of Sexual Behavior*, Vol. 39, No. 4 (2009)

우울광 LYPEMANIA

G. E. Berrios, 'The Psychopathology of Affectivity: Conceptual and Historical Aspects', *Psychological Medicine*, Vol. 15, No. 4 (1985).

Jean-Étienne Esquirol, *Mental Maladies: A Treatise on Insanity*, trans. E. K. Hunt (London, 1845)

음주광 DIPSOMANIA

Jean-Étienne Esquirol, *Mental Maladies: A Treatise on Insanity*, trans. E. K. Hunt (London, 1845).

Friedrich-Wilhelm Kielhorn, 'The History of Alcoholism: Bruhl-Cramer's Concepts and Observations', *Addiction*, Vol. 91, No. 1 (1996).

Pierre Janet, 'On the Pathogenesis of Some Impulsions', *Journal of Abnormal*

Psychology, Vol. 1, No. 1 (1906).

Daniel Hack Tuke, *A Dictionary of Psychological Medicine* (Philadelphia, 1892).

Mariana Valverde, *Diseases of the Will: Alcohol and the Dilemmas of Freedom* (Cambridge, 1998).

외침강박증 KLAZOMANIA

G. D. L. Bates, I. Lampert, M. Prendergast and A. E. Van Woerkom, 'Klazomania: the Screaming Tic', *Neurocase,* Vol. 2, No. 1 (1996).

A. Hategan and J.A. Bourgeois, 'Compulsive Shouting (Klazomania) Responsive to Electroconvulsive Therapy', *Psychosomatics,* Vol. 54, No. 4 (2013).

William Pryse-Phillips, *Companion to Clinical Neurology* (Oxford, 2009).

편집광 MONOMANIA

Mary Elizabeth Braddon, *Lady Audley's Secret* (London, 1864).

Emily Brontë, *Wuthering Heights* (London, 1847).

Lennard J. Davis, *Obsession: A History* (Chicago, 2008).

Jean-Étienne Esquirol, *Mental Maladies: A Treatise on Insanity,* trans. E. K. Hunt (London, 1845)

Jean-Pierre Falret, *De la Nonexistence de la Monomanie* (Paris, 1854).

Jan Goldstein, 'Professional Knowledge and Professional Self-Interest: The Rise and Fall of Monomania in 19th-Century France', *International Journal of Law and Psychiatry,* Vol. 21, No. 4 (1998).

Herbert Melville, *Moby-Dick* (New York, 1851).

Edgar Allan Poe, 'Berenice', *Southern Literary Messenger,* March 1835.

Lindsey Stewart, 'Monomania: The Life and Death of a Psychiatric Idea in Nineteenth-Century Fiction 1836.1860', PhD thesis, Open University (2018).

Kate Summerscale, *The Suspicions of Mr Whicher; or, The Murder at Road Hill House* (London, 2008).

Anthony Trollope, *He Knew He Was Right* (London, 1869).

필기강박증 GRAPHOMANIA

Lennard J. Davis, *Obsession: A History* (Chicago, 2008).

Tillie Elkins, 'Hypergraphia: A Two-Sided Affliction', *Doctor's Review,* September 2016.

Max Nordau, *Degeneration,* trans. Howard Fertig (London, 1895).

Helen Thomson, 'Epilepsy Gives Woman Compulsion to Write Poems', *New Scientist,* 19 September 2014.

허언증 MYSOPHOBIA

Frederick Aardema, 'Covid-19, Obsessive-Compulsive Disorder and Invisible Life Forms that Threaten the Self', *Journal of Obsessive-Compulsive and Related Disorders,* Vol. 26 (2020).

Josh M. Cisler, Bunmi O. Olatunji and Jeffrey M. Lohr, 'Disgust, Fear, and the Anxiety Disorders: A Critical Review', *Clinical Psychological Review,* Vol. 29, No. 1 (2009).

Valerie Curtis, 'Why Disgust Matters', *Philosophical Transactions of the Royal Society of Biological Sciences,* Vol. 366, No. 1583 (2011).

Jean-Étienne Esquirol, *Mental Maladies: A Treatise on Insanity,* trans. E. K. Hunt (London, 1845).

Sigmund Freud, 'Fear and Anxiety', *A General Introduction to Psychoanalysis, Part 3: General Theory of the Neuroses,* trans. G. Stanley Hall (New York, 1920).

Cassandre Greenberg, 'Self-Exposure: Therapy and a Pandemic', *White Review,* August 2020.

William A. Hammond, *Neurological Contributions* (New York, 1879).

Don James McLaughlin, 'Infectious Affect: The Phobic Imagination in American Literature', PhD dissertation, University of Pennsylvania, Philadelphia (2017).

Isaac Marks, 'Behavioral Treatments of Phobic and Obsessive-Compulsive Disorders: A Critical Appraisal', in (eds) Michel Hersen, Richard M. Eisler and Peter M. Miller, *Progress in Behavior Modification,* Vol. 1 (Amsterdam, 1975).

Ira Russell, 'Mysophobia', *The Alienist and Neurologist,* Vol. 1, October 1880.

8부 참을 수 없는 두려움

고소공포증 ACROPHOBIA

Graham C. L. Davey, Ross Menzies, and Barbara Gallardo, 'Height Phobia and Biases in the Interpretation of Bodily Sensations: Some Links Between Acrophobia and Agoraphobia', *Behaviour Research and Therapy,* Vol. 35, No. 11 (1997).

Daniel Freeman et al., 'Automated Psychological Therapy Using Immersive Virtual Reality for Treatment of Fear of Heights: A Single- Blind, Parallel-Group, Randomised Controlled Trial', *Lancet Psychiatry,* Vol. 5, No. 8 (2018).

G. Stanley Hall, 'A Study of Fears', *American Journal of Psychology,* Vol. 8, No. 2 (1897).

—. 'A Synthetic Genetic Study of Fear: Part 1', *American Journal of Psychology,* Vol. 25, No. 2 (1914).

Milan Kundera, *The Book of Laughter and Forgetting,* trans. Michael Henry Helm (New York, 1980).

Isaac M. Marks and Randolph M. Nesse, 'Fear and Fitness: An Evolutionary Analysis of Anxiety Disorders', *Ethology and Sociobiology,* Vol. 15, No. 5 (1994).

Andrea Verga, 'Acrophobia', *American Journal of Psychology,* Vol. 2, No. 1 (1888).

공수병 HYDROPHOBIA

James Joyce, *Ulysses* (Paris, 1922).

Don James McLaughlin, 'Infectious Affect: The Phobic Imagination in American Literature', PhD dissertation, University of Pennsylvania, Philadelphia (2017).

Benjamin Rush, *Medical Inquiries and Observations,* Vol. 4 (Philadelphia, 1798).

긴단어공포증 HIPPOPOTOMONSTROSESQUIPEDIOPHOBIA

Dennis Coon and John O. Mitterer, *Introduction to Psychology: Exploration and Application* (Eagan, Minnesota, 1980).

두려움결핍증 HYPOPHOBIA

G. Stanley Hall, 'A Study of Fears', *American Journal of Psychology,* Vol. 8, No. 2 (1897).

Isaac M. Marks and Randolph M. Nesse, 'Fear and Fitness: An Evolutionary Analysis of Anxiety Disorders', *Ethology and Sociobiology,* Vol. 15, No. 5 (1994).

모든것에대한공포증 PANTOPHOBIA

Wilhelm Stekel, *Peculiarities of Behaviour: Wandering Mania, Dipsomania, Cleptomania, Pyromania and Allied Impulsive Acts,* trans. James S. Van Teslaar (New York, 1924).

비행공포증 AEROPHOBIA

Julian Barnes, Staring at the Sun (London, 1986).

Gerd Gigerenzer, 'Dread Risk, September 11, and Fatal Traffic Accidents', *Psychological Science,* Vol. 15, No. 4 (2004).

Erica Jong, *Fear of Flying* (New York, 1973).

Margaret Oakes and Robert Bor, 'The Psychology of Fear of Flying (Part I): A Critical Evaluation of Current Perspectives on the Nature, Prevalence and

Etiology of Fear of Flying', *Travel Medicine and Infectious Disease,* Vol. 8, No. 6 (2010).

—. 'The Psychology of Fear of Flying (Part II): A Critical Evaluation of Current Perspectives on Approaches to Treatment', *Travel Medicine and Infectious Disease,* Vol. 8, No. 6 (2010).

David Ropeik, 'How Risky is Flying?', *Nova,* 17 October 2006.

Richard Sugden, 'Fear of Flying', in Jay S. Keystone et al. (eds), *Travel Medicine* (Missouri, 2008).

사(4)공포증 TETRAPHOBIA

Anon., 'Nothing to Fear ... But Four Itself', *Economist,* 5 December 2015.

Anon., 'Tetraphobia and Doing Business in Asia', *Acclaro,* 4 April 2012.

Jo Chim, 'Tetraphobia: Overcoming My Fear of Four', 24 August 2020, medium. com/@jochim/tetraphobia-15778da79bd1.

David P. Philips, George C. Liu, Kennon Kwok, Jason R. Jarvinen, Wei Zhang and Ian S. Abramson, 'The *Hound of the Baskervilles* Effect: A Natural Experiment on the Influence of Psychological Stress on the Timing of Stress', *British Medical Journal,* 22 December 2001.

생매장공포증 TAPHEPHOBIA

Jan Bondeson, *Buried Alive: The Terrifying History of Our Most Primal Fear* (New York, 2001).

Matt Moffett, 'A Man Called Freud Can't Keep His Phobia Buried', *Wall Street Journal,* 31 October 2008.

Enrico Morselli, 'Dysmorphophobia and Taphephobia: Two Hitherto Undescribed Forms of Insanity with Fixed Ideas' [English translation of a paper of 1891], *History of Psychiatry,* Vol. 12, No. 45 (2001).

Edgar Allan Poe, 'The Premature Burial', *Philadelphia Dollar Newspaper,* July 1844.

소리공포증 PHONOPHOBIA

Zamzil Amin Asha'ari, Nora Mat Zain and Ailin Razali, 'Phonophobia and Hyperacusis: Practical Points from a Case Report', *Malaysian Journal of Medical Science,* Vol. 17, No. 1 (2010).

Jody Doherty-Cove, 'Fight in Sussex over Person "Eating Too Loudly",' *Brighton Argus,* 27 July 2021.

Sukhbinder Kumar et al., 'The Brain Basis for Misophonia', *Current Biology,* 2

February 2017.

수면공포증 HYPNOPHOBIA

R. G. Mayne, *An Expository Lexicon of the Terms, Ancient and Modern, of Medical and General Science* (London, 1853).

Wilfred R. Pigeon and Jason C. DeViva, 'Is Fear of Sleep a Valid Construct and Clinical Entity?', *Sleep Medicines Review,* Vol. 55 (2021).

십삼(13)공포증 TRISKAIDEKAPHOBIA

Melissa Chan, 'Why Friday the 13th Is a Real Nightmare for Some People', *Time,* 13 October 2017.

Scott Grier and Alex R. Manara, 'Admission to Bed 13 in the ICU Does Not Reduce the Chance of Survival', *Journal of Critical Care,* Vol. 48 (2018).

Brian Handwerk and John Roach, 'Where Our Fear of Friday the 13th Came From', *National Geographic,* 13 November 2015.

어둠공포증 NYCTOPHOBIA

David Cohen, *J. B. Watson: The Founder of Behaviourism* (London, 1979).

George Devereux, 'A Note on Nyctophobia and Peripheral Vision', *Bulletin of the Menninger Clinic,* Vol. 13, No. 3 (1949).

Tim Edensor, *From Light to Dark: Daylight, Illumination, and Gloom* (Minnesota, 2017).

Sigmund Freud, 'Fear and Anxiety', *A General Introduction to Psychoanalysis, Part 3: General Theory of the Neuroses,* trans. G. Stanley Hall (New York, 1920).

Jocelynne Gordon, Neville J. King, Eleonora Gullone, Peter Muris and Thomas H. Ollendick, 'Treatment of Children's Nighttime Fears: The Need for a Modern Randomised Controlled Trial', *Clinical Psychology Review,* Vol. 27, No. 1 (2007).

G. Stanley Hall, 'A Study of Fears', *American Journal of Psychology,* Vol. 8, No. 2 (1897).

David A. Kipper, 'In Vivo Desensitization of Nyctophobia: Two Case Reports', *Psychotherapy,* Vol. 17, No. 1 (1980).

Peter Muris, Harald Merckelbach, Thomas Hollendick, Neville J. King and Nicole Bogie, 'Children's Nighttime Fears: Parent.Child Ratings of Frequency, Content, Origins, Coping Behaviors and Severity', *Behaviour Research and Therapy,* Vol. 39, No. 1 (2001).

일공포증 ERGOPHOBIA

Anon., 'Ergophobia: A Diagnosis', *The Bystander,* Vol. 6, No. 79 (1905).

Anon., 'New Name for Laziness', *Baltimore Sun,* 27 February 1905.

W. D. Spanton, 'An Address on Ergophobia', *British Medical Journal,* 11 February 1905.

질식공포증 PNIGNOPHOBIA

Richard J. McNally, 'Choking Phobia: A Review of the Literature', *Comprehensive Psychiatry,* Vol. 35, No. 1 (1994).

Lars-Göran Öst, 'Cognitive Therapy in the Case of Choking Phobia', *Behavioural Psychotherapy,* Vol. 20 (1992).

천둥공포증 BRONTOPHOBIA

George Miller Beard, *A Practical Treatise on Nervous Exhaustion (Neurasthenia): Its Symptoms, Nature, Sequences, Treatment* (New York, 1880).

D. J. Enright, *The Faber Books of Fevers and Frets* (London, 1989).

G. Stanley Hall, 'A Study of Fears', *American Journal of Psychology,* Vol. 8, No. 2 (1897).

Andree Liddell and Maureen Lyons, 'Thunderstorm Phobias', *Behavioural Research and Therapy,* Vol. 16, No. 4 (1978).

Barry Lubetkin, 'The Use of a Planetarium in the Desensitisation of a Case of Bronto- and Astra-phobia', *Behavior Therapy,* Vol. 6 (1975).

Martin E. P. Seligman, 'Phobias and Preparedness', *Behavior Therapy,* Vol. 2 (July 1971)

침묵공포증 SEDATEPHOBIA

Bruce Fell, 'Bring the Noise: Has Technology Made Us Scared of Silence?' *The Conversation,* 30 December 2012.

Imke Kirste, Zeina Nicola, Golo Kronenberg and Tara L. Walker, 'Is Silence Golden? Effects of Auditory Stimuli and their Absence on Adult Hippocampal Neurogenesis', *Brain Structure and Function,* Vol. 220 (2015).

폐소공포증 CLAUSTROPHOBIA

Benjamin Ball, 'On Claustrophobia', *British Medical Journal,* 6 September 1879.

Edgar Jones, 'Shell Shock at Maghull and the Maudsley: Models of Psychological Medicine in the UK', *Journal of the History of Medicine and Allied Sciences,* Vol. 65, No. 3 (2010).

Don James McLaughlin, 'Infectious Affect: The Phobic Imagination in American Literature', PhD dissertation, University of Pennsylvania, Philadelphia (2017).

Stanley Rachman, 'Claustrophobia', in Graham C. Davey (ed.), *Phobias: A Handbook of Theory, Research and Treatment* (Chichester and New York, 1997).

Stanley Rachman and Steven Taylor, 'Analyses of Claustrophobia', *Journal of Anxiety Disorders,* Vol. 7 (1993).

W. H. R. Rivers, 'A Case of Claustrophobia', *The Lancet,* 18 August 1917.

Siegfried Sassoon, *Counter-Attack, and Other Poems* (London, 1918).

Anthony Vidler, *Warped Space: Art, Architecture and Anxiety in Modern Culture* (Cambridge, Massachusetts, 2000).

Minna Vuohelainen, 'Cribb'd, Cabined, and Confined', *Journal of Literature and Science,* Vol. 3 (2010).

해양공포증 THALASSOPHOBIA

Seán J. Harrington, 'The Depths of Our Experience: Thalassophobia and the Oceanic Horror', in Jon Hackett, and Sean Harrington (eds), *Beasts of the Deep: Sea Creatures and Popular Culture* (London, 2018).

Alan J. Jamieson, Glenn Singleman, Thomas D. Linley and Susan Casey, 'Fear and Loathing of the Deep Ocean: Why Don't People Care About the Deep Sea?', *ICES Journal of Marine Science,* 21 December 2020.

H. P. Lovecraft, 'Dagon', *The Vagrant,* No. 11 (1919).

Kate Lyons, 'Mining's New Frontier: Pacific Nations Caught in the Rush for Deep-Sea Riches', *Guardian,* 23 June 2021.

해조류공포증 FYKIAPHOBIA

Otto Renik, 'Cognitive Ego Function in the Phobic Symptom', *Psychoanalytic Quarterly,* Vol. 41 (1972).

Charles A. Sarnoff, 'Symbols and Symptoms: Phytophobia in a Two-Year-Old Girl', *Psychoanalytic Quarterly,* Vol. 39 (1970).

회문공포증 AIBOHPHOBIA

Stan Kelly-Bootle, *The Devil's DP Dictionary* (New York, 1981).

감사의 글

이 책에 대해서 의견을 제시해주거나 책을 읽어준 분들께 깊이 감사드린다. 더구나 코로나 봉쇄가 길게 이어지는 동안에 그런 수고를 해주셔서 정말 감사하다. 그중에서도 안자나 야후자, 할 커리, 그레이엄 데이비, 로즈 뎀시, 쇼밋 두타, 미란다 프리커, 빅토리아 레인, 싱클레어 맥케이, 루스 메츠스타인, 로버트 랜달, 존 리딩, 로런스 스콧, 소피 스콧, 위클리프 스터치베리, 벤 서머스케일, 줄리엣 서머스케일, 프랜시스 윌슨에게 깊이 감사드린다. 웰컴 컬렉션과 대영 도서관의 직원들, 자료조사를 훌륭하게 해준 마사 스터치베리에게도 감사의 말을 전한다.

이 책이 나오는 데 도움을 준 모든 분께도 감사드린다. 특히 웰컴 컬렉션의 훌륭한 편집자 프란세스카 배리에게 고마움을 전한다. 알렉스 일램, 앤드루 프랭클린, 그레임 홀, 피트 다이어, 한나 로스, 로지 판햄, 잭 머피, 클레어 뷰몽, 프로파일 북스의 엘렌 졸, 펭귄 출판사의 앤 고도프, 버지니아 스미스 욘스, 캐롤라인 시드니에게도 감사의 말을 전하고 싶다. 최고의 교정자 케이트 존슨과 디자이너 네이선 버튼과 제임스 알렉산더, 고마워요. 내 저작권 대리인 조지아 개릿과 멜라니 잭슨, 그리고 아너 스프레클리에게 언제나 그랬듯 정말 감사드린다. 사랑하는 아들 샘에게 이 책을 바친다.

공포와 광기에 관한 사전

ⓒ 케이트 서머스케일 2023

초판 1쇄 인쇄 2023년 4월 27일
초판 1쇄 발행 2023년 5월 3일

지은이 케이트 서머스케일
옮긴이 김민수
펴낸이 이상훈
편집 권순범
마케팅 김한성 조재성 박신영 김효진 김애린 오민정

펴낸곳 (주)한겨레엔 www.hanibook.co.kr
등록 2006년 1월 4일 제313-2006-00003호
주소 서울시 마포구 창전로 70(신수동) 화수목빌딩 5층
전화 02) 6383-1602~3 팩스 02) 6383-1610
대표메일 book@hanien.co.kr

ISBN 979-11-6040-989-5 03900